Ursula Keller / Natalja Sharandak

Iwan Turgenjew und Pauline Viardot

Eine außergewöhnliche Liebe

Mit zahlreichen Abbildungen

Insel Verlag

2. Auflage 2019

Erste Auflage 2018

Satz: Satz-Offizin Hümmer GmbH, Waldbüttelbrunn
Druck: Pustet, Regensburg
Printed in Germany
ISBN 978-3-458-17769-2

Inhalt

Iwan Turgenjew und Pauline Viardot

Vorbemerkung

Bis zum Oktober-Umsturz durch die Bolschewiki im Jahr 1917 waren die Russen Menschen zweier Kalenderstile. Die von Papst Gregor 1582 durchgeführte Kalenderreform wurde im orthodoxen Russland nicht vollzogen, die Zeitrechnung erfolgte dort bis Februar 1918 weiterhin nach dem Julianischen Kalender, so dass die Russen »im neunzehnten Jahrhundert dem Rest der zivilisierten Welt um zwölf Tage hinterherhinkten und mit dem Beginn des zwanzigsten um dreizehn«, wie Vladimir Nabokov in seiner Autobiographie *Erinnerung, sprich* schreibt.

Daraus ergeben sich zweifache Datumsangaben, und zwar einmal nach dem in Russland im 19. Jahrhundert gültigen Julianischen und zum anderen nach dem in Westeuropa gültigen Gregorianischen Kalender.

Bei Daten, die sich auf Ereignisse im Russischen Reich beziehen, ist jeweils das Datum nach dem Julianischen Kalender angegeben.

Vorwort

»Wie sehr verlange ich nach der Liebe!«, schreibt Iwan Turgenjew im Alter von einundzwanzig Jahren. »Aber diese Sehnsucht ist vergeblich, wenn nicht der Himmel sich meiner erbarmt und mir diese Gnade schickt. Wie gut und rein und offen und reich wäre ich, so will mir scheinen, wenn ich liebte! Welches Glück bedeutete es mir, mit ihr zu leben!«

Und der Himmel erbarmte sich Turgenjews und schickte ihm diese Gnade in Person der Sängerin Pauline Viardot-García, einer der herausragendsten Figuren der europäischen Kultur ihrer Zeit.

Zum ersten Mal sieht er sie, als sie 1843 im Alter von zweiundzwanzig Jahren in Sankt Petersburg auf der Bühne steht. Da ist Pauline Viardot-García bereits eine gefeierte Sängerin. Der fünfundzwanzigjährige Iwan Turgenjew, ein gut aussehender junger Mann aus bestem Hause, der am Beginn seiner Karriere als Schriftsteller steht, ist sofort verzaubert. »Ihnen auf meinem Weg zu begegnen, war das größte Glück meines Lebens«, schreibt er ihr später.

Bei der Berühmtheit aus Paris hat der Verehrer jedoch keinen allzu gewichtigen Eindruck hinterlassen. Sie ist eine verheiratete Frau, Mutter einer kleinen Tochter, und widmet sich ganz ihrer Berufung – dem Gesang. Turgenjew hingegen begreift, dass er der Sängerin verfallen ist.

Pauline nimmt sein Angebot an, ihr Russischunterricht zu erteilen, damit sie zum Gefallen des Publikums russische Romanzen zum Besten geben kann. Sie kommen einander näher und die Sängerin lernt den angehenden Schriftsteller besser kennen. Als sie wieder zurück in ihre Heimat Frankreich reist, gestattet sie ihm, ihr zu schreiben. Sie gestattet ihm, sie zu lieben. »Mein Gott, ich möchte mein ganzes Leben als Teppich unter Ihre lieben Füsse, die ich 1000 mal küsse, breiten«, schreibt er seiner »teuersten, liebsten, besten Freundin« auf Deutsch. Fast alle Reisen, die er von nun an unternimmt, und seine häufigen Domizilwechsel hängen mit dem Wunsch zusammen, in ihrer Nähe zu sein.

Zwischen 1847 und 1850 lebt Iwan Turgenjew als Gast des Ehepaars Viardot auf deren Landsitz Courtavenel in der Nähe von Paris. Die Sängerin ist, begleitet von ihrem Ehemann Louis Viardot, zumeist auf Gastspielreisen, und Turgenjew schreibt an den *Aufzeichnungen eines Jägers*, jenem Werk, das ihn als Schriftsteller schlagartig berühmt macht.

Als Iwan Turgenjew nach Russland zurückkehrt, weil seine Mutter schwer erkrankt ist, ist seine Beziehung zu der Sängerin ungeklärt. »Für mich vergeht kein Tag, ohne dass mir Ihr teures Bild nicht hundert Mal ins Gedächtnis kommt, keine Nacht, in der ich Sie nicht im Traum sehe«, schreibt er ihr. »Nur in der Abwesenheit fühle ich, mehr als je, wie stark ich mit Ihnen und den Ihrigen verbunden bin. ... Sie sind das Beste, Nobelste, das Sympathischste, das es auf dieser Erde gibt.«

Vielleicht haben sich die Gefühle, die Pauline Viardot für den Schriftsteller empfindet, verändert, vielleicht erwidert sie nun seine Liebe. Doch sie verändert ihr Leben nicht. Ihre Ehe mit dem um vieles älteren Louis Viardot, den sie im Alter von neunzehn Jahren geheiratet hat, ist wohl eine Vernunftehe, die ihr jene Sicherheit bietet, die sie in ihrem unsicheren Beruf braucht. Er unterstützt ihre Karriere als Sängerin, begleitet sie auf ihren Gastspielreisen, ist ihr Manager, der hart für sie verhandelt und um jedes Detail in den Verträgen für ihre Engagements kämpft. Sein Verhandlungsgeschick ist die Grundlage des Vermögens der Familie Viardot, das durch die Gagen der Sängerin erwirtschaftet wird. Und nicht zuletzt ist Louis Viardot für die Sängerin, die als Bohémienne, als »Kind einer fahrenden Operntruppe« einer Schicht am Rande der Gesellschaft entstammt, Garant für Bürgerlichkeit.

Pauline Viardot beschreibt ihren Ehemann als »vortrefflichen, edlen Mann«. »Er sieht sehr kalt aus, ist es aber nicht – Sein Herz ist warm und gut, und sein Geist ist mir sehr überlegen – Er betet die Kunst an, versteht gründlich das Schöne, das Erhabene – sein einziger Fehler ist, daß ihm das indische Element fehlt, die Frische des Gemüths. Aber ist das nicht prächtig, n u r e i n e n Fehler zu haben! – Vielleicht hatte er selbst den nicht in seiner Jugend – als jungen Mann habe ich ihn nicht gekannt – schade – ich war noch nicht geboren – Wäre ich nicht 21 Jahre jünger, würde er nicht 21 Jahre älter als ich sein.«

Louis Viardot billigt die Verbindung seiner Frau zum russischen Schriftsteller. Auch er ist Iwan Turgenjew freundschaftlich verbunden. Beide sind leidenschaftliche Jäger und verbringen viel Zeit miteinander.

Der Tod seiner Mutter macht Turgenjew zu einem wohlhabenden Mann. Nach einem an der Zensur vorbei veröffentlichten Nachruf auf Nikolaj Gogol, der der zaristischen Obrigkeit missfällt, wird Turgenjew 1852 auf sein Landgut Spasskoje verbannt. Als Pauline Viardot im Jahr darauf wieder zu Gastspielen in Russland weilt, reist der Schriftsteller unter falschem Namen nach Moskau, um sie zu sehen. Danach kommt ihr Briefwechsel fast vollständig zum Erliegen. Nachdem er 1856 wieder die Genehmigung zur Reise ins Ausland erhält, lebt Turgenjew hauptsächlich in Westeuropa. Hier entstehen seine wichtigsten Werke, die Romane *Ein Adelsnest*, *Am Vorabend*, *Väter und Söhne*, *Rauch*, die Erzählung *Erste Liebe*, die Essays *Hamlet* und *Don Quichotte*. Vor allem in seinen Romanen befasst er sich mit Russland und den Umbrüchen, die seine Heimat in der Epoche der Reformen und der Reaktion in der zweiten Hälfte des 19. Jahrhunderts zu bewältigen hat.

Nach dem Rückzug der Sängerin von der großen Bühne im Jahr 1863 nimmt die Familie Viardot ihren Wohnsitz in Baden-Baden. Auch Turgenjew wird nun sesshaft und lässt sich auf dem

Grundstück neben dem der Viardots ein Haus bauen. Hier beginnt eine Zeit der überaus fruchtbaren künstlerischen Zusammenarbeit. Mit Louis Viardot, der als Kenner der spanischen Sprache und Literatur die erste Übersetzung des *Don Quichotte* ins Französische vorgelegt hatte, übersetzt Turgenjew Werke russischer Schriftsteller – auch seine eigenen – ins Französische. Für Pauline, die in der Kurstadt endgültig ihre Rolle der Sängerin mit der der Komponistin tauscht, schreibt er die Libretti ihrer Operetten, die zur Hauptattraktion des musikalischen Lebens der Kurstadt werden. Die Musikerin ihrerseits unterstützt die Arbeit des Schriftstellers. »Nicht eine Zeile von Turgenjew ist in Druck gegeben worden, ohne dass ich sie zuvor zu Gesicht bekommen hätte«, hat Pauline Viardot wohl einmal scherzhaft gesagt. »Ihr Russen wisst gar nicht, dass ihr es mir zu verdanken habt, dass Turgenjew immer noch schreibt und arbeitet.«

Nach dem Ausbruch des Deutsch-Französischen Krieges im Sommer 1870 verlassen die Viardots und Turgenjew Deutschland und lassen sich 1871 wieder in Paris nieder. Der Schriftsteller bezieht die Wohnung im oberen Stockwerk im Haus der Viardots in der Rue de Douai. Die Sommer verbringen sie auf dem gemeinsamen Landsitz Les Frênes in Bougival unweit von Paris.

»Wenn ich in Paris lebe, dann nicht um Paris willen«, erklärt er einem Freund. »Aber das Schicksal wollte es so, dass ich selbst zuzeiten keine eigene Familie gegründet habe. Und immer allein zu leben, ist unmöglich, fürchterlich, besonders, wenn man beginnt, in den späten Sommer fortzuschreiten. Ich habe hier meine Familie gefunden, eine fremde Familie, aber wir leben so zusammen, dass eine Trennung, ein Bruch für uns unmöglich wäre, nicht auszudenken. Wo sie leben, dort muss ich leben. Jetzt sind sie in Paris – und ich bin in Paris. Würden sie morgen nach Australien umziehen – würde auch ich nach Australien reisen.«

Obgleich Pauline Viardot die Frau ist, die er liebt und immer lieben wird, wie Turgenjew mehrfach erklärt, hat der Schriftsteller zahlreiche Liebesbeziehungen mit anderen Frauen. Doch den Schritt in die Ehe wagt er nicht. Stets zieht er sich zurück und kehrt in das »fremde Nest« der Viardots zurück. Pauline scheint für ihn das überhöhte Ideal einer Frau zu sein.

Auch der Sängerin werden Affären nachgesagt, die ihre Beziehung zu Turgenjew immer wieder belastet haben sollen. In einem Brief an ihren Musikerkollegen und Freund Julius Rietz spricht sie von »kleinen Ausflügen«, durch die sie Distanz schafft zu ihrem Ehemann. Turgenjew nennt sie einen »sehr engen Freund«, wobei sie nur wenige Menschen »Freund« nenne. Die Verbundenheit mit Turgenjew geht so weit, dass die Viardots seine 1842 geborene, uneheliche Tochter Pelageja aus einer Jugendaffäre mit einer Weißnäherin in die Familie aufnehmen.

Das Bild, das in den Biographien Turgenjews gezeichnet wird, besagt gemeinhin, dass der Schriftsteller unter der Liebe zu einer verheirateten Frau, seiner »Femme fatale«, unsäglich litt. »Die Liebe zur Viardot hat seine Willenskraft gefesselt und gelähmt und ihn in den Bannkreis des ihm unwiderstehlichen Einflusses dieser besonderen und machtvollen Frau gebracht.« Seiner Liebe zur Sängerin wegen habe Turgenjew seine Heimat Russland verraten und aufgehört, das Leben dort zu begreifen.

Als überzeugter »Westler« von liberaler Gesinnung steht er als Schriftsteller immer wieder im Zentrum heftiger ideologischer Auseinandersetzungen. Doch es ist gerade der Abstand zu Russland, die Kontakte mit der politischen Emigration und die philosophische Weltoffenheit Turgenjews, die ihm eine objektive Sicht auf Russland und die dort diskutierten Fragen ermöglichen.

»Ich kann Ihnen … versichern, dass mich nur eine einzige Sache und nichts anderes interessiert: die Physiognomie des Lebens und deren wahrhafte Wiedergabe«, schreibt Turgenjew. Und dies ist sein Programm für seine großen Romane und Erzählungen. Er will mit seiner Literatur nicht belehren wie Tolstoj oder Dostojewski, ihm geht es um die Beschreibung dessen, was ist.

Pauline Viardot wird auch verantwortlich gemacht dafür, dass der Schriftsteller sich in die Niederungen des Seichten begeben und als Librettist für ihre »Operettchen« betätigt habe. Turgenjew indes sind all diese Vorwürfe ganz gleich. Er genießt die Leichtigkeit des Daseins, die Pauline zu schaffen vermag und die das Leben in ihrer Familie prägt.

Gewiss ist das Zusammenleben Turgenjews mit der Familie Viardot ein ungewöhnliches Arrangement, das bis heute Fragen aufwirft und zu Spekulationen Anlass bietet. Das Bild dieser lebenslangen Gemeinschaft, das wir heute zu zeichnen vermögen, kann nicht vollständig sein, da nur Turgenjews Briefe an die Musikerin erhalten und veröffentlicht sind, während von Pauline Viardot-García nur wenige schriftliche Zeugnisse ihrer Verbindung zum Schriftsteller erhalten sind.

Ganz in Turgenjews Sinn kann es heute daher lediglich um die Beschreibung dessen, was wir wissen, gehen, wenn man sich nicht in Mutmaßungen ergehen will. »Turgenjew hatte keine eigene Familie. Ob er dies bedauerte? Ich glaube nicht«, räsoniert der französische Schriftsteller Guy de Maupassant, der ein guter Bekannter Turgenjews war. »Er fand sein Heim in der Familie Viardot, in der ihn alle – die Eheleute ebenso wie die Kinder – verehrten.«

1. Auftakt

»Halt inne! Als jene, die ich dich nun sehe, bleib auf immer in meinem Gedächtnis!«

Voller Ungeduld erwarten die Melomanen Sankt Petersburgs, der Hauptstadt des Russischen Reiches, im Jahr 1843 die Eröffnung der Opernsaison. Nach den Erfolgen, die der Tenor Giovanni Battista Rubini im vergangenen Winter gefeiert hat, ist das musikbegeisterte Publikum begierig, weitere der italienischen Opern zu hören, die in Westeuropa bereits seit einiger Zeit die Säle füllen. Rubini, der »König der Tenöre«, ist von der Direktion der kaiserlichen Theater beauftragt worden, ein Ensemble zusammenzustellen, denn das Große Kaiserliche Theater soll den Bühnen in Paris, London und Berlin in nichts nachstehen. Bald heißt es, neben ihm und dem nicht minder berühmten Bariton Antonio Tamburini werde eine Sängerin mit Namen Pauline Viardot-García auf der Bühne stehen. Über diese ist nicht eben viel in Erfahrung zu bringen, außer dass sie überall Triumphe feiert wie einst ihre Schwester, die »berühmte Malibran«.

Am Abend des 22. Oktober 1843 gibt das Große Kaiserliche Theater Rossinis *Barbier von Sevilla*. Als nach dem Dekorationswechsel in der fünften Szene des ersten Aktes schließlich die dem Publikum noch Unbekannte in der Rolle der Rosina die Bühne betritt, erfasst Unruhe das Publikum. »Sie war von nicht eben hohem Wuchse, mit recht kräftigen Gesichtszügen und großen, tiefliegenden, glühenden Augen«, erinnert sich der Dichter Alexander Jachontow. »›Sie ist hässlich‹, sagte der hinter mir sitzende Herr immer wieder. ›In der Tat‹, dachte ich.«

Aber als Pauline Viardot-García Rosinas Cavatine zu singen beginnt, ist das Publikum wie gebannt. »Plötzlich ereignete sich etwas Außergewöhnliches! Es erklangen samtene Töne, wie sie, so schien es, noch nie zuvor gehört wurden. Dem anmutigen Mund entströmte *Una voce poco fa*!

Der Funke sprang sofort auf den Saal über. Vom ersten Augenblick an herrschte absolute Stille und alle waren vor Glück wie erstarrt, doch es überstieg aller Kräfte, ruhig bis zum Ende zuzuhören. Leidenschaftliche ›Bravo!‹-, ›Bravo!‹-Rufe unterbrachen die Sängerin und übertönten ihren Gesang. Zurückhaltung war unmöglich. Die Begeisterung der zahlreichen Anwesenden überstieg alles, sie sogen unersättlich jeden Ton, jeden Atemzug dieser Zauberin ein, die so unerwartet und allumfassend Macht über die Gefühle, Gedanken und die Vorstellungskraft eines jeden gewonnen hatte, der Jungen ebenso wie der Alten, der Leidenschaftlichen ebenso wie der Beherrschten, der Musiker ebenso wie der Laien, der Frauen ebenso wie der Männer. Ja, sie war eine Zauberin! Ja, ihr Mund war wunderschön. Wer hatte gesagt, sie sei hässlich? Welch dummes Geschwätz!«

Im Publikum sitzt an jenem Abend auch ein umfassend gebildeter, gut aussehender, elegant gekleideter junger Mann aus bestem Hause. Der Besitz seiner Familie und damit sein zu erwartendes Erbe beläuft sich auf Güter mit mehreren tausend Leibeigenen, doch da die Beziehung zur Mutter sich schwierig gestaltet, führt er ein für seine Verhältnisse eher bescheidenes Leben und hat nach Abschluss seines Studiums eine Anstellung als Beamter im Innenministerium angenommen. Seine Leidenschaft aber gilt der Literatur, er hat bereits eine kleine Zahl belletristischer Veröffentlichungen vorzuweisen. Sein Name: Iwan Turgenjew.

Wie alle im Saal ist der junge Schriftsteller vom Gesang und von der Sängerin begeistert. Kaum eine Woche später macht er im Salon eines Freundes die Bekanntschaft von Louis Viardot. Der Ehemann der Sängerin ist wie Turgenjew selbst ein leidenschaftlicher Jäger und die beiden verabreden für die nächsten Tage einen Jagdausflug im Umland der Hauptstadt.

Der 1. November 1843 schließlich ist jener Tag, den Turgenjew später als den »bedeutsamsten Tag« seines Lebens empfand – er begegnet Pauline Viardot-García zum ersten Mal. Und es beginnt eine vierzig Jahre währende Liebesgeschichte.

2. Ein junger Mann aus bestem Hause

Spasskoje-Lutowinowo. Kindheit

»Mein Vater war ein Bild von einem Mann, von echter russischer Schönheit … Wollte er gefallen, so nahm sein Gesicht, sein ganzes Gebaren etwas unwiderstehlich Bezauberndes an. Besonders war das bei Frauen der Fall, die seine Aufmerksamkeit erregten.«

Der Draufgänger und Beau Sergej Nikolajewitsch Turgenjew war ein gern gesehener Gast in den Salons der russischen Aristokratie und von den Frauen umschwärmt. Als Chevaliergardist hatte er sich im Krieg gegen Napoleon in der Schlacht von Borodino, einer der blutigsten Schlachten des 19. Jahrhunderts, durch besondere Tapferkeit gegen den Feind ausgezeichnet.

Das alte Adelsgeschlecht der Turgenjews geht zurück auf den tatarischen Mirza, also den Sohn eines Emirs, Arslan Turgen. Arslan bedeutet russisch Lew, der Löwe, Turgen, »der Wendige, Zornige, Hitzkopf«. Der Name Turgenjew findet sich seit dem 16. Jahrhundert, den Zeiten Iwans IV., des vermeintlich Schrecklichen, in den historischen Chroniken. Die Vorfahren des Schriftstellers, so heißt es, »zeichneten sich durch Ehrlichkeit und Furchtlosigkeit aus«, unter ihnen waren bedeutende Persönlichkeiten wie Jakow Turgenjew, ein Zeitgenosse Zar Peters I., des Großen, der zu Neujahr 1700 auf Geheiß des Alleinherrschers den Bojaren mit der Schere die Bärte abschneiden musste. Auf seine Weise habe Jakow damit, so Iwan Turgenjew mit leiser Ironie, »ebenfalls der Sache der Modernisierung« Russlands gedient. Alexej Romanowitsch Turgenjew, der Urgoßvater Iwans, diente Zarin Anna Ioannowna 1730 als Pa-

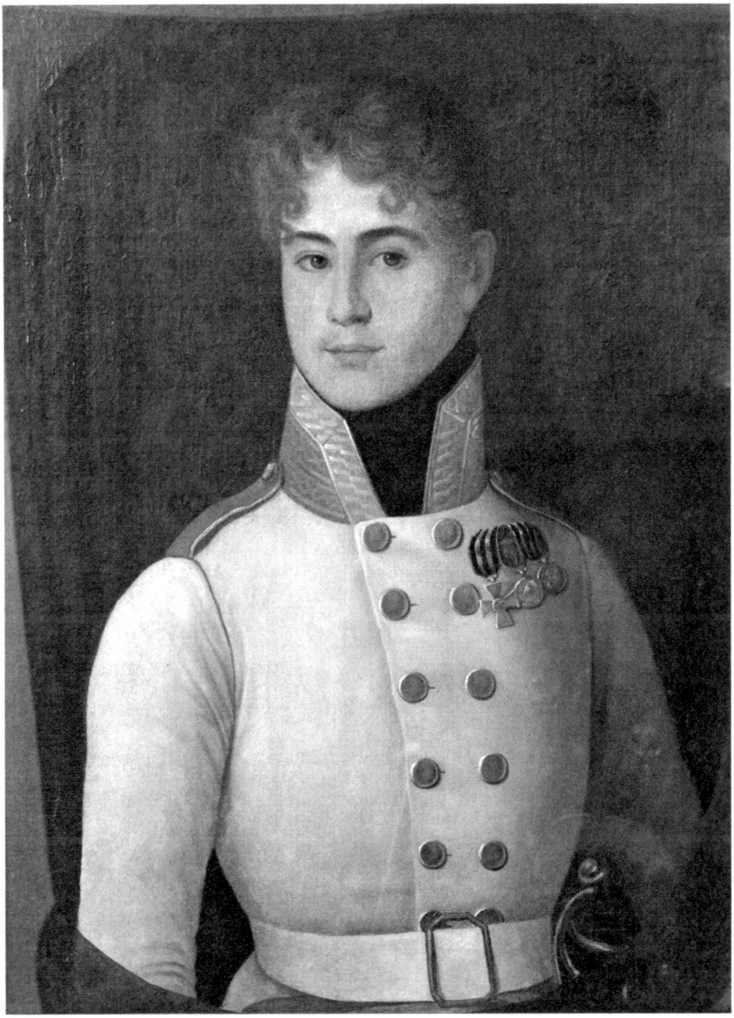

Abb. 1: Iwan Turgenjews Vater, der Chevaliergardist und Held im Krieg gegen Napoleon, Draufgänger und Beau Sergej Nikolajewitsch Turgenjew.

ge. Die edle Abkunft war jedoch kein Garant für Wohlergehen. Im 19. Jahrhundert ereilte die Familie Turgenjew das Schicksal zahlreicher russischer Adelsfamilien: die wohlangesehenen, aber finanziell schlechtgestellten Söhne solcher Familien mussten sich nach einer Braut mit hoher Mitgift umsehen.

Unweit des Erbguts der Familie Turgenjew befand sich das Anwesen Spasskoje, das im Besitz der wohlhabendsten aller jungen Frauen des Landkreises war, Warwara Petrowna Lutowinowa. Ihre Familie hatte nicht so viele Meriten erworben wie die der Turgenjews, doch sie war reich begütert. Die Kindheit Warwara Petrownas verlief glücklos. Als sie im Jahr 1787 das Licht der Welt erblickte, war der leibliche Vater bereits verstorben. Der Stiefvater war grausam, schlug und erniedrigte sie, und als junge Frau hatte sie sich seiner Annäherungen zu erwehren. Sie floh aus dem Haus der Mutter und ging zu Fuß die 60 Werst zum Gut ihres Onkels Iwan Iwanowitsch Lutowinow. Doch auch dort war ihr kein Glück beschieden. Der Onkel hatte seine Marotten und Launen, denen sich die junge Frau zu fügen hatte. Er nahm seine Nichte zwar auf und sorgte für ihre Bildung, ihr Seelenheil aber wurde ganz und gar vernachlässigt. Ihre Rettung fand die junge Frau in der Welt der Bücher der riesigen Bibliothek der Lutowinows.

Der plötzliche Tod des Onkels im Jahr 1813 machte Warwara zur Erbin unermesslichen Reichtums. Sie war nunmehr Besitzerin von 100 000 Dessjatinen Land in den Gouvernements Orjol, Tula und Kaluga und Herrin der mehr als 5000 dort lebenden »Seelen«, also der registrierten leibeigenen Bauern. Allein das Silbergeschirr auf dem Gut Spasskoje wog 60 Pud, also fast tausend Kilogramm! Und an Geldmitteln hinterließ Iwan Lutowinow seiner Nichte die kapitale Summe von 600 000 Rubeln.

Wie Sergej Turgenjew und Warwara Lutowinowa sich zum ersten Mal begegneten, ist unbekannt. Es heißt, der Chevaliergardist habe einige Pferde aus der Zucht des Nachbarguts für sein Regi-

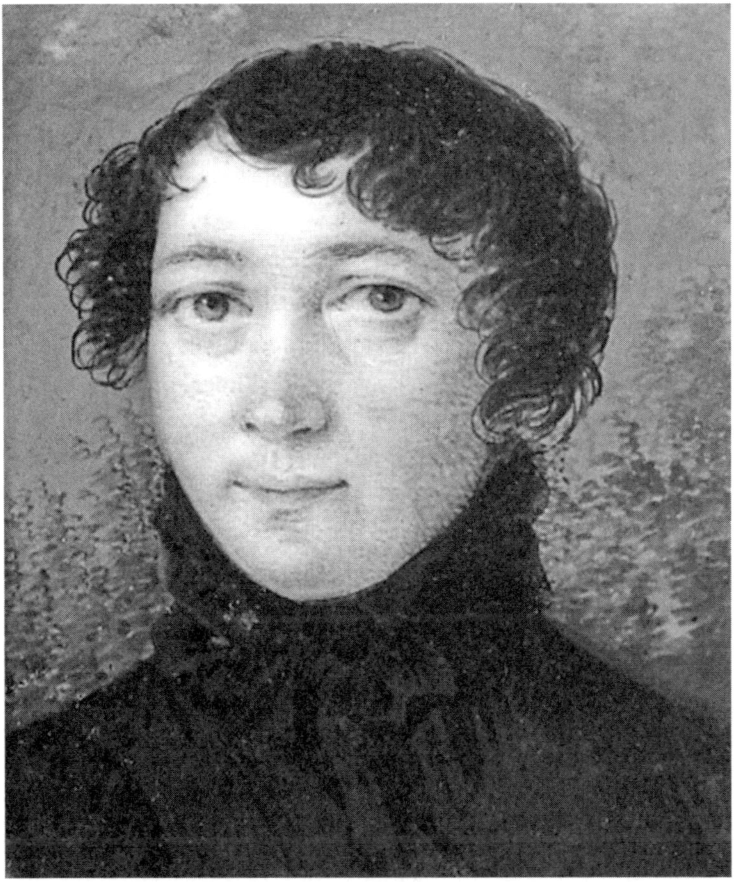

Abb. 2: Iwan Turgenjews Mutter Warwara Petrowna Turgenjewa, geborene Lutowinowa, eine wohlhabende und widersprüchliche Frau.

ment kaufen wollen und so die Bekanntschaft der jungen Gutsherrin gemacht. Der elegante Offizier hinterließ einen unwiderstehlichen Eindruck bei Warwara und sie deutete an, einen Antrag seinerseits werde sie nicht ablehnen. Und obgleich sie nicht eben mit Schönheit gesegnet und von kleinem Wuchs war, gebeugt ging, ein breites, pockennarbiges Gesicht hatte und noch dazu sechs Jahre älter war als ihr Auserwählter, womit sie in den damaligen Zeiten bereits als alternde Jungfer galt, überlegte Sergej Iwanowitsch nicht lange, denn all diese Nachteile wurden von ihrem märchenhaften Reichtum aufgewogen. Vielleicht gefielen ihm ihre fast schwarzen, strahlenden Augen, vielleicht wusste er die Eleganz, mit der sie sich kleidete, und bei näherem Kennenlernen auch ihre Klugheit und Extravaganz zu schätzen. Seine zukünftige Braut legte, den Zeitgenossen zufolge, einige durchaus »männliche Verhaltensweisen und Allüren« an den Tag. »Zielschießen und Reiten, die Jagd und Billard zog sie der Straminstickerei und der Perlstrickerei von kleinen Geldbörsen vor. Ihre besondere Leidenschaft galt dem Billard.«

Nach der Hochzeit im Februar 1816 lassen sich die Neuvermählten im Stadthaus der Familie Lutowinow in der zentralrussischen Kleinstadt Orjol nieder, und in kurzer Folge werden drei Söhne geboren: Im Jahr der Eheschließung erblickt der Erstgeborene Nikolaj das Licht der Welt; »am Montag, den 28. Oktober 1818 wurde in unserem Haus um 12 Uhr am Mittag unser Sohn Iwan mit einer Größe von 12 Werschok geboren«, notiert Warwara Petrowna in ihrem Tagebuch; der dritte, 1821 geborene Sohn Sergej ist ein kränkliches Kind und stirbt vor seinem sechzehnten Geburtstag.

Kurze Zeit nach der Geburt des zukünftigen Schriftstellers nimmt der Vater Sergej Nikolajewitsch Turgenjew im Rang eines Obersten seinen Abschied aus der Armee, und die Familie lässt sich auf dem in der Nähe von Mzensk gelegenen, nach der Familie der Ehefrau benannten Landgut Spasskoje-Lutowinowo nieder. Das Gouvernement Orjol war das Herz des Zarenreiches. Unendlich weit

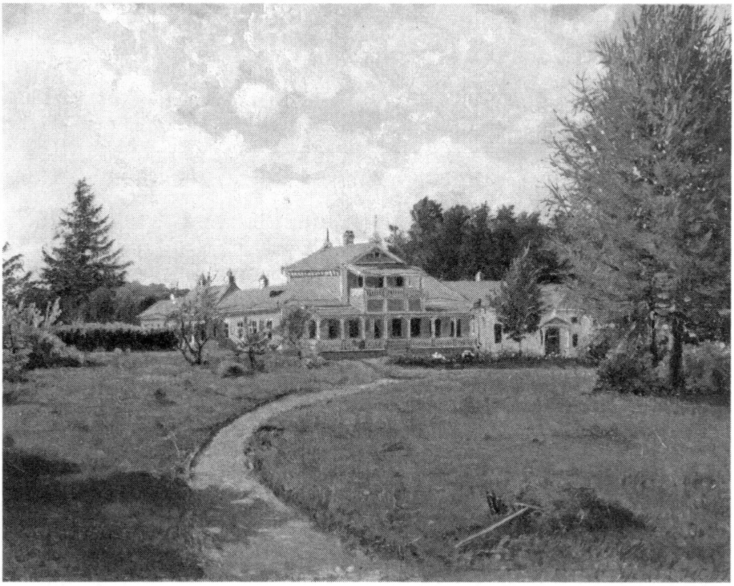

Abb. 3: Das Gutshaus der Familie Turgenjew in Spasskoje-Lutowinowo. Gemälde von Jakow Polonski aus dem Jahr 1881.

reichendes Ackerland, Wälder, Steppe. Seine fruchtbare Schwarzerde machte es zum Zentrum des Getreideanbaus, das Moskau mit Weizen versorgte.

Der Grundstein des Gutes Spasskoje wurde Anfang des 19. Jahrhunderts gelegt, als Iwan Iwanowitsch Lutowinow, der Onkel Warwara Petrownas, seine Ländereien neu gliederte. Für den neuen Wohnsitz wählte er einen sanft abfallenden Hügel in einem kleinen Birkenwald. Der zweistöckige, hufeisenförmige Bau des Herrenhauses wurde im Zentrum von Obstgärten, Orangerien und Gewächshäusern erbaut.

Die Familie Turgenjew lebt auf großem Fuße. Auf Tanzfesten und Maskenbällen trifft sich die Gesellschaft, man unterhält ein Orchester und ein Theater mit leibeigenen Schauspielern. Der Vater des Schriftstellers interessiert sich nicht für landwirtschaftliche Fragen, sondern geht allein seinen Neigungen nach – Jagd, Kartenspiel, Festgelage und die auf den benachbarten Gütern lebenden jungen Damen.

Die Mutter Iwan Turgenjews herrscht allein über die Geschicke des Landguts. Sie ist eine außergewöhnliche Frau von widersprüchlichem Charakter. Die Erfahrungen ihrer Kindheit und Jugend und die Pein der Eifersucht haben Spuren in ihrem Wesen hinterlassen. Als ein feinsinniger und schöngeistiger Mensch liebt sie die Literatur und das Theater, Kunst und Natur, zugleich aber ist sie herrisch, ja tyrannisch. Sobald ihr Name fällt, zucken die Bauern vor Angst zusammen. Für das geringste Vergehen setzt es Peitschenhiebe im Pferdestall, die Leibeigenen werden geschunden, willkürlich von ihren Familien getrennt und auf andere Ländereien geschickt. »Schon früh habe ich durch die Beobachtung der Grausamkeiten, von denen ich umgeben war, die Leibeigenschaft zu hassen begonnen«, schreibt Iwan Turgenjew später.

Auch ihren Söhnen gegenüber legt Warwara Petrowna unnachgiebige Strenge an den Tag. Kleinste Fehltritte haben harte Strafen zur Folge. »Ich wurde für jegliche Nichtigkeit geschlagen, fast jeden Tag«, erinnert sich Turgenjew, »meine Mutter besorgte das eigenhändig ...« Und wenn der Knabe zu fragen wagt, wofür er gestraft werde, antwortet die Mutter, keinen Widerspruch duldend: »Du solltest wissen, wofür du die Schläge bekommst.«

Gleichwohl liebt sie ihre Söhne, und die Eltern lassen ihnen die ihrer Herkunft angemessene Bildung angedeihen. Seit frühester Kindheit sorgen Gouvernanten und Hauslehrer für die Erlernung von Fremdsprachen. Die Knaben sprechen und lesen fließend drei europäische Sprachen – Deutsch, Französisch, Englisch – und studieren die in der Bibliothek von Spasskoje vorhandenen Werke der Weltliteratur.

Als Iwan Turgenjew neun Jahre alt ist, verlegt die Familie ihren

Wohnsitz nach Moskau. Dort besuchen die Knaben das Pensionat Weidenhammer. Der Vater ist mit den Erfolgen seiner Söhne nicht unzufrieden, doch betrübt es ihn, dass sie die Briefe an ihn nicht auf Russisch schreiben. »Ihr schreibt mir immer französisch oder deutsch und verschmäht Eure Muttersprache«, hält er ihnen vor. »Es würde mich doch sehr überraschen, wenn ihr darin nicht gut genug wärt! Es ist an der Zeit und unumgänglich, dass Ihr Euch nicht nur mündlich, sondern auch in der schriftlichen Form auf Russisch auszudrücken lernt!« Zwei Jahre besucht Iwan Turgenjew das Pensionat und wird im Anschluss daran von Hauslehrern auf das Studium an der Universität vorbereitet.

Erste Liebe. Jekaterina Schachowskaja

Den Sommer 1833 verbringen die Turgenjews in einem Sommerhaus in der Nähe von Moskau, wo Iwan für die Aufnahmeprüfung an der Universität lernt. Hier erlebt er seine erste Liebe, an die er sich fast dreißig Jahre später in einer der schönsten Erzählungen der Weltliteratur erinnert.

Im benachbarten Sommerhaus lebt die Witwe Fürstin Jekaterina Jefimowna Schachowskaja mit ihren Kindern, der neunzehnjährigen Tochter Jekaterina und deren vier jüngeren Brüdern.

Iwan Turgenjew ist vierzehn Jahre alt, hochgewachsen mit leicht gebeugter Haltung, feinen Gesichtszügen und nachdenklichen grauen Augen. Er wird einer der zahlreichen Gäste und Verehrer der jungen Fürstin. Die junge Frau fasziniert ihn. »Ich setzte mich auf einen Stuhl und saß dort lange wie verzaubert. Das Gefühl, das ich empfand, war so neu und so süß«, beschreibt der Schriftsteller in seiner autobiographischen Erzählung *Erste Liebe* die Gefühle, die sein Alter Ego Wolodja nach der ersten Begegnung mit Sinaida empfand, »und lachte nur von Zeit zu Zeit, mich erinnernd, tonlos oder erschauerte bei dem Gedanken, dass ich mich verliebt habe. Sinaidas Gesicht tauchte kaum merklich vor mir in der Dunkelheit auf, tauchte auf und verschwand nicht mehr. Ihr Mund zeigte ebenjenes rätselhafte Lächeln; ihre Augen blickten von der Seite auf mich, fragend, nachdenklich und zärtlich ganz wie in jenem Augenblick, als ich von ihr gegangen war. Irgendwann schließlich erhob ich mich und ging auf Zehenspitzen zu meinem Bett, legte den Kopf auf das Kissen, ohne mich auszukleiden, als fürchtete ich, durch schroffe Bewegungen zu zerstören, was mich erfüllte.« Schon bald aber finden Glück und Qualen, Angst und Hoffnung ihr Ende. Durch einen Zufall erfährt Wolodja, dass Sinaida die Geliebte seines Vaters ist.

Sinaida spielt mit ihren Verehrern und mit ihrer Macht, die sie über sie hat, so auch mit Wolodja. Bisweilen ist sie ihm aufmerksam zugewandt, dann stößt sie ihn wieder zurück. Dieses die Etikette verletzende Verhalten von Turgenjews Protagonistin stößt bei der Literaturkritik auf Ablehnung. »Die junge Dame in diesem literarischen Werk ist nur kokett, in höchstem Maße kapriziös und keine moralisch hochstehende Person«, bemerkt der Rezensent der *Moskowskije Wedomosti* in Mai 1860. Und auch der Autor selbst bezeichnet seine Sinaida als »geborene Kokette, aber eine hinreißende Kokette«.

Aber das ist ungerecht. Obgleich sie selbst im Gegensatz zu ihrem realen Vorbild keine Gedichte schreibt, schwärmt die unbändige, launische, impulsive junge Frau für die Poesie. »Wäre ich eine Dichterin«, so Sinaida, »schriebe ich über eine Gesellschaft junger Damen, des Nachts in einem Boot auf einem stillen Fluss. Der Mond leuchtet, sie ganz in Weiß mit Kränzen aus weißen Blumen, und singen so etwas wie ein Hymne, verstehen Sie?«

Dieses Sujet entspricht jenem aus Jekaterina Schachowskajas Poem *Traumbilder. Phantasmagorien,* das in ebenjenem Jahr, als

Iwan Turgenjew in ihr Leben tritt, als Buch erschienen ist. Turgenjew zeigt, was die Liebe mit dieser »Koketten« macht. Ohne Einschränkung gibt sie sich ihren Gefühlen zum Vater des jungen Wolodja hin.

Erste Liebe ist nicht nur die Erinnerung des Schriftstellers an seine erste Liebe, sondern auch eine Erzählung über die Beziehung zu seinem Vater und die schwierigen Verhältnisse in der Familie. »In meiner Erzählung«, so Turgenjew, »habe ich meinen Vater porträtiert. Man hat mich dafür verurteilt, vor allem, weil ich kein Hehl daraus gemacht habe. Aber ich sehe nichts Unschickliches darin. Ich habe nichts zu verheimlichen.«

»Mein Vater hatte einen eigentümlichen Einfluss auf mich«, heißt es in *Erste Liebe*, »und unser Verhältnis war ebenso eigentümlich. Meine Erziehung interessierte ihn nur wenig, aber er verletzte mich nie. Er achtete meine Freiheit, pflegte sogar, wenn man es so sagen wollte, einen höflichen Umgang mit mir, aber er ließ mich ihm nicht nahekommen. Ich liebte und bewunderte ihn, er schien mir vorbildhaft, und, bei Gott, wie sehr hätte ich mich ihm verbunden gefühlt, hätte ich nicht stets seine Zurückweisung gespürt! Bisweilen, wenn ich sein kluges, schönes und strahlendes Gesicht betrachtete und mein Herz bewegt wurde, mein ganzes Wesen zu ihm strebte, spürte er geradezu, was in mir vorging, strich mir im Vorübergehen über die Wange, und dann ging er hinaus oder begann, sich mit irgendetwas zu beschäftigen, oder er wurde ganz kühl, und alles in mir krampfte sich zusammen und auch ich wurde ganz kalt.«

Später, als Erwachsener, begreift er, dass der Vater »sich nicht für mich und das Familienleben interessierte. Er liebte etwas anderes und genoss dieses andere ganz. ›Nimm, was du kannst, aber gib dich in niemandes Hände. Sich selbst zu gehören, das ist die Kunst des Lebens‹, sagte er einmal zu mir.«

Jekaterina Schachowskaja ist nicht nur die erste Liebe des Schriftstellers, sondern auch die letzte, vielleicht die einzige Liebe seines Vaters. Für Sergej Turgenjew stellt sich die Frage, ein Leben als angesehener Mann zu führen oder mit seiner jungen Liebe in Schimpf und Schande zusammenzuleben. Natürlich könnte er sich von seiner nicht mehr jungen und nicht sehr schönen Gattin scheiden lassen und Schachowskaja heiraten. Aber durch diesen Schritt verschlössen sich ihm die Türen zahlreicher Häuser der sogenannten besseren Gesellschaft, die ihm so viel bedeutet. Turgenjews Vater entscheidet sich für Ansehen und Prestige.

In der entscheidenden Episode der Erzählung stellt Turgenjew kindliche Verliebtheit und entsagende Liebe einander gegenüber. Zufällig hört Wolodja, wie Sinaida seinen bei ihrem Fenster stehenden Vater anscheinend zu überzeugen sucht, sich von seiner Frau zu trennen: »Vous devez vous separer de cette …«. Sie reicht ihm die Hand, der Vater hebt die Reitgerte und schlägt zu. Sinaida zuckt zusammen, führt wortlos ihre Hand zu den Lippen und küsst schweigend den blutigen Striemen, den der Schlag hinterlassen hat. Der Vater schleudert die Reitgerte zur Seite und eilt zum Eingang des Hauses. »Das ist Liebe«, dachte Wolodja, »das ist Leidenschaft! Sich nicht zu erzürnen, sondern einen Schlag, und sei er von der über alles geliebten Hand, zu ertragen! Ach, das also kann man, wenn man liebt. … Und das Gefühl meiner Liebe mit all ihren Wallungen und Qualen kam mir sehr klein und kindisch und jämmerlich vor.«

Auch die seelische Erschütterung seiner Mutter hat Turgenjew in seiner Erzählung beschrieben: »Meine Mamá war ständig erregt, eifersüchtig, zornig, nicht jedoch in Gegenwart meines Vaters. Sie fürchtete ihn sehr, er gab sich barsch, kalt, unzugänglich.«

Die Qual der Mutter wird noch verstärkt durch den Skandal, den die Liaison ihres Mannes mit Jekaterina Schachowskaja in der Gesellschaft hervorruft. Ende des Jahres 1833 reist sie zu einem Kuraufenthalt ins Ausland. Ihren Ehemann sieht sie nie wieder.

Jahre des Studiums und Reisens. Debüt als Schriftsteller. Liebeleien

Im Alter von noch nicht einmal ganz fünfzehn Jahren besteht Iwan Turgenjew das Aufnahmeexamen an der Moskauer Universität. Dort studiert er allerdings nur ein Jahr. 1834 wird der ältere Bruder an der Michailow-Militärakademie für Artillerie in Sankt Petersburg aufgenommen, und Iwan führt sein Studium der Philologie an der Philosophischen Fakultät der Petersburger Universität fort, weil der Vater meint, die Brüder sollten zusammenbleiben. In der Hauptstadt des Russischen Reiches beginnt er auch seine literarische Laufbahn. Die dramatische Verserzählung *Steno* aus dem Jahr 1834 ist eines seiner ersten Werke.

Am 30. Oktober 1834 stirbt Turgenjews Vater. Seine Ehefrau weilt zu dieser Zeit noch im Ausland, und als sie nach einem Jahr von ihrer Reise zurückkehrt, wird klar, dass sie durch ihre überstürzte Abreise nicht nur den Qualen der Eifersucht zu entfliehen suchte. Auf ihrer Reise war sie von der Mutter des Arztes Andrej Jestafjewitsch Behrs begleitet worden, der aufgrund der »Steinerkrankung« des Hausherren seit einiger Zeit bei den Turgenjews lebte. Diese war eine erfahrene Geburtshelferin. Die kleine Bibi-Warenka, die kurze Zeit nach der Rückkehr Warwara Turgenjewas ins Haus in Spasskoje aufgenommen wird, gilt offiziell als Adoptivtochter, aber es ist ein offenes Geheimnis, dass sie die leibliche Tochter Warwara Turgenjewas und des jungen Hausarztes Andrej Behrs ist. Dessen Tochter Sofja Andrejewna, die seiner später geschlossenen Ehe entstammt, wird als Gattin des berühmten Lew Tolstoj in die Literaturgeschichte eingehen.

Für den Tod ihres Ehemannes macht Warwara Turgenjewa ihre junge Gegenspielerin, die »Dichterin« Jekaterina Schachowskaja verantwortlich. »Die Fürstin Sch… – ihr Andenken soll verflucht sein!«, schreibt sie drei Jahre nach deren frühem Tod an ihren Sohn Iwan. »Ja, weißt Du denn wirklich nicht, dass sie einen armen und ehrlichen Menschen, den Gatten einer kranken Frau …« – der weitere Text des Briefes ist mit anderer Tinte, also ganz offensichtlich zu einem späteren Zeitpunkt, unleserlich gemacht worden. Warwara Turgenjewa vermutet sogar, ihr Mann habe sich selbst das Leben genommen, wie aus einem Satz dieses Briefes hervorgeht, der rekonstruiert werden konnte: »Der Unglückliche …, sein Gewissen plagte ihn, und sein Leben endete durch einen gewaltsamen Tod.«

Nach dem Abschlussexamen reist Iwan Turgenjew im Mai 1838 nach Berlin, um dort sein Studium fortzusetzen. Zugleich aber flieht er aus Russland, das ihm in seiner Rückständigkeit unerträglich ist. »Jenes Leben, jenes Milieu und vor allem, wenn man es so sagen kann, jene Umgebung, welcher ich angehörte, jene Umgebung des Gutsherrentums und der Leibeigenschaft, repräsentierte nichts, das mich hätte halten können«, erklärt er in seinen 1868 in Baden-Baden niedergeschriebenen *Literatur- und Lebenserinnerungen.* »Im Gegenteil – fast alles, was ich ringsum beobachtete, rief in mir ein Gefühl der Bestürzung, Empörung, und schließlich des Abscheus hervor. Ich konnte nicht lange zaudern. … Ich stürzte mich kopfüber in ›das deutsche Meer‹, das mich reinigen und wiedergebären sollte, und als ich endlich aus meinen Wogen wieder auftauchte, war ich ein ›Westler‹ geworden und bin es für immer geblieben.«

Die preußische Hauptstadt Berlin ist mit ihrem Geist der neuen Philosophie um die Mitte des 19. Jahrhunderts Anziehungspunkt für die Jugend. Hier studieren zahlreiche junge Russen. »Die Universität und die Wissenschaft verliehen dieser Stadt die Bedeutung eines Zentrums der europäischen Bildung«, erinnert sich Turgenjew später. Er beschäftigt sich mit der deutschen Philosophie, »mit besonderem Eifer« studiert er beim Hegel-Schüler Professor Karl

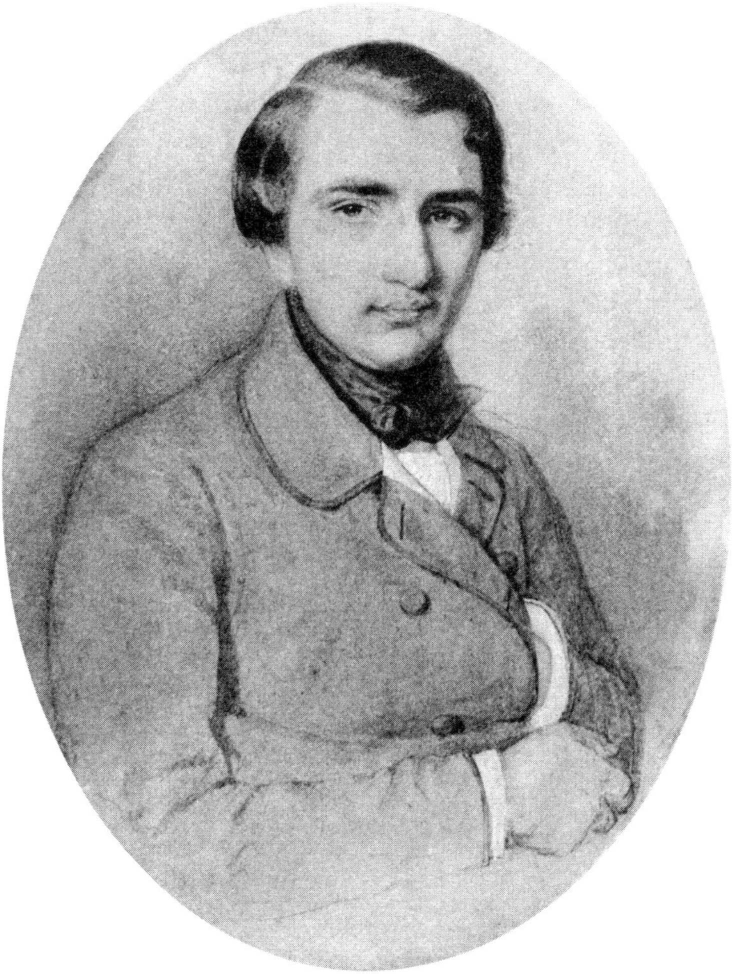

Abb. 4: Iwan Turgenjew als junger Mann. Aquarell von Kirill Gorbunow, 1838 oder 1839.

Werder das Werk Georg Wilhelm Friedrich Hegels, den die damalige russische Jugend verehrt.

Im Januar 1840 sind Turgenjew und sein Freund, der schwer an Tuberkulose erkrankte Dichter und Philosoph Nikolaj Wladimirowitsch Stankewitsch, in Rom Gäste beim Obersten a. D. des Husarenregiments Nikolaj Wladimirowitsch Chowrin und seiner Familie. Dessen Gattin, Maria Dmitrijewna Chowrina, führt in Moskau einen stadtbekannten literarischen Salon, die hübsch anzusehende, lebhafte und kluge siebzehnjährige Tochter Alexandra, genannt Chouchou, ist heimlich in Stankewitsch verliebt. Dieser sieht in ihr eine Freundin, während der Maler Alexej Tarassowitsch Markow, ein häufiger Gast der Familie, und Turgenjew der jungen Dame des Hauses gegenüber nicht gleichgültig sind. Beide Verehrer widmen Chouchou ihre Werke. Markow malt ihr Porträt, Turgenjew schreibt Gedichte für sie.

Auf der Italienreise ereignen sich noch zwei weitere flüchtige, aber unvergessliche Begegnungen. Auf der Fahrt vom Vesuv nach Neapel setzt sich im Zug eine junge Frau neben Turgenjew, die Chouchou sehr ähnlich sieht, ja, sogar hübscher ist als diese. Die Fahrt in die Hauptstadt Kampaniens vergeht rasch, und »sogleich ist ihr schwarzer Hut in der Menge nicht mehr zu sehen. Sie ist verschwunden, auf immer. Aber sie hat für einige Augenblicke meine Seele bewegt und die Erinnerung an sie stimmt mich froh.«

Und auf dem Rückweg nach Berlin, als Turgenjew in Frankfurt am Main eine Konditorei aufsucht, um zur Erfrischung eine Limonade zu trinken, stürmt ihm eine junge Frau von außergewöhnlicher Schönheit entgegen. Ihr Bruder ist in Ohnmacht gefallen und sie bittet den Unbekannten um Hilfe. Sie ist die Tochter der Konditoreibesitzerin, und als ihr Bruder wieder zu sich gekommen ist, lädt man den jungen Russen ein, in Frankfurt zu bleiben und die Stadt zu besichtigen. Turgenjew kann seine Augen nicht von der jungen Frau lassen, sie scheint ihm von Gott oder vom Schicksal gesandt. Aber die Fahrkarte nach Leipzig ist bereits gekauft, und seine Geldmittel sind knapp. Er reist weiter. Die reizende Gemma in Turgenjews Roman *Frühlingsfluten* ist Reminiszenz an die Jugend und diese beiden Begegnungen. »Heitere Jahre, glückliche Tage«, heißt es dort, »wie Frühlingsfluten sind sie verrauscht!«

»Mein gesamtes Leben ist vom weiblichen Element durchdrungen«, bekennt Iwan Turgenjew als reifer Mann im Gespräch mit Edmond de Goncourt »Weder ein Buch noch sonst irgendetwas kann mir eine Frau ersetzen. Wie das zu erklären ist? Ich nehme an, dass nur die Liebe in der Lage ist, mein gesamtes Ich in Schwung zu versetzen, so wie es nichts anderes vermag.«

Während der Zeit des Studiums beschränken sich Turgenjews Beziehungen zu Frauen auf zufällige Liebschaften mit Frauen aus dem einfachen Volk.

Die erste dieser »Flammen«, wie Turgenjew sie nennt, ist eine Leibeigene seiner Mutter. Während der Sommerferien verliert er an sie seine Unschuld. »Ich war blutjung und unschuldig. Meine Mutter hatte ein hübsches Hausmädchen. Eines Abends, es wurde schon dunkel, ging ich durch den Garten, und da kam dieses Mädchen auf mich zu, strich mir übers Haar und sagte: ›Komm!‹. Was dann folgte, unterscheidet sich in nichts von dem, was ein jeder als etwas Besonderes empfindet. Aber an diese leichte Berührung des Haars und an dieses eine Wort erinnere ich mich oft und bin dann vollkommen glücklich.«

Eine Liebschaft in Studentenjahren war eine Müllerin aus dem Umland von Sankt Petersburg. »Sie war überaus hübsch, blond, mit strahlenden Augen, wie man sie bei uns recht oft sieht. Zuerst wollte sie nichts von mir annehmen, aber dann sagte sie einmal: ›Sie müssen mir etwas schenken!‹ – ›Was möchtest du denn?‹ – ›Bringen Sie mir Seife mit!‹. Und ich brachte ihr Seife mit. Sie nahm sie und verschwand. Als sie zurückkehrte, streckte sie mir errötend ihre wohlriechenden Hände entgegen. ›Küssen Sie meine Hände so, wie Sie die Hände der Damen in den Petersburger Salons küssen!‹ Ich warf mich vor ihr auf die Knie. Kein Augenblick meines Lebens ist mit diesem vergleichbar!«

Mehr als jede andere Frau personifiziert Turgenjews Mutter in jenen Jahren für ihn das weibliche Element. Iwan ist ihr Liebling. Wegen seines zarten Wesens nennt sie ihn liebevoll »ma fille, ma Jeanette«. Der Sohn ist mit der Mutter eng verbunden, ihre Beziehung jedoch ist ambivalent. Ihr despotisches Verhalten und ihre himmelschreiende willkürliche Grausamkeit gegenüber den Leibeigenen stoßen ihn ab, zugleich aber ist er fasziniert von ihrer Klugheit und ihrem Wissen, vor allem aber von ihrer Willensstärke. Die Beziehung zu seiner Mutter prägt seine Beziehungen zu Frauen lebenslang.

»Die erste Begegnung – die letzte Begegnung«. Tatjana Bakunina

»Auf dem Titelblatt meiner ›Enzyklopädie‹« – gemeint ist Hegels 1830 erschienene *Enzyklopädie der philosophischen Wissenschaften im Grundrisse* – »habe ich notiert: ›N. Stankewitsch ist am 24. Juni 1840 gestorben‹ und etwas weiter unten: ›Ich bin mit Bakunin am 25. Juni bekannt geworden.‹ Von meinem gesamten früheren Leben möchte ich keine anderen Erinnerungen erhalten als diese beiden.«

Die Freundschaft mit Michail Bakunin, dem später weltbekannten Anarchisten, der im Sommer 1840 nach Berlin gekommen war, um seine Kenntnisse der deutschen Philosophie zu vertiefen, tröstet Iwan Turgenjew über den Verlust seines Freundes Nikolaj Stankewitsch hinweg. Die beiden sehr unterschiedlichen jungen Männer

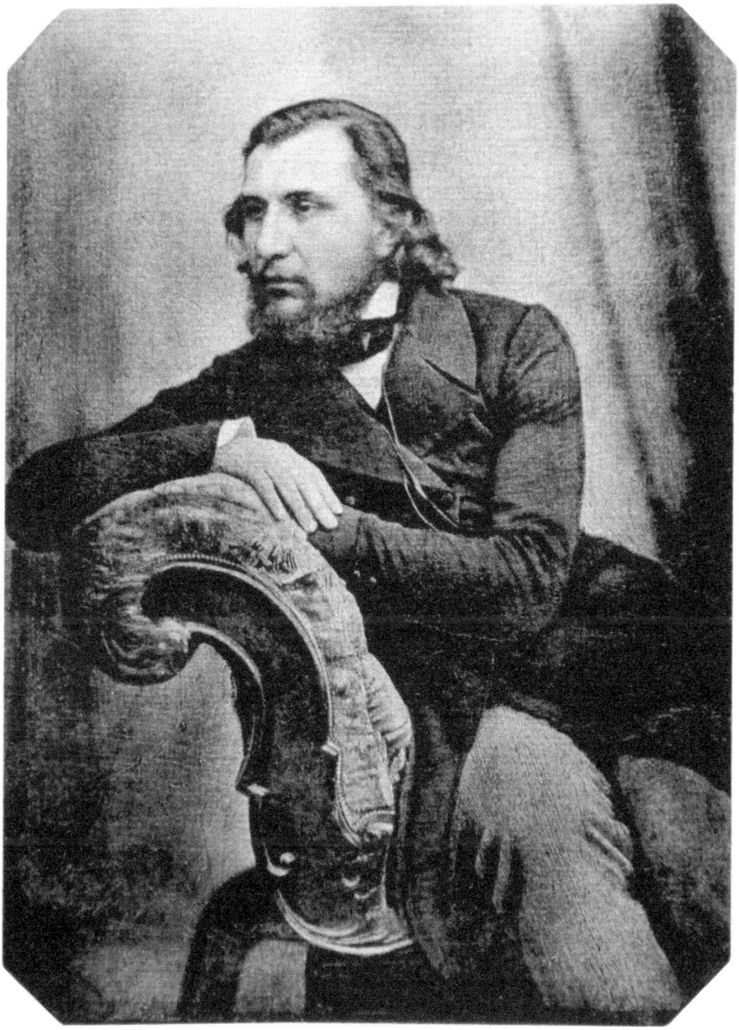

Abb. 5: Iwan Turgenjew in Berlin, 1840er Jahre.

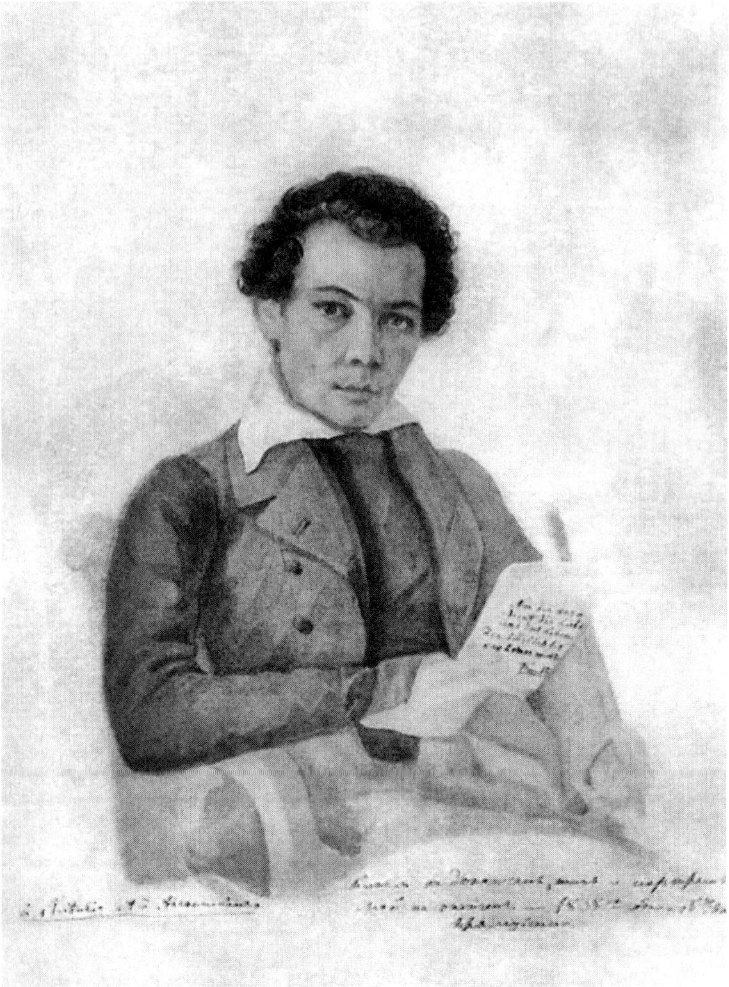

Abb. 6: Selbstporträt des späteren Anarchisten Michail Bakunin in jungen Jahren. Aquarell, 1830.

besuchen die gleichen Vorlesungen der Hegelianer, verkehren bei Varnhagen von Ense und Bettina von Arnim, aus deren *Goethes Briefwechsel mit einem Kinde* Bakunin einige Ausschnitte ins Russische übersetzt hatte, und beziehen eine gemeinsame Wohnung in der Mittelstraße 60.

Nach Ende des Semesters reist Turgenjew im Frühling 1841 nach Russland, um auf Spasskoje den Sommer zu verbringen. Auf dem elterlichen Gut kümmert Turgenjew sich rührend um die kranke Mutter, die im Rollstuhl geschoben werden muss. Die Tage gehen friedlich dahin, bis Warwara Petrowna zufällig erfährt, dass ihr Sohn ein Verhältnis mit einer von ihr angestellten Weißnäherin begonnen hat. Awdotja Jermolajewna Iwanowa, so der Name der aus Moskau stammenden jungen Frau, wird umgehend aus ihren Diensten entlassen. Iwan widersetzt sich der wütenden Mutter nicht, bringt seine Geliebte Dunetschka in einer kleinen Wohnung in Moskau unter und zahlt ihr eine jährliche Alimentation. Anfang 1842 bringt Dunetschka heimlich eine Tochter, Pelageja, zur Welt, die wenig später nach Spasskoje geholt wird, wo sie, von allen verachtet und von niemandem geliebt, als Dienstmagd aufwächst. Das Mädchen schleppt Wassereimer für die Wäscherinnen und muss allerlei niedere Kinderarbeit verrichten. Ihr Vater weiß lange Zeit nichts von der Existenz des Kindes.

Michele, wie Turgenjew Bakunin nennt, hat seinen Geschwistern in einem Brief den Besuch des neuen Freundes angekündigt. Das im westrussischen Gouvernement Twer gelegene Landgut der Familie Bakunin, Premuchino, ist von malerischer Schönheit. Hier herrscht in der Mitte des 19. Jahrhunderts eine vom Geist des deutschen Idealismus beseelte Atmosphäre. Michele hat seine Brüder und Schwestern mit seiner Verehrung für die deutsche Philosophie angesteckt. Ebenso wie er beschäftigen sie sich mit den Werken von Kant, Fichte, Schelling und Hegel. Die vier Schwestern Ljubow, Warwara, Tatjana und Alexandra verleihen dem Haus der Bakunins einen besonderen Glanz. »Voller Zuneigung erfreut man sich am Anblick dieser jungen Damen als wundervollen Geschöpfen Gottes«, so Nikolaj Stankewitsch, »betrachtet sie und hört ihnen zu, möchte den Anblick ihrer Engelsgesichter fest- und auf immer im Gedächtnis behalten, um sich stets an ihm erfreuen zu können, wenn einem schwer ums Herz wird. Und es verlangt einen nach nichts anderem, als dass sie dich achten und nicht der Masse der unzulänglichen Menschen zurechnen.«

Die sechsundzwanzigjährige Tatjana mit ihrer Persönlichkeit, Belesenheit und Musikalität beeindruckt am meisten. Der spätere Kritiker Wissarion Belinski, auch er in seinen jungen Jahren ein überzeugter Hegelianer, der bei den Bakunins verkehrt, preist sie überschwänglich: »Was ist Tatjana doch für ein wundervolles, zauberhaftes Wesen! Diese Augen, dunkelblau und tief wie das Meer, dieser Blick, der plötzlich und wie ein Blitz auf einen fällt und lang wie die Ewigkeit ruhen bleibt; dieses sanftmütige Gesicht, dessen leidenschaftliches Flehen an die Himmel noch sichtbar ist.«

Die so Gepriesene schenkt dem Freund des Bruders besondere Aufmerksamkeit. Und obgleich Turgenjew nur sechs Tage auf Premuchino zu Gast ist, erwächst zwischen ihm und der romantischen Tatjana eine besonders vertrauensvolle Freundschaft. Bald nennt er sie seine ältere Schwester und später seine Muse.

Tatjanas Ansichten über die Liebe und die menschliche Bestimmung sind vom philosophischen Denken ihres Bruders Michail und seiner Idee von der »absoluten Liebe« geprägt, welche die Individualität des Menschen überwinden und eine Gemeinschaft idealer Menschen ermöglichen soll. Diese Idee der absoluten Liebe sucht sie in ihrem Leben umzusetzen. Zugleich aber zweifelt sie daran, dass das möglich ist. »Du weißt es wohl«, teilt sie ihre Zweifel dem Bruder mit, »dass der Mensch, den ich lieben, der mein ganzes Herz, mein ganzes Wesen erfüllen könnte, allein in meiner Phantasie existiert. Mag sein, dass ich ihm erst im Himmel begegnen werde.«

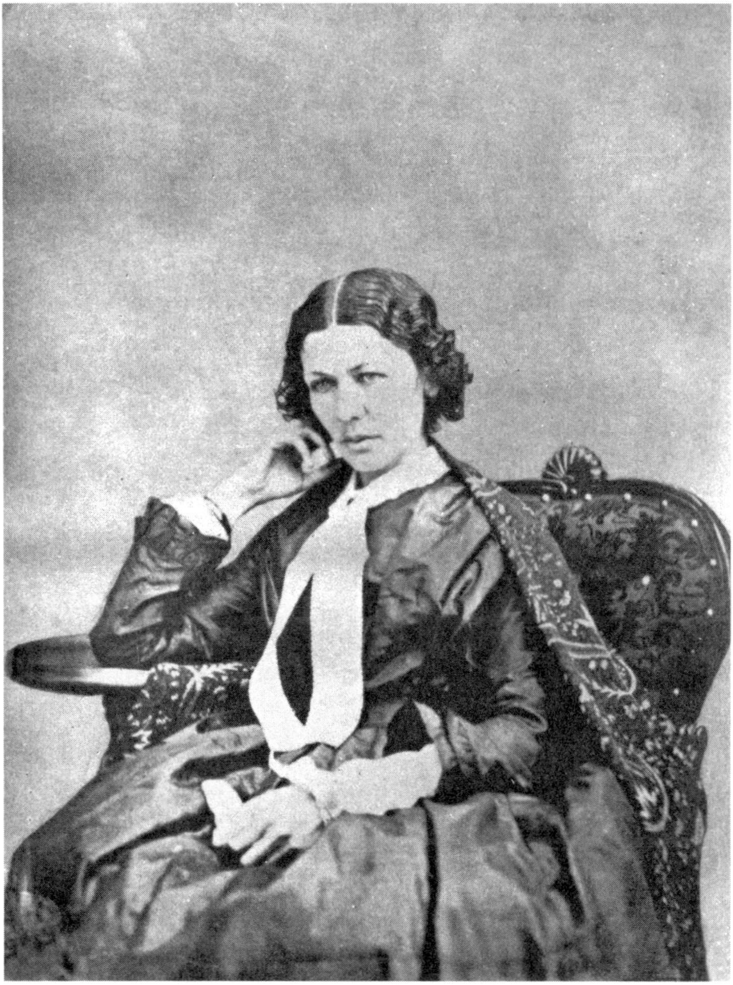

Abb. 7: »Wundervolles, zauberhaftes Wesen.« – Tatjana Bakunina. Michail Bakunins Schwester und Turgenjews »Muse«.

Gleichwohl will ihr scheinen, dass sie in Turgenjew ihr Ideal gefunden hat. Er ist von ansprechendem Äußeren, hochgewachsen, schlank, hat gleichmäßige Gesichtszüge, volles, dunkelblondes Haar und einen nachdenklichen Blick, in dem »Scharfsinn blitzt« und zugleich die Trauer »einer sterbenden Gazelle« liegt. Stets elegant gekleidet, mit besten Manieren, ist er jederzeit ein kluger Gesprächspartner. Turgenjew liest ihr Gedichte vor, von Dichtern wie Alexander Puschkin und Michail Lermontow und von ihm selbst. Sie ist rasch überzeugt, dass der neue Freund geboren ist, Dichter zu sein, berufen von Gott, die Weltseele zu besingen. Und sie beschließt, dass es ihre Aufgabe ist, ihn auf seinem Weg zu lenken, auf dass er nicht von ihm abkomme und sich in den alltäglichen Niederungen verirre.

Aus Moskau schreibt Turgenjew Tatjana, er hoffe, sie bald dort zu sehen, und bittet, sie möge gut auf sich achtgeben, denn »wie können Sie wissen, ob Ihr Leben nicht hohe und heilige Bedeutung für andere gewinnen kann«. Sie beginnen, einander regelmäßig zu schreiben, und sehen sich einige Male. Tatjana meint, in den Worten ihres Briefpartners Antwort auf ihre Liebe zu finden. Später erkennt sie jedoch, dass sie sich getäuscht hat. Turgenjew weiß selbst nicht, welcher Art seine Gefühle für die zauberhafte junge Dame sind.

Wie die Tatjana in Alexander Puschkins Versepos *Eugen Onegin* gesteht Tatjana, die Regeln der Etikette missachtend, Iwan Turgenjew ihre Liebe. »Gestern konnte ich keine Worte finden, absolut keine, Turgenjew«, schreibt sie ihm. »Sie wussten ja nicht, was mir auf der Seele lag. Nein, ich hätte diese Tage nicht überleben können, wäre nicht die dumpfe Hoffnung gewesen, Sie einmal noch, mein Gott!, nur einmal noch wiederzusehen. Ach, gehen Sie doch hin und erzählen Sie es, wem immer Sie wollen, dass ich Sie liebe, dass ich mich derart erniedrigt habe, Ihnen meine ungebetene, ungewollte Liebe zu Füßen zu legen. Ach, sollen die Leute doch mit Steinen nach mir werfen.«

Turgenjew ist erschrocken von den leidenschaftlichen Gefühlen, die er mit den Andeutungen in seinen Briefen hervorgerufen hat. Tatjana Bakunina inspiriert ihn zu Gedichten, die Gefühle, die er ihr entgegenbringt, sind jedoch eher Freundschaft als Liebe, und gleich Eugen Onegin weist er die Liebende höflich, aber bestimmt zurück. »Ich schwöre bei Gott, dass ich die Wahrheit sage«, schreibt er ihr teilweise auf Deutsch, »ich sage, was ich denke, was ich weiß: Niemals habe ich eine Frau mehr geliebt als Sie, aber auch Sie liebe ich nicht vollkommen und unwiderruflich. *Leben Sie wohl, meine Schwester; geben Sie mir Ihren Segen auf die Reise – und bauen Sie auf mich – bis jetzt noch – wie auf einen stummen Felsen, dem aber im innersten steinernen Herzen wahre Liebe und Rührung verschlossen ruht. Leben Sie wohl; Ich bin tief gerührt und erschüttert – leben Sie wohl, meine beste, einzige Freundin. – Auf Wiedersehen. Turgeneff.*«

Für Tatjana Bakunina ist die Zurückweisung eine große Desillusionierung. »Sonderbar, wie manche Menschen sich alles einbilden können, was sie nur wollen«, kommentiert sie Turgenjews Brief, »wie ihnen das Heiligste zum Spiele wird und wie sie sich nichts daraus machen – ein fremdes Leben zu Grunde zu richten. Warum können sie denn niemals wahr, ernst und einfach mit sich selbst sein – und mit den anderen – haben sie denn gar keinen Begriff von Wahrheit und Liebe – ich spreche von Liebe im Allgemeinen; mir scheint, wer sie im Herzen trägt – wer von ihrem Geiste durchdrungen ist, der ist immer einfach und groß und gewissenhaft – gegen sich, wie auch gegen andere.«

Im Jahr darauf kommt es zum endgültigen Bruch. Auslöser ist die Bitte Tatjanas an den Freund, ihrem Bruder, der seinem Berliner Verleger 2800 Taler schuldet, mit einer Geldsumme auszuhelfen. Turgenjew, der finanziell vollkommen von seiner Mutter abhängig ist und diese nicht um einen derart großen Betrag bitten möchte, kommt dem Ansinnen erst spät nach und erklärt sich dazu in einem Brief, der die Bittstellerin durch seinen »trockenen und verachtungsvollen Ton« tief verletzt. »Ich habe begriffen«, schreibt Tatjana ihrem Bruder Alexej, »dass er keine echte Liebe für mich empfand, dass all dies nichts anderes war als die Kopfgeburt einer erhitzten Vorstellungskraft, an der das Herz nicht unbeteiligt bleiben konnte.«

Das Poem *Parascha*, das Turgenjew 1843 schreibt, eine ironische Paraphrase von Alexander Puschkins *Eugen Onegin*, liefert den Schlüssel zum Verständnis der Frage, warum Turgenjew die Flucht ergriff, als die Beziehung zu Tatjana Bakunina die Grenzen des »philosophischen Romans« auf Entfernung zu überschreiten begann. In der Verserzählung endet die Verliebtheit der jungen Dame auf dem Lande mit der Heirat, aber der Traum vom Glück erfüllt sich nicht, sondern droht in kleinbürgerlicher Alltäglichkeit unterzugehen.

Parascha, unter dem Pseudonym T. L. für Turgenjew-Lutowinow veröffentlicht, bringt Turgenjew erste Anerkennung als Schriftsteller. Der Kritiker Wissarion Belinski, der der Romantik den Kampf angesagt hat und als Lehrmeister der neuen sogenannten Natürlichen Schule in der russischen Literatur die ungeschönte Darstellung der Lebenswirklichkeit der »kleinen Leute« fordert, lobt begeistert: »Der Autor von *Parascha* offenbart ungewöhnliches dichterisches Talent, zugleich aber auch unbestechliche Beobachtungsgabe, tiefgründige Überzeugungen und feinsinnige Ironie. Dies alles zeigt, dass der Autor ein Sohn unserer Zeit ist, der deren Schmerz und alle Fragen in sich trägt.«

Nicht weniger als über das Lob des Kritikers und Freundes Belinski freut Turgenjew sich über das Lob der Mutter. *Parascha* ist sein erstes literarisches Werk, das die Anerkennung Warwara Petrownas findet. »Es ist wundervoll – und das meine ich ganz ernst. Ich habe keine kritischen Bemerkungen gelesen, die Analyse in den *Otetschestwennye sapisi* ist zutreffend, man liest dort viel Anerkennendes. Gleich bringt man mir Erdbeeren. Wir Menschen vom Lande mögen das Konkrete. Deshalb sage ich: Deine *Parascha* duftet wie Erdbeeren«, schreibt sie ihm.

Obgleich er sich zur Literatur hingezogen fühlt, nimmt Iwan Turgenjew nach Erlangung des Magister-Grades an der Sankt Petersburger Universität 1842 eine Anstellung im Staatsdienst an. Seine bisherigen Veröffentlichungen sind zwar von der Kritik positiv aufgenommen worden, die strenge Mutter betrachtet die Schriftstellerei trotzdem als unseriöse Profession. Um nicht ihr Missfallen zu erregen, wird der Sohn Beamter für besondere Aufgaben in der Kanzlei des Innenministeriums, wo er dem Schriftsteller und Lexikographen Wladimir Dal unterstellt ist. Dal ist seit 1833 durch seine Skizzen und Genrebilder aus dem russischen Bauernleben bekannt und wird später mit seinem *Erklärenden Wörterbuch der lebendigen russischen Sprache* unsterblich.

Turgenjew empfindet wenig Leidenschaft für seine dienstlichen Verpflichtungen, versieht diese »sehr schlecht und nachlässig« und hofft auf Nachsicht beim Schriftstellerkollegen. Der allerdings ist ein überaus akribischer und pedantischer Vorgesetzter und spricht Turgenjew in einem fort Tadel aus.

Schon nach nicht einmal zweijähriger, von zahlreichen Urlauben unterbrochener Dienstzeit scheidet Turgenjew auf eigenen Wunsch im April 1845 aus dem Beamtendienst aus. Einen Monat später erhält der »Kollegiensekretär a. D. I. S. Turgenjew« vom Innenministerium für eine Reise nach Deutschland und Holland zum Zwecke der Behandlung seiner Krankheit den beantragten Auslandsreisepass. In einem Brief erwähnt Turgenjew eine Augenerkrankung, die diese Reise erforderlich mache. Tatsächlich aber reist er, um einer Liebe zu folgen, die fortan sein Leben bestimmen wird.

3. »SIE SINGT, WIE SIE ATMET.«

Eine weltreisende Sängerfamilie

Im September 1836 wird die Welt der Oper erschüttert: Die Stimme der Maria Malibran ist für immer verstummt. »La Malibran« – die erste Diva der Operngeschichte – ist im Alter von nur achtundzwanzig Jahren gestorben. »Schönheit, Genie, Liebe waren die Namen dieser Frau, eingeschrieben in ihrem Blick, ihrem Herzen, ihrer Stimme.« Diese Worte von Alphonse de Lamartine sind eingemeißelt in den Marmor des Malibran-Mausoleums, das von einer Statue der Sängerin in der Rolle der Norma aus Vincenzo Bellinis gleichnamiger Oper gekrönt ist.

Wenige Wochen vor ihrem frühen und plötzlichen Tod hatte Maria Malibran am 14. August 1836 in Lüttich ihr erstes und einziges Konzert mit ihrer Schwester Pauline gegeben. Die viel jüngere Schwester, sie ist fünfzehn, begleitet Maria am Klavier und spielt ein Duett mit Marias Ehemann, dem Geiger Charles de Bériot. Und nach Marias Tod tritt Pauline ihr Erbe als Sängerin an.

Dass Pauline, das dritte Kind der Familie García, am 18. Juli 1821 gerade in Paris das Licht der Welt erblickt, ist ein Zufall, denn die Familie ist als fahrende Operntruppe in ganz Europa auf Reisen. Die Nachzüglerin – sie ist sechzehn Jahre jünger als der Erstgeborene Manuel und dreizehn Jahre jünger als die Schwester Maria – wird auf den Namen Michelle Ferdinande Pauline getauft und Paulita genannt. »Sie erinnerte sich nicht, die Musik erlernt zu haben«, beschreibt der Komponist Camille Saint-Saëns die Atmosphäre, in der Paulita aufwächst, »in der Familie García war Musik die Luft, die man atmete.«

Das Familienoberhaupt, Manuel del Pópulo Vicente García (später zur Unterscheidung zu seinem ebenfalls auf den Namen Manuel getauften Sohn Manuel García père genannt), wird am 21. Januar 1775 in Sevilla geboren. Das Geburtsdatum ist wohl das Einzige, was hinsichtlich seiner Herkunft als sicher gelten darf. Seine Abstammung umranken zahlreiche Legenden, an denen er wohl kräftig mitgewirkt hat, um seine Biographie noch außergewöhnlicher erscheinen zu lassen, als sie ohnehin war. Das »grand secret« der Familie ist die angeblich »aegyptische Origine« des Sängers, womit seine Tochter Pauline umschreibt, er sei als »Zigeuner« im ärmsten Viertel der Stadt geboren worden. Wer Manuel Garcías Vater war, ist unbekannt. Vermutlich war er nicht Richter, wie die Enkelin Louise angibt, sondern Schuhmacher.

Auch wo Manuel seine Ausbildung erhielt, ist nicht geklärt. Bereits als elfjähriger Knabe jedoch verzauberte er »ganz Sevilla sonntags im Dom« mit seinem Gesang. Mit siebzehn erhält er ein Engagement als Sänger in Cadíz. Es folgen Stationen in Madrid und Malaga, bis er 1807 nach Paris an das Théâtre-Italien (damals: l'Opéra buffa) geht. Zu jener Zeit ist Manuel García bereits Vater von drei Kindern. Am 8. Mai 1797 hatte er die eher mittelmäßige Sängerin und gute Tänzerin Manuela de Moralès geehelicht, mit der er zwei Töchter hat. Die Mutter seines 1805 geborenen Sohnes Manuel Rodriguez sowie der Töchter Maria und Pauline jedoch ist Joaquina Briones, verwitwete Sitches, auch sie eine Sängerin. Angeblich war sie von nobler Abkunft, jedoch hat Joaquina es ebenso gut wie Manuel García verstanden, ihre Herkunft zu verschleiern.

Wenn es denn ein »grand secret« der Familie García gibt, dann jenes, dass Manuel García père durch seine Heirat mit Joaquina nach kanonischem Recht ein Bigamist war, da eine Ehescheidung in der römisch-katholischen Kirche nicht vorgesehen war. Garcías erste Ehe mit Manuela de Moralès wird denn auch von den Nachkommen geflissentlich verschwiegen.

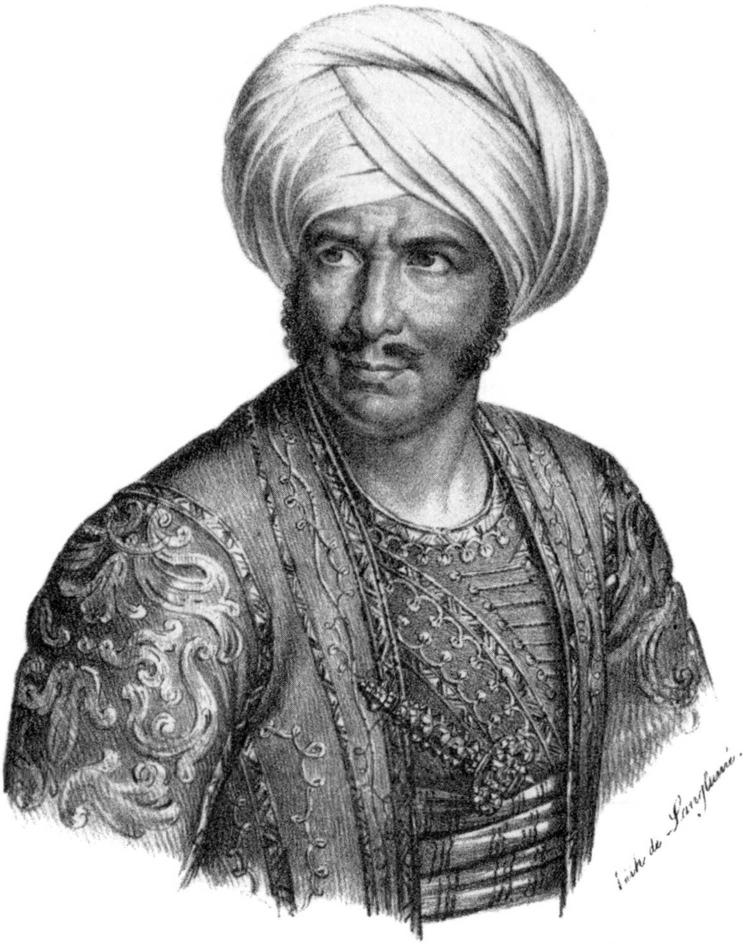

Abb. 8: Paulines Vater, Manuel del Pópulo Vicente García, als Othello in der Oper von Rossini. Lithographie, 1822.

Der in Paris bald gefeierte Tenor reüssiert auch als Komponist. Bereits in seiner Heimat hatte er für die Theater, an denen er engagiert war, spanische Tonadillas, Sainetes und Boleros komponiert, in Paris aber gelingt ihm mit dem Monodram *El poeta calculista*, das am 15. März 1809 uraufgeführt wird, ein aufsehenerregender Erfolg. Das Publikum ist begeistert vom spanischen Kolorit, und García glänzt selbst als Sänger mit dem Lied »*Yo que soy Kontrabandista*«, dessen Thema später Franz Liszt in seinem George Sand gewidmeten *Rondeau fantastique sur un thème espagnol (El contrabandista)* verarbeitet und das George Sand wiederum zur Erzählung *El contrabandista* (1837) inspiriert. Mehr als vierzig Opern komponiert Manuel García und schreibt oft auch die spanischen, italienischen oder französischen Texte dazu, *El poeta calculista* aber bleibt sein bekanntestes Werk.

Die nächste Station nach Paris für Manuel García und Joaquina Sitches ist Italien, wo der Tenor in Neapel neben der Primadonna des Teatro San Carlo, Isabella Colbran, auf der Bühne steht und deren späteren Mann, Gioachino Rossini, kennenlernt, der ihm mehrere Partien auf den Leib schreibt. Die bekannteste ist jene des Grafen aus der Oper *Almaviva oder die nutzlose Vorsichtsmaßregel*. Die Uraufführung am 8. Februar 1816 in Rom wird zum Fiasko, doch als *Der Barbier von Sevilla* steht das Werk bis heute auf den Spielplänen der Musiktheater der Welt und gilt als eine der besten komischen Opern schlechthin.

Nach vier Jahren in Italien kehrt die Familie – zu der auch die offiziell als »Nichte« geführte, der ersten Ehe Manuel Garcías entstammende Tochter Joaquina gehört, die später unter dem Namen Giuseppina García Ruiz ebenfalls als Sängerin bekannt wird – nach Paris zurück, wo der Tenor ein Engagement am Théâtre de l'Académie Impériale de Musique, der Pariser Opéra, erhält.

Bis 1823 reist der umtriebige Tenor nun mit seinem Anhang zwischen den Hauptstädten Frankreichs und des britischen Königreichs hin und her. Mit sechzehn Jahren gibt die am 24. März 1808 in Paris geborene Tochter María in Paris ihr erstes öffentliches Konzert. Ein Jahr später, im Juni 1825, springt sie am Londoner King's Theatre für die erkrankte Giuditta Pasta in der Partie der Rosina in Rossinis *Der Barbier von Sevilla* ein. Sie begeistert das kritische Publikum, das eigentlich der Pasta zu Füßen liegt, und erhält für die restliche, lediglich noch sechs Wochen dauernde Spielzeit ein großzügig honoriertes Engagement, das etwa der Hälfte des Jahressalärs ihres Vaters entspricht, der als Graf Almaviva mit ihr auf der Bühne steht.

Fortan singt sie auf der Bühne häufig leidenschaftliche Liebesduette mit ihrem Vater. Im Leben ist die Beziehung der beiden nicht einfach. María leidet zeitlebens unter Depressionen, die manche Biographen darauf zurückführen, dass Manuel García mehr als nur väterliche Liebe für seine Tochter verspürt habe. Derartige Gerüchte kursierten bereits zu Lebzeiten Marías.

Vermutlich nicht aus Liebe, sondern um sich vom übermächtigen Vater zu befreien, heiratet María achtzehnjährig in New York den aus Frankreich stammenden Geschäftsmann François-Eugène Malibran. Dieser ist siebenundzwanzig Jahre älter als sie und steht im Ruf, wohlhabend zu sein. Ein Heiratsvertrag, der dem Vater eine Mitgift von 25 000 Dollar konzediert, wird geschlossen. Die hohe Mitgift allerdings steht nur auf dem Papier. Kurz nach der Hochzeit geht es mit den Geschäften des Gatten rapide bergab, und er macht Bankrott. Im Dezember 1827 kehrt María allein nach Europa zurück. Den Ehemann sieht sie bis zu ihrem frühen Tod nie wieder, seinen Namen aber macht sie unsterblich.

María Malibran feiert Triumphe in London, Paris, Bologna, Mailand, Rom, Neapel. »Wenn eine dramatische Darstellerin leidenschaftliches Schauspielen mit den Reizen einer schönen Stimme und einer einnehmenden Persönlichkeit vereint, können wir dies wohl Vollkommenheit nennen. Und diese Vollkommenheit ist bei

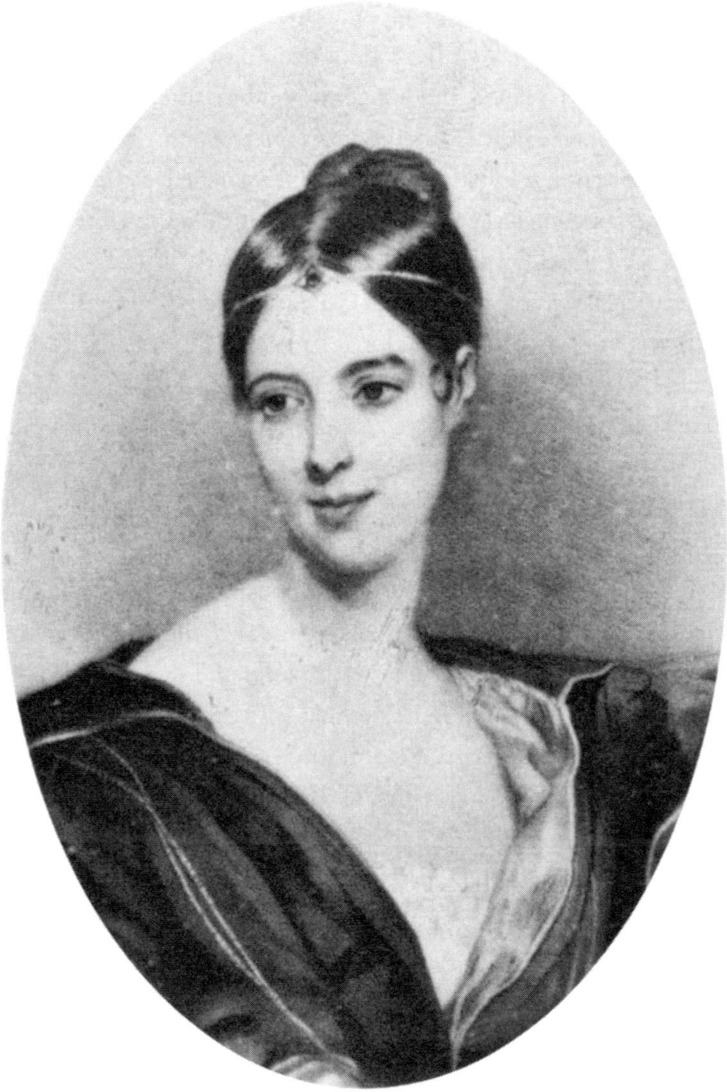

Abb. 9: Paulines Schwester, María de la Felicidad Malibran.

Madame Malibran zu finden«, schreibt ihre Zeitgenossin María Merlin, eine ihrer ersten Biographinnen.

La Malibran ist nicht nur Sängerin, sondern spielt darüber hinaus Klavier und Harfe, sie komponiert, arrangiert Stücke für ihre Bedürfnisse um, schneidert und bestickt manche Kostüme selbst. Und sie ist öffentliche Person, die Verehrer reißen sich um ihre Handschuhe, ihr Taschentuch.

1829 lernt María den belgischen Geiger und Komponisten Charles de Bériot kennen. Die Verbindung der beiden bleibt zunächst illegitim, die Verhandlungen über die Annullierung der Ehe mit Malibran ziehen sich über mehrere Jahre hin. Mit Unterstützung eines Juristen namens Louis Viardot gelingt es, die Scheidung durchzusetzen, und 1836 besiegeln María und Charles ihre Verbindung durch den Bund der Ehe.

Im selben Jahr jedoch muss de Bériot seine Ehefrau bereits zu Grabe tragen. Bei einem Gastspiel in London verliert die Sängerin, die eine gute Reiterin war, aber weder auf dem Pferd noch im Leben das Risiko scheute, bei einem Ausritt im Galopp die Herrschaft über ihr Pferd, bleibt beim Stürzen im Steigbügel hängen und wird vom dahinjagenden Pferd mitgerissen. Trotz kaum ermesslicher Schmerzen erfüllt sie auch nach dem Unglück ihre Engagements, stirbt jedoch am 23. September 1836 nach ihrem Auftritt beim Manchester Festival an den Folgen des Reitunfalls. 50000 Menschen sollen den Weg gesäumt haben, als die Sängerin einige Wochen später auf dem Friedhof der Kirche Notre-Dame de Laeken in Belgien beigesetzt wird.

Kurz nach dem sensationellen Londoner Debüt seine Tochter María im Jahr 1825 beschließt Manuel García, auch die Neue Welt zu erobern. Im Herbst sticht die kleine Operntruppe, bestehend aus Manuel García père als erstem Tenor, dem zwanzigjährigen Manuel García fils als erstem Bariton, der siebzehnjährigen Tochter María

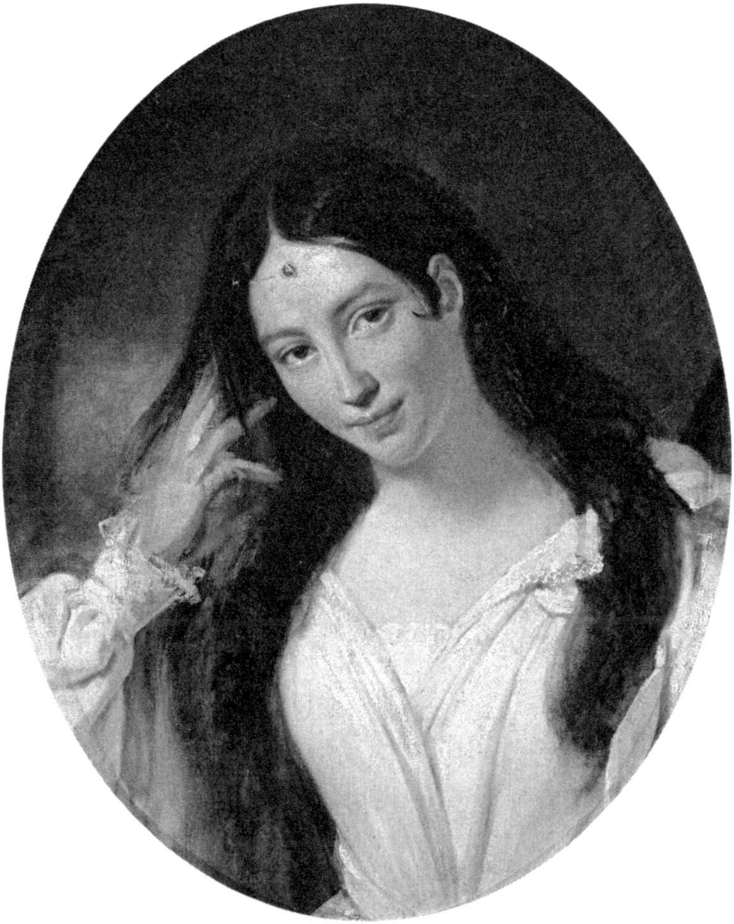

Abb. 10: »La Malibran« in der Rolle der Desdemona.
Gemälde von François Bouchot.

als prima und der Gattin Joaquina als seconda donna sowie einer Zahl weiterer Sänger, von Liverpool aus in See. Die Überfahrt vergeht rasch, denn die Opernkompagnie ist unermüdlich mit Proben beschäftigt. Dabei sind die Unterrichtsmethoden des Gesangspädagogen durchaus rigide und befremden die Mitreisenden.

Die Saison der Truppe des »musikalischen Kolumbus« beginnt im November 1825 mit der Vorstellung des *Barbier von Sevilla* im New Yorker Park Theatre. Das Publikum ist hingerissen. Neben insgesamt fünf Rossini-Opern stehen zwei Opern des bis dahin der amerikanischen Zuhörerschaft gänzlich unbekannten Wolfgang Amadeus Mozart auf dem Spielplan. Einer der Höhepunkte des Gastspiels ist die amerikanische Erstaufführung des *Don Giovanni* am 23. Mai 1826, die in Anwesenheit des greisen Librettisten Lorenzo da Ponte stattfindet, der sich zwei Jahrzehnte zuvor auf der Flucht vor seinen Gläubigern nach Amerika gerettet hat und sich nun dort in den unterschiedlichsten Geschäftsbereichen versucht.

Nach zehn Monaten in New York reisen die Garcías weiter nach Mexiko, allerdings ohne die Tochter María, die als neuvermählte Gattin von François-Eugène Malibran zunächst in Amerika bleibt und im November 1827 allein nach Paris zurückkehrt.

Anderthalb Jahre lang dauert die mexikanische Spielzeit der Garcías. Das Nesthäkchen der Familie, die kleine Pauline, erhält bei keinem Geringeren als dem Organisten der Kathedrale von Mexiko City ihren ersten Klavierunterricht.

Die Erfolge, die auf der Bühne gefeiert werden und die Kasse des Familienunternehmens füllen, können allerdings nicht über die ungemütliche politische Lage im Land hinwegtäuschen, das erst einige Jahre zuvor die Unabhängigkeit von der spanischen Kolonialherrschaft erkämpft hat. Im November 1828 beschließt García, wieder nach Europa zurückzukehren. Wegen der unruhigen Lage werden die Reisenden auf dem Weg nach Veracruz, wo man einschiffen will, von Soldaten eskortiert, aber auch die können oder wollen die Habe der Garcías nicht schützen. Die damals siebenjährige Pauline berichtete später, was sich zutrug:

»Ich erinnere mich immer noch an unsere Rückreise aus Mexiko, wie wir bei einem Überfall … des ganzen Vermögens beraubt wurden, das mein Vater besaß und das er bar in Gold und Silber in Sicherheit bringen wollte vor der Revolution, die überall in Mexiko ausbrach. … Wir waren ungefähr dreißig Personen, davon mindestens zwanzig Frauen und Kinder. Die Räuber waren sechzig an der Zahl – zu Pferd und bis an die Zähne bewaffnet. Es war nicht daran zu denken, Widerstand zu leisten. … Meine Mutter … setzte sich auf die Erde, nahm mich in die Arme und wickelte mich in den großen Mantel mit den Schottenkaros ein, den ich trug.«

Dies war »die eindrucksvollste« Erinnerung ihrer Kindheit, so Pauline. Aber nicht nur aufgrund der Ängste, die sie und die anderen auszustehen hatten, oder wegen der Verluste, die sie erlitten, sondern weil sie die Reaktion ihres Vaters ihr ganzes Leben lang nicht vergessen konnte:

»Ich kann mich nicht entsinnen, je ein befreienderes und ansteckenderes Gelächter gehört zu haben als das meines Vaters in jener Nacht, die dem Verlust seines ganzen Vermögens folgte. … Erst heute erkenne ich, wie viel Elastizität, Charme und Schwung mein Vater gehabt haben muss.«

Die schiefäugige mongolische Nachtigall

Schon bald nach der Rückkehr nach Europa nimmt Manuel García père im Januar 1830 seinen Abschied von der Bühne. Er ist fünfundfünfzig Jahre alt und seine Stimme ist müde. Nachdem bereits 1824 die erste Ausgabe seiner *Exercises and Method for Singing* in London erschienen war, die ihn als Vater des modernen Gesangs unsterblich gemacht hat, ist er nun ein gefragter Gesangspädagoge. Bei seinen Stunden begleitet die jüngste Tochter Pauline die Gesangsschüler auf dem Klavier.

Ebenso wie ihren Geschwistern María und Manuel hat Manuel García seiner jüngsten Tochter die Grundlagen der Musik beigebracht. »Ab wann, weiß ich nicht mehr«, erzählt die Sängerin später, »denn ich erinnere mich nicht mehr an die Zeit, in der ich sie nicht beherrschte.« Die Musik fällt ihr zu, ebenso wie das Zeichnen und Fremdsprachen. Seit ihrer Kindheit spricht Pauline Spanisch, Italienisch, Französisch und Englisch.

Als ihr Vater im Mai 1832 nach kurzer Krankheit stirbt, ist Pauline zehn Jahre alt. Nach der Rückkehr der Familie nach Europa erhielt sie vermutlich bei Sébastien Arnould Meysenberg, einem der Söhne des Pariser Klavierbauers Meysenberg, ihre weitere Klavierausbildung und arbeitete wohl auch mit dem um zehn Jahre älteren Franz Liszt. Der einstige Wunderknabe hatte sich nach einer persönlichen Krise von der Konzertbühne zurückgezogen und gab Unterricht in Klavierspiel und Komposition. Die Schülerin war ein wenig in den Pianisten verliebt. »Er war so schön, so beseelt, so verführerisch«, gesteht sie später.

Des Weiteren erhielt Pauline wohl Kompositionsunterricht bei Anton Reicha, zu dessen Schülern Hector Berlioz, Franz Liszt, Charles Gounod und César Franck gehörten. Bereits im Alter von elf Jahren konzertiert Pauline öffentlich, eine Zeitungsnotiz lobt »ihre Kraft«, und Franz Liszt würdigt »ihren leichten Anschlag und die vollkommene Anrundung ihrer Passagen«.

Pauline träumt davon, als Klaviervirtuosin und Komponistin berühmt zu werden, aber nach dem Tod des Vaters gebietet Joaquina García-Sitches, Mamita, über ihre musikalische Laufbahn. Und die Entscheidung der Mutter steht fest. Sie will, dass Pauline nach dem tragischen Tod der Schwester María die sängerische Tradition der Familie fortführt: »Schließe dein Klavier«, befiehlt sie der Tochter an deren sechzehntem Geburtstag, »von nun an wirst du singen!« »Es bereitete mir schweren Kummer, dem Klavier, zu dem ich mich unänderlich berufen fühlte, zu entsagen«, gesteht Pauline später.

Am 13. Dezember 1837 tritt Pauline García, begleitet von ihrem Schwager Charles de Bériot, dem Witwer María Malibrans, erstmals öffentlich als Sängerin auf. Das Debüt findet im Hôtel de Ville in Brüssel statt, es ist ein Konzert zugunsten der Armen, bei dem König und Königin der Belgier und zahlreiche andere hochgestellte Persönlichkeiten zugegen sind. Der Erfolg ist grandios, und in der Folge brechen Pauline und Charles de Bériot in Begleitung Mamitas zu einer Konzertreise durch Deutschland auf. Alle wollen die Schwester der Malibran hören, sogar Giacomo Meyerbeer unterbricht seine Kur und reist nach Wiesbaden, um dem Konzert von Pauline García, deren Stimme »an den Geschmack bittersüßer Orangen« gemahne, beizuwohnen. Der Meister der französischen Grand Opéra ist so begeistert von dem warmen Mezzo und der Ausdruckskraft der Sängerin, dass er verspricht, eine Rolle für sie zu komponieren. Es dauert aber mehr als ein Jahrzehnt, bis Pauline als Fidès in Meyerbeers Oper *Der Prophet* auf der Bühne stehen wird.

Die Konzerte in Deutschland sind in jeder Hinsicht erfolgreich. Nach dem Konzert in Berlin im Mai 1838, bei dem der preußische König Friedrich Wilhelm III. sich entzückt zeigt von Paulines Interpretation der Händel-Arie *Lascia ch'io pianga*, schreibt Ludwig Rellstab, der König der Musikkritiker, über die Stimme der Sängerin: »Eine Mischung aus Sopran und Tenor, deren tiefere Laute sich dem Celloklang annähern, während die höheren dem Klavier ähneln.«

Von der Großherzogin von Weimar erhält Pauline als Zeichen der Anerkennung zwei smaragdbesetzte »Boules italiennes um Haar zu stecken«. In Frankfurt am Main singt sie mit Henriette Sontag ein Duett – auch dies ein Zeichen der Anerkennung, nämlich der Anerkennung durch eine berühmte Sängerkollegin.

In Leipzig macht Pauline die Bekanntschaft Robert Schumanns und dessen damals noch heimlicher Verlobter und späteren Gattin Clara Wieck. Nur kurz zuvor hatte der Kaiser von Österreich allergnädigst geruht, der noch nicht einmal neunzehnjährigen Pianistin den Titel der k.-k. Kammer-Virtuosin zu verleihen.

Die beiden Musikerinnen, die zu jener Zeit am Anfang ihrer Karrieren stehen, treten später bisweilen auch gemeinsam auf. »Ich fand in ihr … ein liebenswürdiges, anspruchsloses Mädchen und eine Künstlerseele«, hält Clara Wieck im August 1838 in ihrem Tagebuch fest. »Sie scheint eine Ausnahme von allen Sängerinnen zu machen – sie interessiert sich lebhaft für Musik. … Pauline García ist sicher die musicalischste jetzt lebende Sängerin. Sie singt höchst dramatisch, alles auswendig, begleitet sich selbst, ohne auf das Klavier zu sehen und alles spielt sie auf der Stelle nach.«

Ihr späterer Ehemann Robert Schuman zeigt sich erschüttert vom Gesang der García. In seinem Tagebuch heißt es: »Abends Concert von Bériot und Pauline García – ich todt wie ein Stein – in den ersten Minuten ihres Gesangs brachen aber Tränen stromweise heraus.« Der Komponist schätzt Pauline nicht nur als Sängerin, sondern auch als Pianistin. »Die García spielt sehr gut Clavier«, notiert er am 30. Juni 1838. Und er ist ebenfalls beeindruckt von ihr als Komponistin. Pauline hatte bei ihrem Konzert im Leipziger Gewandhaus dem Publikum auch ihre Vertonung von Ludwig Uhlands *Des Knaben Berglied* vorgestellt, und Schumann bittet sie daraufhin um eine Komposition für die musikalische Beilage seiner Zeitschrift. Schon zwei Wochen später ist eine Vertonung des Uhland-Gedichts *Die Capelle* fertig, die Robert Schumann sogleich in seiner *Sammlung von Musikstücken aus neuer und alter Zeit* veröffentlicht. Robert Schumann wiederum widmet der Sängerin zwei Jahre später seinen *Liederkreis* nach Texten von Heinrich Heine.

Auch für ihr »liebst Clärchen«, wie Pauline die neu gewonnene Freundin in ihren Briefen fortan oft anspricht, komponiert die vielseitig Begabte ein Stück. Sie versieht die mit »Dresden 4 Juillet 1838« datierte *Tarantelle* mit der Widmung: »Souvenir / pour ma chère / Clara. / Pauline Garcia«. Clara Schumann hält die Handschrift des Instrumentalstücks für Klavier und Soloinstrument der für sie »genialsten aller Künstlerinnen« zeitlebens in Ehren.

Von Deutschland führt der Weg Pauline, Mamita und Charles de Bériot über Österreich, wo sie in Salzburg auf den Spuren des vergötterten Wolfgang Amadeus Mozart wandeln, nach Norditalien. Zurück in Paris, gibt Pauline nach einigen Auftritten in privaten Salons am 15. Dezember 1838 im Théâtre de la Renaissance auch in der französischen Hauptstadt ihr Konzertdebüt. Alfred de Musset, der Pauline im Salon seiner einstigen Geliebten Caroline Jaubert gehört hatte, ist hingerissen von der Sängerin und schreibt eine überschwängliche Lobeshymne in der einflussreichen *Revue des Deux Mondes.* »Sie singt, wie sie atmet!«, schwärmt der Dichter. »Sie besitzt das, was das große Geheimnis des Künstlers ausmacht: Bevor sie etwas verkörpert, fühlt sie es. Sie hört nicht auf ihre Stimme, sondern auf ihr Herz. … Sie ward als Blume geboren und die Musik ist der Duft, den sie verströmt.«

Der Sängerin eilt der Ruf voraus, über eine bezaubernde Stimme und wundervolle Ausdruckskraft zu verfügen, und obgleich sie ihre Klasse an der Oper noch nicht bewiesen hat, wird Pauline García mit einem Vertrag über sagenhafte 40 000 englische Pfund für sechs Auftritte nach London engagiert.

Im April 1839 besteigen Mamita und Pauline in Begleitung von Charles de Bériot das Dampfschiff nach Dover. Paulines erster Auftritt auf einer Opernbühne findet am selben Ort statt, an dem ihre Schwester María ihre glänzende Karriere begann: Am 9. Mai 1839 gibt sie als Desdemona in Rossinis *Otello* ihr Operndebüt am Her Majesty's Theatre in London.

Nach dem Ende der erfolgreichen Saison in London geht es zurück nach Frankreich, und im Oktober schließlich glänzt Pauline

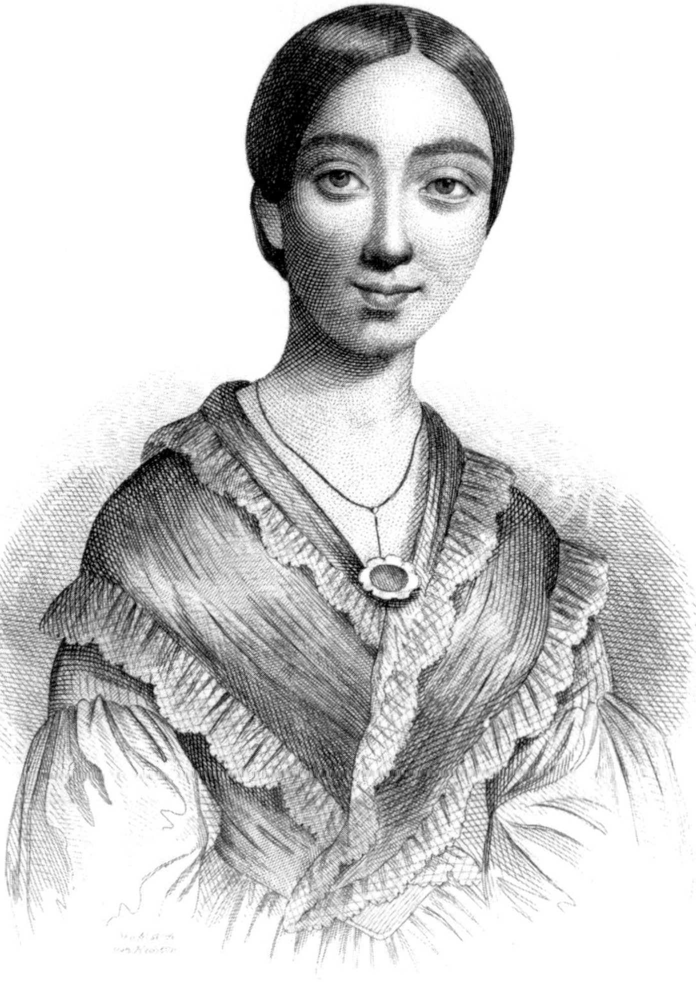

Abb. 11: Pauline Viardot-García im Alter von etwa zwanzig Jahren.

García auch in Paris in Rossinis Meisterwerken. »Sie besitzt eines der zauberhaftesten Instrumente, die man hören kann«, befindet Théophile Gautier. »Sein Timbre ist bewundernswert, weder zu hell, noch zu verschattet ...; allein die Töne der mittleren Lage haben etwas kaum zu beschreibendes Weiches und Eingängiges, das zu Herzen geht. Der Umfang ist außergewöhnlich. Auf der Fermate des *Andante* der Cavantine ... durchlief sie zwei Oktaven und eine Quinte, vom tiefen F des Tenors bis zum hohen C des Soprans. Allein das Timbre des F und die Leichtigkeit, mit der sie das C anstimmt, das sie im Verlauf des Werks häufiger hören ließ, erstrecken sich eindeutig über drei Oktaven.«

Pauline García hat »die höchste Stufe der Mode erreicht«, wie Comtesse Marie d'Agoult ihrem Geliebten Franz Liszt am 18. November 1839 mitteilt. Sie wirkt wie ein Magnet, alle wollen die Schwester der Malibran hören. Als sie einmal erkrankt, erstattet die Direktion dem Publikum die Preise für die Karten zurück, denn wenngleich die gefeierte Sängerin neben anderen Berühmtheiten auf der Bühne steht, kommen die Opernfreunde nur ihretwegen.

Der Beginn der Karriere also ist gelungen. Gleichwohl mischen sich auch giftige Stimmen in den Chor der überschwänglichen Kritiker. »Nach ihrer Lithographie muß sie scheußlich häßlich sein!«, schreibt die Comtesse d'Agoult. Auch Heinrich Heine bemerkt, die Sängerin sei hässlich, »aber von einer Häßlichkeit, die edel, ich möchte fast sagen, schön ist. ... In der That, die García mahnt weniger an die civilisierte Schönheit und zahme Grazie unserer europäischen Heimath, als vielmehr an die schauerliche Pracht einer exotischen Wildniß.«

Ihre Schwester María galt allen als leidenschaftlich und schön, Pauline dagegen gilt als beherrscht und hässlich. »Ich liebte meine Schwester sehr«, schreibt Pauline in einem Brief, »aber sie schüchterte mich ein, weil sie mich neckte und sich über mich lustig machte .... ›*Petite laideron*‹, ›hässliches Entlein‹, ›kleines Scheusal‹, so nannte sie mich … . Na gut, vielleicht hat der liebe Gott es am Ende doch gut gemacht, mich nicht schön zu machen, denn ich bin sicher, ich hätte einen großen Teil meines Lebens damit verbracht, mich anzuschauen, wofür so – keine Gefahr besteht! Oh nein! Aber wie schön ist die Schönheit! Keiner liebt und bewundert sie mehr als ich, in welcher Form sie sich auch immer präsentiert.«

Obgleich es bis heute für eine Sängerin von Nachteil ist, nicht dem Schönheitsideal ihrer Zeit zu entsprechen, setzt Pauline sich durch. Sie verzaubert ihr Publikum mit der Schönheit ihrer Genialität, und dass sie vermeintlich hässlich sei, tritt angesichts ihres Gesangs in den Hintergrund, denn »sobald sie zu singen beginnt, ist von ihrem Makel keine Rede mehr, sie ist gleichsam göttlich beseelt und erscheint als allmächtige Schönheit und Schauspielerin, so dass das Theater unter dem Applaus und den Bravo-Rufen erzittert, Blumen auf die Bühne niederregnen und die Königin der Bühne sich hinter dem sich senkenden Vorhang verbirgt.«

Der Poet und Schwerenöter Alfred de Musset, der die zitierte Eloge auf die junge Sängerin schrieb, ist bald nicht nur von ihrem Gesang, sondern auch von Pauline García als Frau verzaubert. Er macht ihr den Hof, umwirbt sie und hält schließlich bei der Mutter um die Hand der Verehrten an. Doch die junge Frau hat Bedenken, die bestärkt werden von ihrer »amie maternelle«, ihrer »mütterlichen Freundin« George Sand, die sie im Herbst 1839 kennengelernt hatte.

Die um siebzehn Jahre ältere Schriftstellerin ist ebenso berühmt wie berüchtigt und heftigst umstritten. In Zeiten, in denen für Frauen Zuchthaus auf Ehebruch steht, schreibt sie mit ihren Werken gegen die Institution der Ehe an und verheimlicht ihre Liebschaften mit Männern und Frauen nicht. Sie trägt Männerkleidung, »um in Bereiche und Milieus einzudringen, die mir als Frau verschlossen waren«, raucht Zigarren und spielt Billard und Schach – kurz: sie ist in jeglicher Hinsicht unkonventionell.

Mit neunzehn Jahren hatte Amantine Aurore Lucile Dupin de Francueil, so der bürgerliche Name der Schriftstellerin, Casimir Dudevant geheiratet, einen illegitimen Sohn des Barons Dudevant. Mit ihm hat sie einen Sohn, Maurice, und eine Tochter, Solange, doch ihre Ehe währt nicht lang. Man trennt sich, die Ehe wird 1835 geschieden und George Sand lebt fortan ihr Ideal der freien Liebe öffentlich und ungeniert.

Zu Beginn der Freundschaft der beiden ungleichen Frauen ist die Schriftstellerin mit dem Komponisten und Pianisten Frédéric Chopin liiert, der von allen nur Chip-chop oder Chip-chip genannt wird. Einer ihrer Liebhaber zuvor war ebenjener Dichter gewesen, der nun Pauline den Hof macht.

George Sand weiß um den ausschweifenden Lebenswandel Alfred de Mussets, der mindestens ebenso sehr, wie er die Sängerin verehrt, das Genie der jungen Schauspielerin Rachel bewundert und mit dieser eine Affäre hat. Die Schriftstellerin ist besorgt um den guten Ruf ihrer jungen Freundin, die sie in ihren Briefen als »Ma fifille«, »Meine kleine Tochter«, anspricht. Zugleich weiß sie aber auch, dass es im damals als nicht eben seriös geltenden Bereich der Oper für eine junge Frau unerlässlich ist, jemanden an ihrer Seite zu haben, der sie und ihre Reputation verteidigt. Zahlreiche Sängerinnen, Schauspielerinnen und Tänzerinnen werden zu jener Zeit von vornehmen Herren »gefördert«, sprich, sie sind deren Geliebte, und haben so niemals die Möglichkeit, als angesehenes Mitglied der Gesellschaft Anerkennung zu finden. »Ach, liebster Freund«, klagt Pauline später in einem Brief über die Zustände am Theater, »Sie haben keinen Begriff von der Unwürde, die jetzt in der Kunst u. überhaupt in dem öffentlichen Leben hier herrscht – ich kann es nicht sehen, ohne daß sich mein Herz nicht schwer fühlt – Fast alle Sängerinnen sind *courtisannes.*«

Vermutlich ist es Georg Sand, die – obgleich sie die Institution der Ehe eigentlich verachtet – der jungen Sängerin zur Ehe rät und ihr auch gleich einen passenden, sehr viel seriöseren Kandidaten als de Musset ans Herz legt.

Louis Viardot, ein eleganter, dunkelhaariger, gutaussehender Mann von hohem Wuchs und großem Anstand, ist ein guter Freund von George Sand, die ihn als »bescheidenen Wissenschaftler, Mann von Geschmack und vor allem gütigen Menschen« achtet. Viardot stammt aus Dijon und hat in Paris Jura studiert.

Nach dem Studium ist Louis Viardot in die Armee eingetreten und so nach Spanien gekommen. Er lernt die spanische Kultur und Sprache lieben und wird ausgewiesener Kenner und Vermittler der spanischen Literatur in Frankreich. Die erste französische Übersetzung von Miguel de Cervantes' *Don Quichotte* stammt von ihm. Durch seine Mitarbeit an Zeitschriften wie *Le Globe*, *Le National*, *Le Siècle* und der *Revue des Deux Mondes* hat sich der überzeugte Republikaner auch einen Ruf als politischer Journalist erworben. Er tritt für die Rechte der Fabrikarbeiter ein und nimmt aktiv teil an den »drei glorreichen Tagen«, »Les Trois Glorieuses« im Juli 1830, durch die der letzte der drei Bourbonen-Brüder, der erzreaktionäre Charles X. seines Amtes enthoben und durch den »Roi Citoyen«, den »Bürgerkönig« Louis-Philippe I. ersetzt wird. Zusammen mit einem Kollegen von *Le Globe* ist er in jenen Tagen an der Besetzung der Polizeipräfektur beteiligt.

Louis Viardot sammelt Kunst, und er ist leidenschaftlicher Jäger. Nur ein einziges Mal habe er die Worte »Lang lebe der König!« ausgesprochen, pflegt er zu erzählen, und zwar anlässlich einer Einladung zu einer königlichen Jagd. Seine republikanischen Ansichten sind ihm so wichtig, dass selbst die Gefühle hintanstehen müssen.

Mit achtunddreißig hat er kurz vor der Hochzeit um die Auflösung der Verlobung gebeten, nachdem ihm klar geworden war, dass seine zukünftige Ehefrau eine Befürworterin der Restauration der Bourbonenherrschaft war.

Nach dem Brand, bei dem das Stammhaus des Théâtre Italien, die Salle Favart, am 14. Januar 1838 zerstört wird und einer der beiden Direktoren, Carlo Severini, ums Leben kommt, wird der geschäftstüchtige Louis Viardot als Direktor verpflichtet. Er findet im Théâtre de l'Odéon eine neue Spielstätte für die Italiener und verpflichtet jene junge Sängerin, die gerade so viel Furore gemacht hat, für die nächste Saison.

Louis Viardot ist vierzig Jahre alt, als er sich ein zweites Mal entscheidet, eine Ehe einzugehen. Mit der Familie García ist er bereits bekannt. Er war ein Vertrauter und Berater von Paulines Schwester María Malibran, die er in der schwierigen Rechtsangelegenheit der Trennung von ihrem ersten Ehemann unterstützte. Nach jahrelangen Verhandlungen setzte er schließlich die Scheidung durch. Der allzeit »korrekte« Viardot war einer der wenigen, der der Malibran mit ihrem überbordenden frechen Charme nicht erlag.

Dieses Mal nimmt der Bräutigam sein Wort nicht zurück. Nach dem Ende der Opernsaison geben der Star des Théâtre Italien, Pauline García, und dessen Direktor, Louis Viardot, sich am 18. April 1840 in der Mairie des Zweiten Arrondissements in Paris das Jawort. Es ist eine recht bescheidene Zeremonie, der nur die engsten Familienmitglieder beiwohnen. Den Bund der Ehe durch das kirchliche Sakrament zu kontestieren, lehnt der bekennende Agnostiker ab.

Es ist, zumindest von Paulines Seite, keine Liebesheirat. In einem Brief an den Musikerkollegen Julius Rietz bekennt Pauline Viardot-García, wie sie seit ihrer Eheschließung heißt, sie habe die Liebe von Louis nie erwidern können, »beim besten Willen nicht. Manchmal fand ich es schlecht von mir, eine Ungerechtigkeit des Schicksals, grausam, alles, was Sie wollen – Aber der menschliche

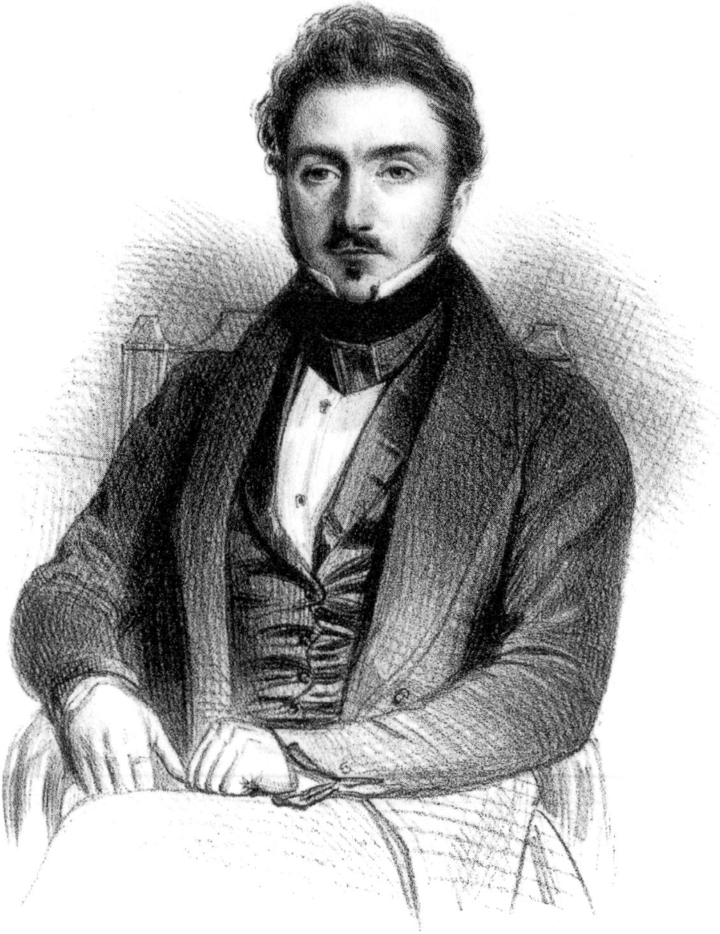

Abb. 12: Beschützer der schiefäugigen, mongolischen Nachtigall: Louis Viardot.

Wille hat nur einen negativen Effekt auf das Herz – er kann es zwingen zu schweigen, aber nicht zu sprechen.« Sie bringe ihrem Ehemann, »der so nobel und ergeben ist und der sein Leben hingeben würde, um die kleinste meiner Launen zu befriedigen, wenn ich welche hätte«, jedoch Freundschaft, Wertschätzung und großen Respekt entgegen. Im Übrigen sei Freundschaft höher zu bewerten als Liebe, führt sie an anderer Stelle aus: »Die furchtbaren Leiden der Liebe tödten, aber die himmlische Freundschaft belebt und verbessert – sie fordert die reinsten Triebe leidenschaftlich auf – und Nichts kann sie zerstören sie wächst täglich mit dem täglich größer werdenden Herz, und leuchtet durch das ganze Leben hin wie meine liebe Sonne, denn sie ist das wahre Licht.«

Wenngleich sie ihrem Ehemann nicht in leidenschaftlicher Liebe verbunden ist, ist Pauline doch durchaus beseelt. »Wie Sie mir versprochen haben, habe ich in Louis einen Mann von ausgezeichnetem Verstand, tiefer Seele und wohlanständigem Charakter gefunden«, schreibt sie ihrer »amie maternelle« George Sand von der Hochzeitsreise nach Italien.

Die Reise nach Italien ist voller Begegnungen mit neuen und alten Bekannten. In Bologna trifft man Gioachino Rossini, den Pauline seit Kindestagen kennt und dessen weibliche Rollen sie nun so erfolgreich verkörpert, in Neapel lernt das Paar Fanny Hensel und ihren Mann, den Maler Wilhelm Hensel, kennen. Und in Rom singt sie in der Villa Medici auf Einladung von Jean-Auguste-Dominique Ingres, dem bedeutenden Maler und Direktor der dort ansässigen Académie de France. Auf seine Bitte singt sie die Agathen-Arie aus Carl Maria von Webers Oper *Der Freischütz* und wird dabei vom zweiundzwanzigjährigen Komponisten Charles Gounod am Klavier begleitet, der 1839 von der Académie royale de peinture et de sculpture mit dem mit einem Stipendium und einem mehrjährigen Aufenthalt in Rom verbundenen Prix de Rome ausgezeichnet worden ist.

In Paris nehmen die Viardots ihren Wohnsitz in der Rue Favart. Louis Viardot gibt seine Stellung als Direktor des Théâtre-Italien auf, um Paulines Impresario und Beschützer zu sein, der »die schiefäugige, mongolische Nachtigall tigerartig bewachende Gemahl«, so Alexander von Humboldt. Die Verhandlungen über ein Engagement in Paris für die im Herbst beginnende Opernsaison scheitern. Am Théâtre-Italien herrscht uneingeschränkt Giulia Grisi und an der Opéra die Diva Rosine Stoltz, und beide dulden keine Konkurrenz durch eine junge Sängerin neben sich. Pauline muss sich mit Konzertauftritten begnügen. Sie ist unzufrieden, denn sie möchte auf der Opernbühne stehen. Und auch ihre Situation in ihrem neuen Heim ist verdrießlich, denn sie muss sich mit den »pas trop belles sœurs« von Louis, Jenny, Nanine und Berthe, arrangieren, die mit ihren Fähigkeiten als Hausfrau hadern und sich über Bett- und Tischwäsche mokieren, die nicht ihren Ansprüchen genügen. Ihre Erfüllung findet die junge Sängerin in Freundschaften mit Heinrich Heine und Théophile Gautier, Hector Berlioz und Ary Scheffer. Dieser seinerzeit äußerst populäre Historien- und Genremaler, der Lehrer von Louis Viardots Bruder Léon, ist bezaubert von der jungen Frau. Er bittet, sie malen zu dürfen, und wird ihr väterlicher Freund.

Im Februar 1841 treten Pauline und ihr Ehemann die Reise nach London an, wo sie am Ort ihres Operndebüts wieder Erfolge feiert. Doch auch hier muss sie sich der Rivalin Giulia Grisi stellen, mit der sie in Rossinis *Semiramide* gemeinsam auf der Bühne steht. »Die Grisi sang wundervoll, Tamburini auch«, notiert Queen Victoria in ihrem Journal, »Pauline Viardot sang recht ordentlich, aber ihre Stimme war klein und bisweilen kaum zu hören.« Ganz offensichtlich konnte die junge Sängerin das Duell der beiden Primadonnen noch nicht für sich entscheiden. Vielleicht war sie aufgeregt – oder vielleicht lag es daran, dass sie schwanger war.

Zurück in Frankreich, verbringt das Ehepaar einige Tage auf Nohant, dem Anwesen von George Sand. Das Gut ist der Schriftstellerin als Erbe der Großmutter zugefallen, dort empfängt sie ihre zahlreichen illustren Gäste. Am geselligen Miteinander nimmt sie allerdings kaum teil, denn sie hat ein eisernes Arbeitspensum. Sie schreibt meistens nachts und arbeitet nach eigener Aussage »wie ein alter Esel oder ein armer Neger«, um die vertraglichen Bedingungen mit ihrem Verleger zu erfüllen, dem sie vierteljährlich gegen 4000 Francs 32 Seiten abzuliefern hat.

In jenem Sommer arbeitet die Vielschreiberin an dem Roman *Consuelo*, zu dem die junge Freundin sie inspiriert hat. Der Roman handelt von der Tochter einer Zigeunerin, der armen und nicht sehr schönen Consuelo, die aber mit einer wundervollen Stimme die Menschen zu bezaubern weiß.

In dem Roman schildert George Sand die Entwicklung der Künstlerin, die ihrer inneren Berufung und zugleich einem gesellschaftlichen Auftrag folgt. Die Hauptfigur ist nach dem Vorbild Pauline Viardots erschaffen, zugleich aber auch nach Georges Sands Erwartungen an ihre junge Freundin. Sie sollte die Rollenzuweisungen des 19. Jahrhunderts als Künstlerin überwinden. Ausdrucksmöglichkeit und Begabung sollten ihr als Frau eine unabhängige Existenz gewährleisten.

»Oh! Meine liebe Ninounne, wie liebenswürdig Sie sind«, schreibt Pauline der Freundin bei der Lektüre des Romans, der 1842 in Fortsetzungen veröffentlicht wird. »Ich kann Ihnen nicht sagen, was sich in mir abspielt seit Consuelo, ich weiß nur, dass ich Sie dafür noch 10 Mal mehr liebe und sehr stolz bin, eine derer gewesen zu sein, die Ihnen gedient haben, diese liebenswerte Figur zu schaffen. Das wird sicher das Beste sein, was ich auf dieser Welt getan habe.«

Im Oktober 1841 singt Pauline bei den nichtöffentlichen Proben von Rossinis *Stabat mater* in Paris die Sopranpartie. Das Werk des erfolgreichen Opernkomponisten, der nach seiner Oper *Wilhelm Tell* aus dem Jahr 1829 keine Oper mehr geschrieben und nicht zuletzt wegen gesundheitlicher Probleme eine längere Schaffenspause eingelegt hatte, war vom Publikum mit großer Spannung erwartet worden. Die Pariser Uraufführung im Januar 1842 wird zu einem sensationellen Erfolg. Gaetano Donizetti, der später die italienische Erstaufführung in Bologna leitet, berichtet: »Die Begeisterung kann unmöglich beschrieben werden. Nach der letzten Probe, der Rossini bei hellem Tageslicht beiwohnte, wurde er mit lauten Zurufen von mehr als 500 Leuten nach Hause begleitet. Das Gleiche ereignete sich unter seinen Fenstern nach der Premiere.«

An diesem Erfolg hat die Sängerin Pauline Viardot-García jedoch keinen Anteil. Ein weiteres Mal hat sie die Bühne ihrer Konkurrentin Giulia Grisi überlassen müssen.

Am 14. Dezember 1841 wird Louise, die erste Tochter des Ehepaars Viardot, geboren. Doch schon Ende Februar 1842 steht die Sängerin wieder auf der Bühne. Die junge Mutter entscheidet sich für ihre Berufung als Sängerin, lässt ihr Kind in Obhut einer Amme und der Großmutter Joaquina zurück und begibt sich im April 1842 mit ihrem Ehemann auf die Reise nach Spanien, das Land ihrer Vorfahren und die geistige Heimat ihres Mannes. Nach Auftritten in der Oper von Madrid, wo sie beim obligatorischen Besuch in der Königsloge von der jungen Infantin Isabella II. für ihren Auftritt wie damals üblich mit wertvollen Pretiosen bedacht wird, und Granada ist ein Konzert in der Alhambra Höhepunkt der Reise.

Im Herbst nimmt sie wieder einen Anlauf, auf den Pariser Bühnen zu reüssieren, kann sich aber erneut nicht durchsetzen. Der Erfolg in ihrer Geburtsstadt bleibt ihr nicht zuletzt aufgrund der republikanischen Gesinnung ihres Mannes verwehrt, der 1841 neben George Sand und Pierre Henri Leroux als einer der drei Herausgeber der neu gegründeten oppositionellen Zeitschrift *Revue indépendante* in Erscheinung tritt. Die Angriffe, denen Pauline sich in der Presse ausgesetzt sieht, überschreiten die Grenzen der objektiven Kritik derart, dass ihr Mann mit einem scharfen Artikel Stellung bezieht. »Es gibt Menschen«, schreibt er im Dezember 1842 im *Siècle*, »die schlagen auf eine Frau ein, um einen Mann zu treffen.«

Die Sängerin begreift, dass sie in Paris nicht die ihr gebührende Anerkennung finden kann, und geht wieder auf Gastspielreisen. Sie singt in Dijon, Wien und Prag und folgt einer Einladung Giacomo Meyerbeers, der gerade zum Preußischen Generalmusikdirektor ernannt worden ist, nach Berlin. Meyerbeer ist erneut derart verzaubert von Paulines Gesang, dass er gelobt, nie wieder etwas für die Pariser Opéra zu komponieren, solange die Sängerin dort kein Engagement erhält. Ein solches steht jedoch weiterhin nicht in Aussicht. Ein anderer wichtiger Vertrag indes kann im September 1843 unterzeichnet werden, nämlich der für ein Engagement der kommenden Saison an den Bühnen des Kaiserlichen Theaters in Sankt Petersburg.

»Zu Ihren Füßen will ich auf ewig leben und sterben.«

Ende Oktober 1843 tritt das Ehepaar Viardot die Reise ins Zarenreich an, und die Sängerin erobert das russische Publikum im Sturm. »Mein Erfolg hier wächst mit jedem Tag«, berichtet sie George Sand. »Als ich am vergangenen Montag im *Barbier* auf die Bühne trat, war der Applaus derart frenetisch und andauernd, dass ich einige Minuten warten musste, bevor ich anfangen konnte zu singen. Von diesem leidenschaftlichen Empfang war ich außerordentlich gerührt und dankte dem Publikum nach dem zweiten Akt mit einer kleinen Überraschung, durch die der Saal geradezu erschüttert wurde. Ich sang ein russisches Volkslied, natürlich auf Russisch.«

Nach der Vorstellung der *Somnambula* macht Zar Nikolaj I. der Sängerin hinter den Kulissen seine Aufwartung. Er reißt ihr, wie sie scherzhaft an die Freundin schreibt, beim »shake-hands à l'anglaise fast den Arm« heraus und sagt ihr »eine Menge an liebenswürdigen Dingen aus vollem Herzen. Die Zarin kam ... vor ihre Loge, applaudierte mit allen Damen und hatte die Gnade, mir eine echte wunderschöne Kamelie zuzuwerfen. Man kann sich die Liebenswürdigkeit dieses ganzen Hofes und im Allgemeinen der russischen Gesellschaft nicht vorstellen.«

Pauline Viardot ist in der russischen Hauptstadt en vogue, und die russische Intelligenzija reißt sich darum, ihre Bekanntschaft zu machen. In ihrer am Prachtboulevard Newski-Prospekt gelegenen Wohnung im Haus der Demidows, die sie für die Dauer ihres Aufenthalts im winterlich unwirtlichen Venedig des Nordens gemietet haben, versammeln sich Musiker, Musikliebhaber und Schriftsteller. Die Einladung der Brüder Michail und Matwej Wielhorski zu einem Konzert in ihrem Salon, der als Zentrum der russischen Musikkultur gilt, öffnet auch die Türen zu den Häusern der Aristokratie, die zunächst auf sie herabgeblickt und sie nicht als eine der ihren akzeptiert hat.

Am 1. November 1843 wird der Sängerin, wie sie sich später erinnert, ein junger Aristokrat mit den Worten vorgestellt: »Dies ist Iwan Turgenjew, ein junger Gutsbesitzer, sehr guter Jäger und schlechter Poet.« Der »schlechte Poet« schreibt später nicht ohne Selbstironie: »Dieses Jahr ist für mich ein ›klimakterisches‹. Es ist nun 25 Jahre her, dass ich Frau Viardot kennengelernt habe und dass ich mit der Schreiberei begonnen habe.«

Der junge Dichter, auf dessen »ungewöhnliches Talent« bereits der Kritiker Wissarion Belinski aufmerksam gemacht hatte, hinterlässt bei der Berühmtheit aus Paris keinen allzu gewichtigen Eindruck. »Als er den Raum betrat, schien er mir wie ein Riese«, erinnert sie sich, »furchtbar groß und außergewöhnlich gut aussehend, mit klugen blauen Augen. Aber ich kann nicht sagen, dass er sogleich großen Eindruck auf mich machte. Ich habe ihm lange Zeit gar keine Aufmerksamkeit geschenkt.« Für den Stern am Opernfirmament ist der junge Dichter zu Beginn offensichtlich nur einer von zahlreichen Verehrern.

Turgenjew hingegen ist wie gebannt und kann, ganz wie der Protagonist seiner 1856 entstandenen Erzählung *Ein Briefwechsel*, »den Blick nicht von ihr wenden, sich nicht satthören an dem, was sie sagt, sich nicht sattsehen an jeder ihrer Bewegungen.« »Ich habe auf der Welt nichts Schöneres als Sie gesehen«, schreibt er Pauline Viardot sieben Jahre nach ihrer ersten Begegnung. »Ihnen auf meinem Weg zu begegnen war das größte Glück meines Lebens. Meine Ergebenheit, Dankbarkeit und Verbundenheit Ihnen gegenüber sind grenzenlos und werden erst gemeinsam mit mir sterben.«

Turgenjew bietet der Sängerin an, ihr Russischunterricht zu erteilen, was diese erfreut annimmt, da sie bei ihren Auftritten vor ihrem »lieben russischen Publikum« gern russische Lieder zum Besten gibt – selbstredend zur großen Freude desselben. Die uneingeschränkte Verehrung des Poeten für die Sängerin wird schließlich belohnt und er ist einer der vier Auserwählten, die sie nach ihren Auftritten in der Garderobe besuchen dürfen. Der Sohn des Direktors der Kaiserlichen Theater, Stepan Gedeonow, hat dafür Sorge getragen, dass die Primadonna, damit sie sich nicht erkältet, in der Nähe der Bühne ein besonders gut beheiztes Boudoir erhielt, wo sie sich nach der Vorstellung für einige Stunden im Kreise von vier Freunden aufhält.

Die vier Verehrer sind allesamt Schöngeister und beschäftigen sich mit der Literatur, gehen jedoch auch dem blutigen Zeitvertreib der Jagd mit großer Leidenschaft nach und bringen ihrer Göttin eines Tages das Fell eines besonders großen und schönen Bären, den sie erlegt haben, als Geschenk dar. Nach den Aufführungen ruht die Sängerin nun oft auf dem zu einem Teppich umgearbeiteten Bärenfell, »gekleidet in einen weißen Spitzen-Peignoir. Ihre Freunde saßen zu Füßen des Bären, unterhielten die Künstlerin mit Geschichten von der Jagd und reichten ihr Tee. In der Gesellschaft erfuhr man sehr bald von der Existenz dieses ›zauberhaften Gemachs‹ und nannte die daran teilhabenden Glücklichen die ›vier Pfoten‹, No. 1, 2, 3 und 4.«

Gleich seinem Alter Ego aus dem Briefroman *Ein Briefwechsel* begreift Turgenjew, dass er der Sängerin verfallen ist. »Ich habe nicht damit gerechnet, eine solche Rolle spielen zu müssen. Ich habe nicht damit gerechnet, dass ich von einer Probe zur nächsten rennen, hinter den Kulissen frieren und mich langweilen werde, ich habe nicht damit gerechnet, dass ich ihren Schal tragen und ihr neue Handschuhe kaufen, ihre alten mit Weißbrot säubern werde (ja, das habe ich getan, ei, ei, ei!), dass ich ihr Bouquets nach Hause bringe, führende Journalisten und Direktoren aufsuche, mich in Unkosten stürzen, verkühlen und krank werde.«

Gegen all dies kann der Liebende nichts tun, denn die Liebe ist ein Gefühl, dem man ausgeliefert ist wie ein Sklave seinem Gebieter, das Ketten auferlegt, von denen man sich nicht befreien kann.

Die Sängerin lässt sich die Aufmerksamkeit des Verehrers gefallen. Durch die täglichen Stunden des Russisch-Unterrichts kommen sie sich näher; sie lernt den angehenden Schriftsteller besser kennen und beginnt, ihn zu schätzen und aus der Vielzahl ihrer Verehrer hervorzuheben.

Er habe der *Allgemeinen Theater Zeitung* entnommen, dass sie bei guter Gesundheit in Wien angekommen sei, und hoffe, sie werde nach ihrem Aufenthalt in Frankreich bei ebenso guter Gesundheit bald wieder nach Russland kommen, schreibt Iwan Turgenjew in seinem ersten Brief im Mai 1844 an Pauline Viardot. »Die Ihnen treu ergebene Stadt Petersburg erwartet Sie voller Ungeduld zurück«, lässt er sie wissen. »Ich darf Ihnen sagen, dass Sie hier einen tiefen Eindruck hinterlassen haben. Alle sprechen von Ihnen, alle lieben Sie. … *Votre ami bien devoué I. Tourgueneff.*«

Auch in der Saison des folgenden Jahres wird Pauline vom Petersburger Publikum gefeiert. Die Begeisterung kennt keine Grenzen. »Die *Norma* war der größte Erfolg zugleich auch die größte Aufregung, die ich je erlebt habe«, berichtet die Sängerin ihrer Freundin George Sand am 6. Dezember 1845. »Die Aufführung wurde fortwährend von Applaus und ›Zugabe!‹-Rufen unterbrochen.«

Nach dem Saisonende in der Hauptstadt reisen die Viardots für einige Konzerte nach Moskau. »Das Theater war bis auf die obersten Ränge gefüllt«, schreibt die Zeitschrift *Sewernaja Ptschela* am 27. April 1845. »Die höchste Gesellschaft Moskaus war anwesend. Frau Viardot war gezwungen, alle Lieder zu wiederholen und wurde bis zu dreißig Mal vor den Vorhang gerufen. Und als sie als Überraschung die Romanze *Solowej* sang, kannte die Begeisterung des Publikums keine Grenzen mehr.«

Auch bei ihren Auftritten in Moskau huldigt der begeisterte Verehrer Turgenjew seiner Göttin. Er betätigt sich darüber hinaus als Fremdenführer und zeigt den Viardots die alte Hauptstadt des Zarenreiches. Turgenjew wohnt bei seiner Mutter, die noch nicht weiß, dass ihr Sohn um seine Entlassung aus dem Beamtendienst gebeten hat, um dem Ehepaar Viardot nach Westeuropa zu folgen.

Warwara Petrowna betrachtet die leidenschaftliche Verehrung ihres Sohnes für die französische Sängerin mit Missbilligung. Doch sie überwindet ihre Abneigung und besucht eines der Konzerte Pauline Viardots. Nach der Rückkehr nach Hause ist sie ungehalten darüber, dass der Sohn, der das Ehepaar Viardot auf fast allen Wegen durch Moskau begleitet, nicht zum Essen erscheint. »Sie saß die ganze Zeit finster da«, beschreibt die »Adoptivtochter« Bibi die Szene. »Als das Essen fast beendet war, schlug sie mit dem Messer auf den Tisch und sagte, gleichsam zu sich selbst: ›Aber man muss schon zugeben – diese verfluchte Zigeunerin singt nicht schlecht!‹«

Die Bewunderung der Russen für »Nascha Viardot« – »Unsere Viardot« – schlägt sich nicht zuletzt in den Gagen nieder. Bereits die erste Saison wird vom Kaiserlichen Theater so gut honoriert, dass das Ehepaar bei einer Auktion ein »Schlösschen« in der Nähe von Paris erwerben kann. Der Landsitz Courtavenel in Rozay-en-Brie, ein Anwesen aus dem 16. Jahrhundert, ist von zwei Türmen gerahmt und von einem Schlossgraben umgeben. Im großen Saal lässt das Ehepaar ein Privattheater bauen. Während des Sommers 1844 wird das Haus umgebaut und eingerichtet, und man lebt bescheiden mit Koch und Gärtner. In den Jahren darauf wird Courtavenel zum Anziehungspunkt für zahlreiche Gäste.

Einer der Besucher in Courtavenel im darauffolgenden Sommer ist Iwan Turgenjew. Dies seien die glücklichsten Tage seines Lebens gewesen, schreibt er später. Warwara Petrowna ist allerdings wenig angetan von der Veränderung im Leben ihres Sohnes. Sie kürzt die finanzielle Unterstützung gnadenlos und droht gar mit Enterbung. Turgenjew lässt sich davon jedoch nicht beirren.

Soireen im Haus an den fünf Ecken

Im Herbst 1845 kehrt Turgenjew nach Russland zurück und ist in Petersburg häufiger Gast im Kreis um Wissarion Belinski, wo die politische Lage im Russland unter dem despotischen Regime Nikolajs I. diskutiert und kritisiert wird. »Es waren schwere Zeiten damals«, erinnert sich Turgenjew. »Wohin man auch blickte: die Bestechlichkeit stieg, die Leibeigenschaft schien unwiderruflich, das Militär hatte erste Priorität, es gab keine Gerichtsbarkeit, Gerüchte waren im Umlauf, dass die Universitäten geschlossen und Auslandsreisen erschwert würden, und dass es unmöglich werde, erstrangige

Literatur zu beschaffen – eine dunkle Wolke hing über der vermeintlich gebildeten Literaturbehörde.«

Auf der Suche nach einem Weg zur Erneuerung Russlands ist die Intelligenzija in zwei Lager gespalten. Die Westler meinen, das rückständige Russische Reich müsse sich am Vorbild Westeuropas orientieren, die Slawophilen hingegen sehen das Heil Russlands in der Rückbesinnung auf ureigen Russisches. Wie die meisten Kollegen und Freunde Belinskis ist Turgenjew ein überzeugter Westler.

Man trifft sich im »Haus an den fünf Ecken« in der Wohnung des Schriftstellers und Literaturkritikers Iwan Panajew. Seine Frau Awdotja Panajewa wird als Schönheit gepriesen, und ihr literarischer Salon ist Anziehungspunkt für die kritische Intelligenzija und für die Granden der russischen Literatur.

Wie alle im Kreis um Wissarion Belinski ist Panajewa überzeugte Anhängerin der Ideen George Sands und setzt sich für die Verbesserung der damals rechtlosen Lage der Frau in Russland ein. In ihrem Leben und später auch in ihren literarischen Werken kämpft sie für die Freiheit der Frau, die der Mann zu respektieren habe. Diese Freiheit sei die Grundlage für die »wahrhafte« Liebe, die nichts mit der herkömmlichen Ehe gemein habe, die oftmals auf materiellen Zwängen beruhe und für die Frau Selbstverrat bedeute.

Als Awdotja Panajewa sich in den Dichter Nikolaj Nekrassow verliebt, wird sie, wie die Literaturgeschichtsschreibung euphemistisch vermerkt, dessen »bürgerliche Ehefrau«, d. h., die beiden leben zusammen, obgleich Panajewa die Ehefrau Iwan Panajews bleibt. Das Ehepaar Panajew lebt fortan zusammen mit Nekrassow im Haus an den fünf Ecken, wo sich auch die Redaktion der 1847 von ihnen gegründeten Zeitschrift *Sowremennik* (»Der Zeitgenosse«) befindet, die für Innovation und Liberalität steht. Panajewa arbeitet in der Redaktion der Zeitschrift mit und veröffentlicht dort ihre Werke; bald wird sie zur meistgelesenen Schriftstellerin im Russland jener Jahre.

Bei vielen Besuchern der Soireen der Panajews hinterlässt Iwan Turgenjew den Eindruck eines oberflächlichen Menschen, der sich gern in Szene setzt und nicht so sein möchte wie alle anderen. Die Beziehungen zu seinen Schriftstellerkollegen gestalten sich nicht immer einfach. So liegt im Petersburger »Olymp der Literatur« jener Jahre der Ausgangspunkt für das schwierige Verhältnis zu Fjodor Dostojewski. »Aufgrund seiner Jugend und inneren Unruhe tat Dostojewski seine Selbstgewissheit und hohe Meinung über sein schriftstellerisches Talent allzu unbedacht kund«, berichtet Panajewa in ihren berühmten *Erinnerungen*, »und man begann, ihn auseinanderzunehmen, in den Gesprächen gegen seine Selbstliebe zu sticheln. Ein ganz besonderer Meister darin war Turgenjew, der Dostojewski immer wieder in Auseinandersetzungen verwickelte und diesen damit bis aufs Äußerste reizte.« Nekrassow und Turgenjew machen sich über Dostojewski lustig, indem sie ihn in einem Spottgedicht als »Pickel auf der Nase der russischen Literatur« bezeichnen.

Aber auch Turgenjew selbst bleibt von Spott nicht verschont. Seine Verehrung für die Sängerin Pauline Viardot, die er allerorten »herausposaunt«, ist Quell für vielerlei Hohn. »Nochmals einen solch lauthals Verliebten zu finden wie Turgenjew, war geradezu unmöglich«, heißt es bei Panajewa. »Überall und jedem tat er seine Liebe zur Viardot kund, im Kreise seiner Freunde sprach er von nichts anderem als von der Viardot, deren Bekanntschaft er gemacht hatte.« Einmal, so berichtet Panajewa weiter, ist Turgenjew vollkommen in Ekstase, als er bei ihnen erscheint. »Herrschaften, ich bin so glücklich heute, es kann auf der Welt keinen Menschen geben, der glücklicher ist als ich«, bekennt er den Freunden und erzählt, Pauline Viardot habe, da er an Kopfschmerzen gelitten habe, seine Schläfen mit Eau de Cologne benetzt.

4. Drei glückliche Jahre

»Wie glücklich wäre ich, Sie diesen Winter hören zu können!«

Als die dritte russische Saison von Pauline Viardot im Herbst 1845 beginnt, kommt es zu einem regelrechten Medienspektakel. Alle wollen am Ruhm der Diva teilhaben. Die *Illjustrazija, »Zeitschrift für Nützliches und Erlesenes«*, veröffentlicht eine Zeichnung des berühmten Porträtisten Karl Brjullow, und weniger begabte Künstler bringen in hoher Auflage Statuetten der Sängerin in der Rolle der Desdemona auf den Markt. In den Läden am Prachtboulevard Newski-Prospekt werden sie von jenen erworben, »die bereits ausreichend mit weichen Sitzmöbeln und Etagèren versorgt sind und letztere nun mit vielerlei hübschem Wunderwerk der Mode und des Geschmacks auszustaffieren gedenken«, wie das *Blatt für den weltgewandten Bürger* bemerkt.

Iwan Turgenjew versäumt, wie bereits in den Jahren zuvor, sicher keinen der Auftritte Pauline Viardot-Garcías, in seinem »Memorial« aber, in dem er in kurzer Form erinnerungswürdige Ereignisse seiner Jugendzeit notiert und, ohne jedoch ins Detail zu gehen, das erste Jahrzehnt seiner Beziehung zu der Sängerin festhält, hebt er nur einen Besuch der Premiere der Oper *Il Templario* des deutschen Komponisten Otto Nicolai am 19./31. Dezember 1845 hervor. Und dies nicht, weil die Oper, die auf den Roman *Ivanhoe* von Walter Scott zurückgeht und im finsteren Mittelalter spielt, das Ereignis der Saison gewesen wäre oder weil die Kritik, die die Oper insgesamt eher kühl aufnimmt, Pauline Viardots Darstellung der weiblichen Hauptrolle der Rebecca lobend hervorhebt. Nach dem

Titel der Oper folgen im »Memorial« nur zwei Worte: »19./31. Dezember Templario – Erster Kuss.«

Erstmals mischen sich in der Saison der Jahre 1845/46 in den Chor der Rezensenten aber auch kritische Stimmen. Die »unvergleichliche Primadonna« ist nicht immer auf der Höhe ihrer Möglichkeiten. »Mit Erschrecken mussten wir bei Fr. Pauline García an einigen Stellen Veränderungen bemerken«, schreibt die *Illjustrazija* am 1. Dezember 1845. »Bisweilen war ein Zittern in der Stimme zu hören, und der Gesang klang wie eine Stimmübung. Es bleibt zu hoffen, dass Fr. Viardots Stimme in diesem Winter wieder zu voller Größe kommt, denn bisher hat sie nur drei von insgesamt acht Opern gesungen.« Möglicherweise ist die Kritik begründet, doch Viardots Verehrer sind überzeugt, dass Gegner am Werke sind, die ihr die Rolle als Primadonna streitig machen wollen. »Es gibt in diesem Jahr eine Gruppe von einigen Personen«, schreibt Michail Wielhorski an einen Bekannten, »die gegen sie eingestellt sind.«

Der Sängerin jedoch sind die Intrigen auf dem Theater und manch wenig schmeichelhafte Kritik gleichgültig. Auf der Reise nach Russland haben die Viardots in diesem Jahr die fast fünfjährige Tochter Louise mitgenommen. Mitte Januar 1846 erkrankt Louisette, wie sie genannt wird, an Keuchhusten und steckt die Mutter damit an. Ungeachtet ihres Gesundheitszustands absolviert die Sängerin aber eisern bis Mitte Februar ihre Auftritte. Höhepunkt der Saison ist eine Aufführung zu Ehren Pauline Viardots am 2. Februar, bei der die erkrankte Sängerin unerschütterlich auf der Bühne steht. »Die Preise für Blumen stiegen bereits am Vorabend der Aufführung«, berichten die *Sankt-Petersburgskije Wedomosti* am 15. Februar 1846, »und die Blumenhändler konnten vor Aufregung nicht schlafen – so sehr lieben sie die Musik, besonders die Aufführungen zu Ehren Fr. Viardot-Garcías. Als am frühen Morgen der Blumenmarkt öffnete, waren alle Gewächshäuser in Petersburg und Umgebung kahlgeschnitten.«

An diesem Abend wird Bellinis *La Sonnambula* gegeben. Obwohl sie bei schlechter Gesundheit ist, übertrifft die Sängerin sich an diesem Abend selbst. »Zu Beginn war Mme Viardot nicht ganz bei Stimme«, schreibt eine Musikliebhaberin, »aber dies geriet beim Duett am Ende des ersten Aktes und bei der Schlussarie der Amina in Vergessenheit. Immer noch höre ich den herzzerreißenden Gesang.« Am Ende der Aufführung bekommt die Sängerin ein Armband geschenkt, das mit einem großen Türkis und Brillanten besetzt ist, und ihr Haupt wird unter Begeisterungsstürmen des Publikums mit einem Diadem mit Blumen aus Diamanten und goldenen Ähren geschmückt, die von Bändern umschlungen sind, auf die die Worte »Der Göttlichen« und »Inspiration« gestickt sind.

Die solcherart Geehrte ist zu diesem Zeitpunkt schon sehr krank. Am 12. Februar 1846 teilt die Zeitschrift *Sewernaja Ptschela* »voller Trauer« mit, dass »die vom Publikum geliebte Fr. Viardot-García in der diesjährigen Saison nicht mehr singen wird. Nach der Veranstaltung zu ihren Ehren brach bei ihr ein bösartiger Husten, genannt Keuchhusten, aus und die Ärzte kamen zum Schluss, dass das einzige Mittel zur Linderung dieses Leidens eine umgehende Klimaveränderung sei.« Am 14. Februar reisen die Viardots ab.

Iwan Turgenjew fährt aufs Landgut Spasskoje und bleibt dort bis in den späten Herbst. Fast ununterbrochen geht er jagen, die Feder nimmt er kaum je zur Hand. »Die Russen lieben die Jagd seit jeher«, schreibt er später. »Das zeigen unsere Lieder, Legenden, alle Überlieferungen, die auf uns gekommen sind. Und wo sollte man denn auch auf die Jagd gehen, wenn nicht hier, wo so viel Raum und Wild ist. … Die Jagd liegt dem Russen im Blut – man gebe einem Bauern eine Büchse, und sei es eine selbstgemachte, ein kleines bisschen Pulver, und er wird in seinen Bastschuhen losziehen in die Sümpfe und Wälder, von früh bis spät. Aber glauben Sie nicht, er würde nur Enten mit dieser Büchse schießen. Er wird sich mit ihr auf die Lauer nach einem Bären legen und diesen erlegen und wenn nicht er ihn erlegt, sondern der Bär ihm einen Kratzer zufügt, dann wird er so lange liegen bleiben, bis er wieder zu sich kommt, wird sich halbtot nach Hause schleppen und, sobald er wieder gesundet ist, mit ebendiesem Gewehr auf die Jagd nach ebendiesem Bären gehen. Nicht umsonst haben die Russen ja das Sprichwort: Wer wilde Tiere fürchtet, soll nicht in den Wald gehen.«

Wochenlang streift Turgenjew durch die näheren und ferneren Wälder im Gouvernement Orjol. Aber er jagt nicht nur, er sammelt auch. Aufmerksam und wissbegierig beobachtet er bei den Begegnungen, die er bei seinen Wanderungen in den abgelegenen Dörfern und Gütern seiner Jagdgebiete macht, die Lebensgewohnheiten des Volkes und des provinziellen Landadels und notiert deren Redensarten. Diese Sammlung ist der Vorrat, aus dem er die nächsten Jahre bei seiner Arbeit an den *Aufzeichnungen eines Jägers* schöpfen wird.

Mitte Oktober 1846 hat die Hauptstadt Sankt Petersburg den Jäger und Sammler Turgenjew wieder. Mehr als ein halbes Jahr ist seit der Abreise Pauline Viardots vergangen. Die Korrespondenz mit ihr hat dem Schriftsteller über den Schmerz der Trennung hinweggeholfen. Voller Freude schreibt er ihr am 8./20. November nach Berlin, dass »der Damm gebrochen« sei und er sie nunmehr mit Briefen »überhäufen« werde. »Bei Gott, wie glücklich wäre ich, Sie diesen Winter hören zu können! Und auf diese oder jene Weise werde ich es möglich machen«, schwört er.

Nach den Ereignissen ihres letzten Gastspiels beschließt Pauline Viardot, in der kommenden Saison nicht wieder nach Russland zu reisen. Sicher weiß sie auch, dass ihre Triumphe der vergangenen Jahre nicht zu wiederholen sind, war doch bereits beim letzten Mal eine gewisse Abkühlung der Leidenschaft des Publikums zu spüren. Die Engagements in Russland haben sie zur reifen Sängerin und Darstellerin gemacht; sie nennt deshalb das Land »ihre zweite Heimat«. »Jedes Mal, wenn ich mich in die Kutsche setze, um zum Théâtre-Italien zu fahren«, berichtet sie Matwej Wielhorski aus Berlin, wo sie im November 1846 singt, »kommt es mir vor, ich sei auf dem Weg ins Große Theater in Petersburg. Und wenn über den Straßen der Nebel hängt, ist die Täuschung perfekt. Aber kaum hält die Kutsche an, verschwindet die Täuschung und ich seufze tief.«

Iwan Turgenjew erklärt seiner Mutter, er müsse aufgrund seiner zerrütteten Gesundheit wieder zur Kur ins Ausland reisen. Da Warwara Petrowna die Verbindung ihres Sohnes mit der »verfluchten Zigeunerin« nach wie vor gegen den Strich geht, hat sie ihre finanzielle Unterstützung auf ein solches Minimum reduziert, dass die Mittel kaum für eine Wohnung, manchmal nicht einmal für den täglichen Lebensunterhalt genügen. Im Kreis seiner Schriftstellerkollegen gilt Turgenjew als wohlhabender Aristokrat, seit seiner Jugend gefällt es ihm, sich als Weltmann zu geben und auf großem Fuße zu leben. Und nun ist er plötzlich gezwungen, bei Panajew und Nekrassow um Geld zu bitten und sich bei Opernaufführungen auf recht ungebührliche Art und Weise einen Platz in der Loge von Bekannten zu beschaffen, da er sich die teuren Billetts nicht leisten kann.

Für die Reise teilt die über die Absichten ihres Sohnes erboste Warwara Petrowna ihm eine so geringe Summe zu, dass sie gerade einmal für die Fahrt nach Paris reicht. Aber Turgenjews Entscheidung steht fest, weder gutes Zureden noch Drohungen können sie erschüttern. Im Januar 1847 übermittelt das Ministerium des Inneren dem Generalgouverneur von Sankt Petersburg den Auslandsreisepass auf den Namen des Schriftstellers.

»Es war mir unerlässlich, mich von meinem Feind zu entfernen«, erklärt Turgenjew viele Jahre später, »um mich dann aus der Entfernung mit umso größerer Kraft auf ihn zu stürzen. In meinen Augen hatte dieser Feind eine ganz bestimmte Gestalt, trug einen bekannten Namen: Dieser Feind war die Leibeigenschaft. Unter diesem Namen habe ich alles gesammelt und zusammengefasst, gegen das ich bis zuletzt zu kämpfen beschlossen, mit dem niemals Frieden zu schließen ich geschworen hatte. Das war mein Hannibal-Schwur. Ich bin auch in den Westen gegangen, um diesen besser einhalten zu können.«

Diese Erklärung Turgenjews ist aber nur die halbe Wahrheit. Bei seiner Reise nach Westeuropa spielt eine ebenso große Rolle wie die ihm verhasste Leibeigenschaft die Sängerin Pauline Viardot. Im Januar 1847 singt sie in Berlin. Und Turgenjew unternimmt alles, um dabei zu sein.

»Aller Wahrscheinlichkeit nach werde ich das Glück haben, Sie Mitte Januar des kommenden Jahres zu sehen«, schreibt er ihr beglückt Ende 1846. »Ich habe meine Angelegenheiten irgendwie in Ordnung gebracht und gehe davon aus, dass ich mich zu Beginn des neuen Jahres frei machen kann. So also seien Sie gewarnt. Seien Sie bei Stimme bis zu diesem Zeitpunkt! Ich werde ganz schrecklich nach guter Musik ausgehungert sein, wenn ich bei Ihnen ankomme, denn die Oper hier ist völlig *auf den Hund gekommen*, wie die deutschen Studenten sagen.«

Annäherung

Bereits im Sommer 1845 hatte Pauline Viardot auf Initiative Giacomo Meyerbeers hin einige Auftritte in Deutschland gehabt und am ersten Beethoven-Fest teilgenommen, das zu Ehren des 75. Geburtstags des 1827 verstorbenen Komponisten stattfand. Die Zusammenarbeit mit dem Preußischen Generalmusikdirektor war erfolgreich, Meyerbeer, einer der einflussreichsten Komponisten seiner Zeit, ist noch immer entzückt von Paulines Stimme. Die Sängerin hofft, er könne ihr mit seinem Einfluss die Türen zur ihr immer noch verschlossenen Opéra in Paris öffnen, und nimmt sein Angebot für ein Engagement in Berlin an.

Anfang des Jahres 1847 steht Pauline Viardot-García also auf der Bühne des Königlichen Opernhauses von Berlin, das nach einem Brand 1843 soeben neu eröffnet worden ist. Dort singt sie in zwei Opern von Meyerbeer – *Die Hugenotten* sowie *Robert le Diable.* Und im Königstädtischen Theater, in dem die italienische Oper in der preußischen Hauptstadt beheimatet ist, singt sie in Bellinis *La Sonnambula* und *Norma*.

Ihre Auftritte sind von Erfolg gekrönt. »Die große Sängerin übertraf sich selbst«, berichtet *Le journal francais de Berlin*. »Wie das beschreiben: Dieses bewundernswerte musikalische Gefühl, dieser packende Schmerz, diese Liebesseufzer und Wehklagen der Verzweiflung und vor allem diese Anmut voller Noblesse und Würde?«

Die Gefeierte selbst berichtet jedoch merklich befremdet: »Ich habe es mit einem sehr komischen Publikum zu tun, das immer in der Defensive ist und in Habacht-Stellung gegenüber jedem Gefühl – zumindest gegenüber jeder Bekundung von Gefühl, die ihm mit Gewalt entrissen wird. Sie haben, diese tapferen Deutschen, so eine lächerliche Vorstellung von Schicklichkeit, dass sie absolut gegen ihren Willen applaudieren und einen Moment danach sofort erröten. Tatsache ist, dass ich am nächsten Morgen von meinen Triumphen in der Zeitung lese – sonst würde ich davon nicht einmal etwas ahnen. Es stimmt, dass ich durch die Erinnerung an die Raserei in Petersburg wohl verwöhnt bin, aber das ist ganz gleich, ich fühle mich in Berlin wohl.«

Die Sängerin erfreut sich nicht nur der Anerkennung durch das Publikum und durch die Presse, sondern auch der durch das preußische Herrscherhaus. Bisweilen ist Pauline bei der Kronprinzessin und späteren Königin Augusta zu Gast, wo sie mit der mittlerweile sechsjährigen Louise Duette singt. »Man stellte mich auf einen Tisch«, erinnert sich die Tochter, »wo ich entweder spanische Duette mit meiner Mutter singen sollte oder Solos mit Variationen wie ›Ah! Non giunge‹ aus *La Sonnambula*. Dann spielte ich mit Prinz Friedrich, dem späteren Kaiser, der immerhin sechs oder sieben Jahre älter war als ich. Wir spielten Verstecken und er zog mich oft an den Beinen aus meinem Lieblingsversteck unter dem Sofa hervor.«

Was hier recht vergnüglich klingt, mag ein wenig über den Konflikt hinwegtäuschen, in dem Pauline Viardot-García als Künstlerin und Mutter steht. Louise verbringt die frühe Kindheit weitgehend ohne ihre Mutter, die ihrer Berufung als Sängerin folgt. Oft ist sie während dieser Zeit mit ihrer Großmutter zu Gast bei George Sand in Nohant, die auch später regen Anteil an ihrer Entwicklung nimmt.

Louise ist ein schwieriges Kind mit einem »tempérament masculin« und wird deshalb in der Familie »Louison«, von Giacomo Meyerbeer gar »Napoléon-Louise« genannt. »Sie hat eine für ihr Alter wundersame Intelligenz«, berichtet Pauline George Sand. »Ihr Charakter hat viel Ähnlichkeit mit dem meiner Schwester María. Ich freue mich darüber, aber sie ist schwer zu erziehen. Die sehr talentierten Naturen tragen in sich den Keim des Guten und des Schlechten – man muss sie zu kultivieren wissen.«

Da die Eltern die »talentierte Natur« der Tochter offenbar nicht so recht zu kultivieren wissen, erfolgt die Erziehung Louises für zwei Jahre im Pensionat einer Mlle Renard, die »voller Festigkeit des Geistes und gesundem Menschenverstand« ist und »wunderbar Kinder zu bändigen weiß«.

George Sand, deren Tochter Solange in ihrer Kindheit auch in ein Pensionat gegeben worden war, äußert Verständnis für diese Entscheidung. »Sie haben recht, im Interesse von Louisette das Opfer zu bringen, sich von ihr zu trennen«, schreibt sie der Freundin. »Unser Arbeitsleben und die Umwelt von uns Künstlern verträgt sich schlecht mit der Entwicklung eines Kindes.«

Der Zwiespalt zwischen der Berufung zur Künstlerin und der

Rolle der Mutter, in dem George Sand entschieden die Position der Künstlerin einnimmt, sorgt zwischen Pauline Viardot und ihrer Freundin Clara Schumann hingegen für eine Kontroverse. »Was Dein Robert nicht weiß«, schreibt Pauline im Januar 1848 an Clara Schumann, »ist, daß eine Frau *dans ta position* muß sich vielmehr schonen, wie Du es thust. Es gilt um Deine künftige Gesundheit – und wenn du auch böse mit mir drum sein wirst, ist es als Freundin meine Pflicht dich daran zu erinnern, daß du kannst nicht ruhig genug bleiben, und daß dein Mann sich nie genug bemühen kann, dir alle Anstrengungen, alle Unannehmlichkeiten zu ersparen.«

Die Sängerin spielt hier ganz offensichtlich auf die zahlreichen Schwangerschaften Clara Schumanns an. Die Pianistin schenkt insgesamt acht Kindern das Leben, in den Jahren zwischen 1845 und 1849 in jährlicher Abfolge. Die Schwangerschaften und Geburten schränken Clara Schumann in der Ausübung ihres Berufs ein, obgleich sie mit den Honoraren, die sie für ihre Auftritte erhält, entscheidend zum Lebensunterhalt der Familie beiträgt.

»Liebe Pauline, Dein Brief betrübte mich«, antwortet Clara Schumann. »Ich weiß, Du hast mich lieb, und meinst es gut mit mir, Du thust dies aber auf Kosten meines Mannes, und was ihn betrifft, bin ich am leichtesten zu verletzen.« Clara Schumann empfindet es augenscheinlich als Kränkung, dass die Freundin meint, ihr Ehemann könne als Komponist mit seiner Arbeit nicht für das standesgemäße Auskommen der Familie sorgen, und versucht, diesen Eindruck zu widerlegen. »Du schreibst, daß das ganze Glück meiner Familie auf mir beruhe! Nein, das ist Gott sey Dank nicht wahr (nicht in dem Sinne, wie Du es meinst), denn, was ich ihm und meinen Kindern bis jetzt verdient habe, ist nur ein kleiner, sehr geringer Zuschuß gewesen, und Robert arbeitet von früh bis abend, um nie Jemand auf den Gedanken kommen zu lassen, als ernähre ich die Meinigen.«

Es ist nicht zu leugnen, dass die Konstellation in den Ehen der beiden Künstlerinnen grundverschieden ist. Louis Viardot steht den Ideen der Emanzipation der Frau aufgeschlossen gegenüber, er unterstützt seine Frau als Künstlerin und erst nachdem sie sich als Sängerin durchgesetzt hat, werden weitere Kinder geboren. Robert Schumann dagegen hält es für selbstverständlich, dass die Ehefrau ihre Bedürfnisse denen des Mannes unterordnet. Die libertären Ansichten George Sands rufen bei ihm höchsten Widerwillen hervor: »Gestern zum erstennmal etwas v. George Sand gelesen«, hält er im Ehetagebuch fest, »ein sauberes Weib, die man mit Ruten aus der Welt peitschen sollte, schrieb ich an Clara drüber.«

Die Freundschaft zu Clara Schumann ist während Paulines Berlinaufenthalt auch durch künstlerische Differenzen getrübt. Im Februar 1847 soll Robert Schumanns Oratorium *Das Paradies und die Peri* seine Berliner Erstaufführung erleben. Bei der Besetzung der Gesangspartien kommt es zu Schwierigkeiten, und Clara Schumann bittet die Freundin, in der Rolle der Peri einzuspringen. Pauline lehnt ab – möglicherweise sieht sie sich bei den vielen unterschiedlichen Rollen, die sie in Berlin zu singen hat, außerstande, in kurzer Zeit eine ganz neue zu erarbeiten. Die Komponistengattin ist erneut verstimmt und interpretiert die Absage der Freundin als Unvermögen, Schumanns Musik »innig zu fühlen«.

Diese Interpretation hat sicher auch mit dem ästhetischen Gegensatzpaar deutsche Instrumentalmusik versus französische Oper zu tun. Im Hause Schumann hat man vermutlich kein Verständnis für die Zusammenarbeit und Freundschaft Pauline Viardot-Garcías mit dem erfolgreichen Komponisten der Pariser Grand Opéra, Giacomo Meyerbeer, dessen »Un-Musik« Robert Schumann anlässlich der Leipziger Aufführung der *Hugenotten* 1837 in seiner *Neuen Zeitschrift für Musik* mit derartigen Schmäh-Tiraden überzogen hatte, dass Frédéric Chopin ihn danach nur noch als den »Rufmörder aus Leipzig« bezeichnete.

Die Freundschaft der beiden Musikerinnen ist durch diese Differenzen jedoch im Grundsatz nicht zu erschüttern. Trotz aller Gegensätzlichkeiten schätzen und unterstützen sie einander als Künstlerinnen und konzertieren auch in Berlin wieder gemeinsam.

Zur gleichen Zeit, als Pauline Viardot-García in Berlin Triumphe feiert, wird Iwan Turgenjew von Selbstzweifeln gequält. Die Kritik hat seine bisherigen Werke zwar mit Wohlwollen aufgenommen, der große Durchbruch als Schriftsteller blieb ihm bisher jedoch verwehrt. Er fasst sogar den Entschluss, die »Literatur überhaupt aufzugeben«. Das ändert sich mit der Veröffentlichung der Skizze *Chor und Kalinytsch* in der Zeitschrift *Sowremennik* im Januar 1847. Turgenjew überließ ihm diese Skizze, als der Herausgeber Iwan Panajew nicht wusste, womit er die erste Nummer füllen sollte. Panajew fügt den Untertitel *Aus den Aufzeichnungen eines Jägers* hinzu, »um den Leser nachsichtig zu stimmen«. »*Chor* verheisst, dass Sie ein ausgezeichneter Schriftsteller werden können!«, schreibt Wissarion Belinski nach Lektüre dieser kurzen Erzählung an seinen Freund Turgenjew. Auch das nächste kurze Stück, das Turgenjew in der Redaktion abliefert, erntet Anerkennung. »Ich habe Ihre Erzählung gelesen – sie ist sehr gut, ganz ohne Übertreibung: schlicht und originell«, lobt Nikolaj Nekrassow.

Der Erfolg ermutigt Turgenjew, sich wieder der Literatur zuzuwenden. Aber es hält ihn nicht in Russland. Im Januar 1847 reist er nach Berlin. »Mit großem Vergnügen habe ich die Viardot wieder gesehen und gehört«, schreibt Iwan Turgenjew in seinem *Brief aus Berlin*, der im März 1847 in der Zeitschrift *Sowremennik* veröffentlicht wird. »Ihre Stimme hat nicht nur nicht nachgelassen, sie ist im Gegenteil sogar noch größer geworden. In den *Hugenotten* ist sie herausragend, und ihre Auftritte rufen Raserei hervor.«

Die Saison in Berlin endet mit einem traurigen Ereignis. Am 14. Mai stirbt Fanny Hensel im Alter von gerade einmal einundvierzig Jahren an den Folgen eines Schlaganfalls. Mit zahlreichen

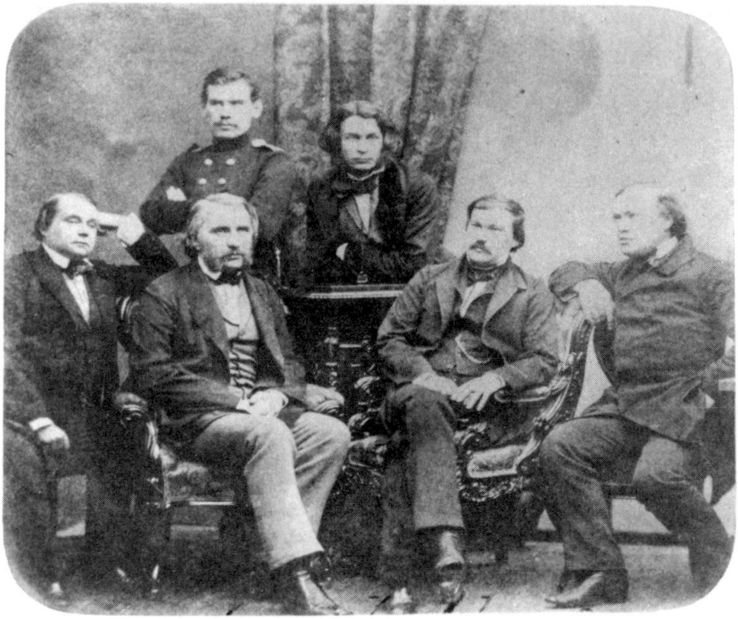

Abb. 13: Iwan Turgenjew im Kreis der »Zeitgenossen«, von links nach rechts, sitzend: Iwan Gontscharow, Iwan Turgenjew, Nikolaj Drushinin, Alexander Ostrowski; stehend: Lew Tolstoj, Dmitri Grigorowitsch.

anderen Musikerkollegen erweisen die Viardots der Pianistin und Komponistin beim Begräbnis die letzte Ehre und reisen dann nach Dresden weiter, wo weitere Auftritte anstehen. Dort treffen sie Turgenjew wieder und besuchen mit ihm und Wissarion Belinski, der auf dem Weg zu einem Kuraufenthalt in Schlesien in Dresden Station macht, die Gemäldegalerie. Die Kommunikation des schwerkranken Belinski mit der Sängerin ist schwierig, aber charmant. Sie erkundigt sich auf Russisch nach dem Befinden des neuen Bekannten, aber er versteht sie nicht gleich und antwortet dann in einem schwerfälligen Französisch, das wiederum sie nicht versteht.

Nach einigen Tagen trennen sich die Wege der Viardots und Turgenjews wieder. Der Schriftsteller begleitet den aller Fremdsprachen unkundigen Freund nach Bad Salzbrunn und verbringt mit ihm und dem Publizisten und Freund Pawel Annenkow einige Wochen in dem für seine Quellen berühmten schlesischen Städtchen, wo Belinski Linderung seiner Tuberkulose zu finden hofft.

Bevor die Viardots nach Frankreich zurückkehren, um dort nach den kräftezehrenden Gastspielmonaten den Sommer zu verbringen, verhandeln sie mit Michele Costa in London Paulines Vertrag für die nächste Saison am Theatre Royal in Covent Garden. Auch Turgenjew eilt dorthin, man verbringt ein paar angenehme Tage und verabredet, sich in Courtavenel wiederzutreffen.

»Ich habe viel komponiert, ein wenig gezeichnet, ganz und gar nicht gesungen, viel geschlafen, viel gegessen – das ist das Résumé meines Sommers«, berichtet Pauline Viardot-García im September 1847 Matwej Wielhorski. Die Wochen auf dem Land bringen der Sängerin offensichtlich die verdiente Entspannung nach den anstrengenden Monaten ihrer Engagements. Sie genießt die Geselligkeit im Kreis der Familie, zu der auch Mamita, deren Bruder Paolo und dessen Frau sowie die drei »pas trop belles sœurs«, Paulines Schwägerinnen, und zahlreiche Gäste gehören, die für kürzere oder längere Zeit bleiben.

Die Sommertage werden lediglich getrübt von den Ereignissen im Hause Sand, wo es nach Familienstreitigkeiten um George Sands Tochter Solange zum Bruch mit Frédéric Chopin gekommen ist. Im Februar hatte Solange gegen den Willen ihrer Mutter den Bildhauer August Clésinger geheiratet, der im selben Jahr mit seiner Skulptur *Die von einer Schlange gebissene Frau*, die in der Ausstellung des Pariser Salons gezeigt wurde, einen veritablen Skandal auslöste. Auch im Hause Sand steht der Bildhauer im Zentrum eines Skandals, da er sich von der Schriftstellerin in der Höhe der Mitgift für die Tochter betrogen sieht. Er ist hoch verschuldet und hatte sich von der Heirat eine Verbesserung seiner Lage erhofft. Im erregten Streit kommt es zu Handgreiflichkeiten mit seinem Schwager Maurice, woraufhin das Ehepaar Clésinger des Hauses verwiesen wird und später sehr unschöne Gerüchte verbreitet. George Sands Lebenspartner Frédéric Chopin stellt sich auf die Seite der Tochter, was das Aus der langjährigen Beziehung bedeutet. Die Ehe Solanges mit dem Bildhauer währt nicht lange. Kurz vor der Geburt der gemeinsamen Tochter trennen sie sich, und die verlassene Ehefrau zieht zu ihrem Vater, da all ihre Habe versetzt ist, um die Schulden des Ehemanns zu decken.

Die Viardots werden durch üble Nachrede »der beiden unglücklichen Kinder« in den Konflikt hineingezogen, was kurzzeitig zu Irritationen führt. Pauline versucht in der Auseinandersetzung zu vermitteln. George Sand, die neun Jahre lang die »Krankenwächterin« des schwerkranken Komponisten war, ist zwar verbittert, aber bereit zur Versöhnung. »Ich verzeihe Chopin im Grunde meines Herzens, wie ich auch Solange verzeihe und meinem Schwiegersohn, der noch viel schuldiger ist«, gesteht sie der Freundin. »Wir müssen den Freundschaften, die an ihr Ende kommen, die Möglichkeit geben, sich zu erneuern.« Der Bruch mit dem Gefährten allerdings ist endgültig. Frédéric Chopin stirbt 1849 neununddreißigjährig an den Folgen der Tuberkulose, ohne dass die Streitigkeiten zwischen ihm und George Sand beigelegt worden sind.

Iwan Turgenjew verbringt den größten Teil des Sommers in Courtavenel, wo er sich bald als Teil der Familie fühlt. Er geht mit Louis Viardot auf die Jagd und ordnet dessen Bibliothek, mit Pauline flaniert er durch den Park und genießt die Natur und die Gespräche mit ihr. Vor allem aber arbeitet er beharrlich an seinen Erzählungen der *Aufzeichnungen eines Jägers*. Das Zusammensein mit Pauline inspiriert ihn. Im Zimmer mit der grünen Tapete, das die Sängerin für ihn gewählt hat, schreibt es sich gut.

Belinski und Annenkow, die seit Juni in Paris sind, wo Belinski sich in die Behandlung eines Facharztes für Tuberkulose begeben hat, sieht er kaum. Die Freunde sind ein wenig verstimmt, weil Turgenjew sich so wenig Zeit für sie nimmt. »Einmal nur ist er kurz aufgetaucht, als er für ein paar Tage in Paris war«, berichtet Belinski seiner Frau am 22. August 1847, »hat sich aber gleich wieder aus dem Staub gemacht und ist zur Viardot aufs Land gefahren.«

Belinski fühlt sich außerhalb Russlands elend »wie ein Fisch auf dem Trockenen« und will so bald als möglich in die Heimat zurück. Sein gesundheitlicher Zustand hat sich durch Kur und Sanatoriumsaufenthalt ein wenig verbessert, »der Husten hatte aufgehört, das Gesicht seine grünliche Färbung verloren. Aber die zu frühe Rückkehr nach Russland machte alles zunichte.« Turgenjew verspricht dem Freund, ihn auf dem Rückweg nach Russland zu begleiten, doch er hält sein Versprechen nicht. Belinski reist im September aus Paris ab und stirbt ein halbes Jahr später in Sankt Petersburg.

Im Oktober reist Pauline mit Louis und Louise wieder zu Auftritten nach Deutschland. Aufgrund seiner Geldknappheit kann Turgenjew nicht mit ihnen fahren und bleibt in Paris, wo er sich ein Zimmer mietet. Er hat sich einem sehr strikt geordneten Tagesablauf unterworfen, steht früh auf und arbeitet bis zwei Uhr. Die zweite Hälfte des Tages verbringt er bei Paulines Mutter und deren Bruder, mit denen er zu Mittag isst. Um Pauline und ihrer Familie näher sein zu können, nimmt er seit einiger Zeit Spanischunterricht bei einem Señor Castellar und macht dabei so große Fortschritte, dass er sich schon bald mit Mamita und Paulines Onkel auf Spanisch zu unterhalten vermag und das Drama *Die Andacht zum Kreuz* des Dichters Pedro Calderón im Original liest.

In regelmäßigen Abständen schickt Turgenjew dicke Briefumschläge mit Manuskripten an die Redaktion der Zeitschrift *Sowremennik*, die seine *Aufzeichnungen eines Jägers* sukzessive veröffentlicht. Er schreibt Pauline Viardot-García täglich und berichtet, Nikolaj Gogol habe sich lobend über seine Erzählungen geäußert. Die Anerkennung für Turgenjew als Schriftsteller wächst.

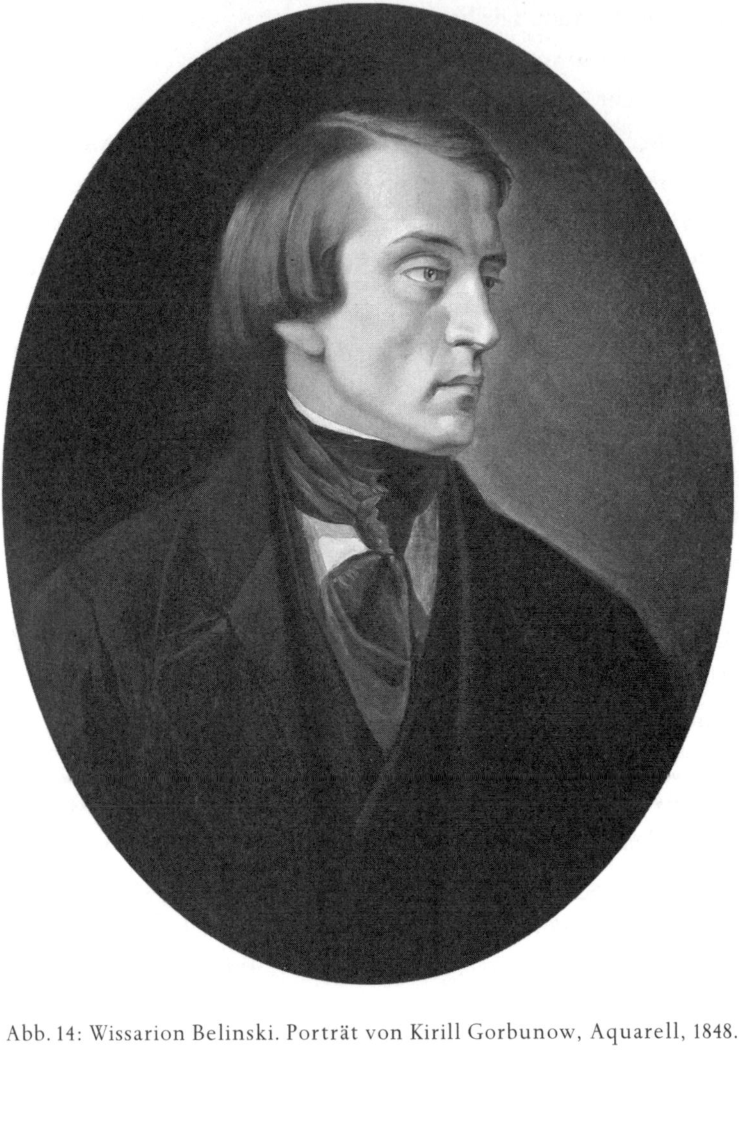

Abb. 14: Wissarion Belinski. Porträt von Kirill Gorbunow, Aquarell, 1848.

»Die Welt liegt in Geburtswehen«

Im Februar 1848 wird Frankreich von dramatischen Ereignissen erschüttert. Nach der Julirevolution achtzehn Jahre zuvor, bei der der Bourbonen-König Charles X. gestürzt worden war, hatten die bürgerlich-liberalen Kreise gehofft, die Ideale der Revolution von 1789 würden endlich durchgesetzt. Doch der »Bürgerkönig« Louis-Philippe von Orléans, der seit Juli 1830 an der Macht war, enttäuschte die Hoffnungen. Die Abkehr vom Liberalismus des französischen Bürgertums, Skandale und Korruption prägten seine Regierungszeit.

Durch den Anschluss an den auf der Konferenz von Münchengrätz im September 1833 wieder zum Leben erweckten reaktionären Mächteblock der »Heiligen Allianz« Russlands, Österreichs und Preußens und die Einführung des Zensuswahlrechts, das dem Bürgertum einen seiner Stärke entsprechenden Einfluss bei der Gesetzgebung verwehrte, wurde die Restauration offensichtlich. Die Unzufriedenheit über die Politik des Bürgerkönigs schwelte auch in der Arbeiterschaft, die durch die Wirtschaftskrise des Jahres 1847 zunehmend verelendete. Es brauchte nur noch einen Auslöser, um das Pulverfass zur Explosion zu bringen.

Nach dem Verbot eines jener Bankette, auf denen bürgerliche Politiker die Reform des Wahlrechts fordern, erheben sich ab dem 21. Februar 1848 in Paris öffentliche Proteste, die in den nächsten Tagen in heftige Straßen- und Barrikadenkämpfe zwischen den Aufständischen und den königlichen Truppen übergehen. Die aufgebrachte Menge fordert den Rücktritt des verhassten Ministerpräsidenten François Guizot. Als König Louis-Philippe ihn entlässt, ist es bereits zu spät. Es kommt zum Sturm auf das Palais des Tuileries, der König muss fliehen, eine provisorische Regierung wird eingesetzt und die Republik ausgerufen.

Die provisorische Regierung kann sich jedoch nicht lange halten. Zu unterschiedlich sind die Interessen des Bürgertums und die der Arbeiterschaft. Nach der Schließung der französischen Nationalwerkstätten, die vielen Arbeitslosen Beschäftigung geboten hatten, bricht vom 22. bis zum 26. Juni ein erneuter Aufstand los, den ein Exekutivkomitee der am 4. Mai eingesetzten Konstituierenden Versammlung mit blutiger Militärgewalt niederschlagen lässt. »Es war ein Kampf um die Erhaltung oder Vernichtung der bürgerlichen Ordnung«, bilanziert Karl Marx.

Die Viardots erleben diese dramatischen Ereignisse großenteils aus der Ferne. Iwan Turgenjew erstattet ihnen aus dem Zentrum des Sturms, der in der Folge über ganz Europa ziehen wird, Bericht. »Ich wunderte mich sehr darüber, wie unmöglich es mir war, die Gefühle des Volkes in einem solchen Moment nachzuempfinden«, schreibt er im Mai. »Ich konnte nicht erkennen, was sie sich nun eigentlich wünschten und was sie fürchteten, ob sie Revolutionäre oder Reaktionäre waren oder einfach nur ordnungswillig. Sie sahen aus, als warteten sie einfach nur das Ende des Sturmes ab. Wenn ich mich an die Arbeiter im Hemd wandte, um Näheres zu erfahren, warteten sie – sie warten!« Die anfängliche Euphorie ist Resignation gewichen. »Was also ist die Geschichte?«, fragt der Schriftsteller. »Vorsehung, Zufall, Ironie oder Schicksal?«

George Sand hingegen ist in der Mitte des Geschehens. Sie schreibt flammende »Briefe an das Volk«, um die provisorische Regierung, die vom Dichter Alphonse de Lamartine angeführt wird, zu unterstützen. Und sie gewinnt ihre Freundin für die Idee, eine neue Hymne zu schreiben, eine neue *Marseillaise*, die zusammen mit dieser bei einem Festakt im Théâtre de la République gesungen werden soll. Mit ihrer Kantate *La Jeune République* tritt Pauline Viardot-García als Republikanerin öffentlich in Erscheinung, was ihr nach dem Sieg der Reaktion in Frankreich das Leben schwer machen wird.

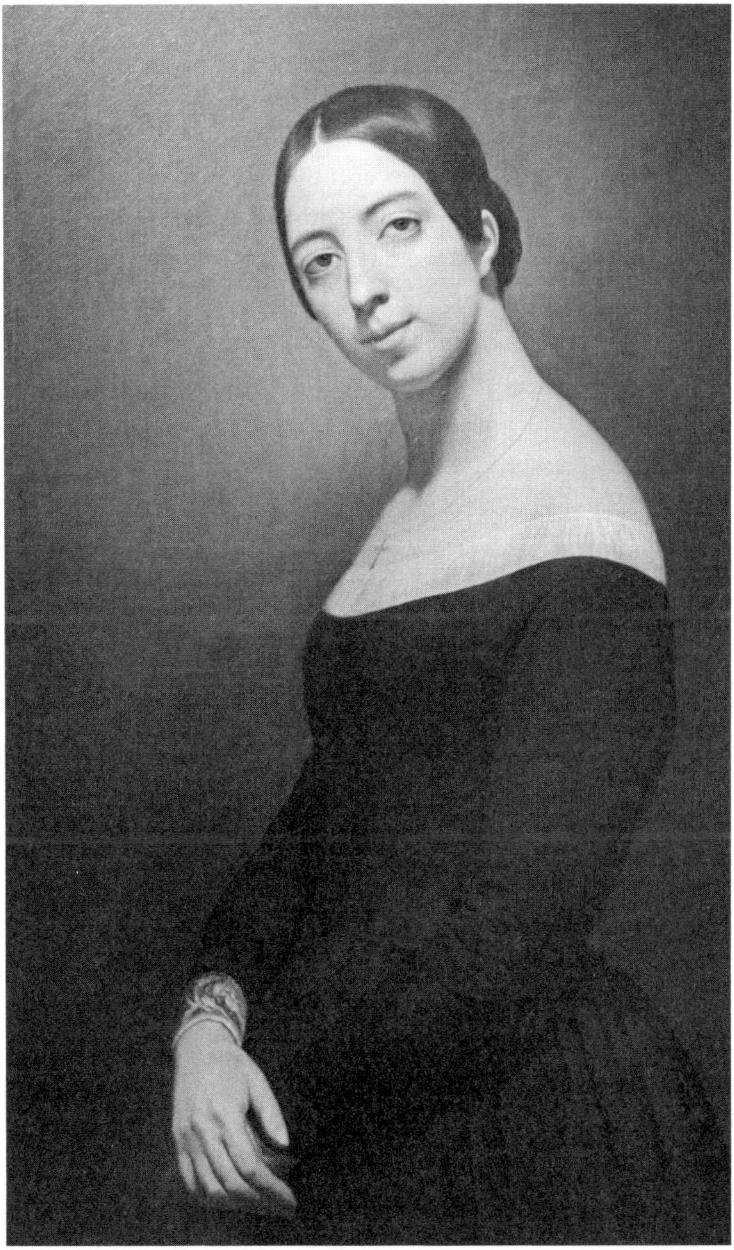

Abb. 15: Pauline Viardot-García. Porträt von Ary Scheffer, 1840.

Während die Schriftstellerin mit Worten für die französische Republik streitet, hat Pauline Viardot mit Intrigen hinter dem Vorhang der Opernbühne von Covent Garden zu kämpfen. Voller Spannung erwartet die Londoner Gesellschaft am 9. Mai ihr Debüt in Bellinis *La Sonnambula*, aber die Sängerin hat die gesamte »italienische Liga« gegen sich. Ihr Partner auf der Bühne, »Mario der Tenor«, Giovanni Matteo de Candia, sagt am Morgen der Vorstellung wegen »Bronchitis« ab. Dass Mario im Leben der Partner ihrer Rivalin Giulia Grisi ist, spielt bei dieser plötzlichen Erkrankung sicher keine unerhebliche Rolle. Die Vorstellung abzusagen ist unmöglich, das Haus ist ausverkauft, der Besuch Queen Victorias wird erwartet und Pauline ist gezwungen, neben einem mittelmäßigen Ersatz zu singen, der erst am Tag der Aufführung in London eingetroffen ist. Das Debüt wird zum Fiasko. »Wüssten wir nicht von den Erfahrungen in Europa um ihre musikalische und schauspielerische Genialität«, schreiben die *Illustrated London News*, »so hätten wir Pauline Viardot-García bis zum Finale dieser Vorstellung nicht wiedererkannt.« Zum Ende ihres Gastspiels geht die Sängerin jedoch aus den Kämpfen mit ihren Gegnern siegreich hervor. Sie triumphiert in der englischen Erstaufführung von Meyerbeers *Hugenotten*, begeistert aber auch als Konzertsängerin, auf dem Klavier begleitet von Frédéric Chopin, dessen Mazurken die Sängerin einige Jahre zuvor zu virtuosen Vokalstücken mit unterlegtem Text bearbeitet hatte.

Im Sommer treffen sich Familie und Freunde wieder auf dem Land in Courtavenel. Nach diesem Aufenthalt scheint die Beziehung zwischen dem Schriftsteller und der Sängerin verändert. Fast täglich hatte Turgenjew der verehrten Freundin geschrieben und ihr von sich erzählt. Sie allerdings fand kaum die Zeit für Briefe an ihn persönlich und antwortete, oft auf Spanisch, in Briefen an ihre Mamita, über die Turgenjew so glücklich war, dass er sie der Familie immer wieder vorlas. Nach dem Sommer aber verändert sich der Tonfall in den Briefen. Zuvor voll ehrfürchtiger Hochachtung, wagt der Schriftsteller nun, seine Liebe in Worte zu fassen. »Guten Tag, liebste, teuerste Frau, guten Tag, einziges Wesen«, schreibt er Pauline am 13. Oktober 1848 auf Deutsch. »Ich habe versucht, ein paar Verse für Sie zu schreiben – aber es kamen nur Brocken dabei heraus. Ich kann nur schauen, träumen, mich erinnern. … Möge Gott Sie segnen! Liebster Engel!« Und am Morgen des nächsten Tages: »Rebonjour, liebste, teuerste einzige! Ich habe eine sehr gute Nacht verbracht und fühle mich gestärkt. Und Sie? Was machen Sie Schönes? Komponieren Sie? Lesen Sie? … Au revoir, die einzige, liebste! Gott segne Sie 1000 Mal. Die heiszesten Grüße Ihrem Ganzen Lieben Wesen. Auf Wiedersehen. Morgen erst einen wahren Brief. Ihr alter liebend treuer Freund I.T.«

Courtavenel – Paris

Nach der Rückkehr nach Paris erwerben die Viardots ein Haus in der Rue de Douai. »Wo, zum Teufel, liegt die Rue de Douai?«, fragt George Sand im Dezember, nachdem sie erstmals einen Brief mit dem Briefkopf der neuen Adresse von Pauline erhalten hat. Der neue Wohnsitz der Familie liegt im »noveau Paris«, das am Fuß des Montmartre am Rand des alten Paris entsteht und offiziell noch gar nicht zur Stadt gehört. In einiger Entfernung des Hauses, auf dem »Märtyrerhügel«, drehen sich die Flügel der Windmühlen, die Paris mit Mehl versorgen, und vor nicht allzu langer Zeit wurden hier noch Artischocken und Kartoffeln angebaut.

»Das Haus ist nicht groß, aber die Aufteilung der Zimmer ist praktisch und elegant«, berichtet Pauline dem russischen Freund Matwej Wielhorski. »Ganz wie in England: Die Gesellschaftsräume und das Speisezimmer befinden sich im Erdgeschoss, die Schlaf-

und Arbeitszimmer im ersten, Louisettes sowie die Zimmer für die Gäste im zweiten Stock.« George Sand findet jedoch, dem Haus fehle es an Komfort, und auch Charles Dickens, der den Viardots dort 1856 einen Besuch abstattet, meint, es mache den Eindruck, als seien die Eigentümer eben erst eingezogen und wollten schon wieder ausziehen. Nur wenig erinnere dort an die »Kunst der großen Sängerin«, so scheint ihm, jedoch bildet das Zentrum des Salons eine eigens von der Hausherrin bei Aristide Cavaillé-Coll, einem der bedeutendsten Orgelbauer aller Zeiten, gebaute Orgel, die geschmückt ist mit einem stilisierten Porträt Paulines als heilige Cäcilie, der Schutzpatronin der Musik. Auf dem Weg zu diesem Heiligtum des Hauses, auf dem Pauline Viardot-García vor allem Werke von Johann Sebastian Bach zu spielen pflegt, passiert man die Gemäldesammlung Louis Viardots mit Werken niederländischer, flämischer, spanischer und italienischer Meister, deren besonderer Glanzpunkt ein Porträt der Infantin María Teresa von Spanien von Diego Velázquez ist. Die Viardots wohnen also durchaus respektabel und keineswegs ohne Komfort.

»Ich habe mir eines der Zimmer im neu gebauten 2. Stock zum Geschenk gemacht – und ich habe es als kleines Arbeitszimmer für mich eingerichtet«, erzählt Pauline Viardot voller Stolz. »Es wirkt richtig fröhlich. Die im Untergrund hellgrüne Tapete ist übersät mit Rosensträußen und blauen Glockenblumen. Ich habe mein Pianino hineingestellt – ein Regal mit den Werken von Shakespeare, Goethe, Schiller, Byron, den vier großen italienischen Dichtern; Don Quichotte, Homer, Äschylos – Uhland – die Bibel – Heine, *Hermann u. Dorothea* – die beiden Bände von Lewes über Goethe. Mit Ausnahme von Homer, von dem ich Übersetzungen habe, von Jacob und von Monjé (ich ziehe die erstere vor) sind alle diese Werke selbstverständlich in der Originalsprache.«

Im Oktober 1848 beginnen in Paris die Proben zu Giacomo Meyerbeers neuer Oper *Der Prophet*. Zehn Jahre nachdem der Komponist die Sängerin zum ersten Mal gehört hat, hat er endlich sein Versprechen wahrgemacht, eine Oper für sie zu schreiben. Pauline Viardot ist eng in den Schaffensprozess einbezogen, Komponist und Sängerin kreieren die Rolle der Mutter des historischen Wiedertäuferkönigs Jean de Leyde gemeinsam und sie wird schließlich zur weiblichen Hauptfigur.

Meyerbeer hatte sich im Vertrag mit den Direktoren der Opéra ausbedungen, allein über die Besetzung der Rollen bestimmen zu dürfen. Und so geschieht das, was ein Jahrzehnt lang unmöglich schien: Pauline Viardot-García bekommt ein Engagement an der Pariser Opéra. »Ich warte auf den Moment meines Debüts an der Opéra«, berichtet sie George Sand im Dezember. »Während ich warte, bin ich schon dabei, am *Propheten* zu arbeiten, den der große Maestro mir Stück für Stück zeigt. Alle diese Stücke werden am Ende ein herrliches Ganzes formen und ein gutes. Ich bin sehr glücklich, eine so interessante Perspektive für meinen Winter zu haben. Ich brauche Arbeit, viel Arbeit, das ist es, was mich bis jetzt gerettet hat.« Die Arbeit an den Proben ist intensiv und der Termin für die Uraufführung der Oper wird immer wieder verschoben. Bis zuletzt arbeitet der Komponist an dem auch vom Publikum lang erwarteten Werk, noch nach einer der insgesamt fünf Generalproben muss gekürzt werden, da die Gesamtspieldauer des Stücks bei über fünf Stunden liegt.

Nachdem am 16. April 1849 endlich die Uraufführung in Anwesenheit des Präsidenten der Französischen Republik, Louis Napoléon, stattgefunden hat, erstattet die Sängerin noch in der Nacht ihrer Freundin George Sand hochgestimmt Bericht: »Sieg! SIEG, meine liebe Ninounne! Und gute Nacht.«

Tatsächlich ist der Erfolg der Oper triumphal und alle Rezensenten sind sich einig, dass die Sängerin der Partie der Fidès diesen Erfolg errungen habe. »Der Auftritt von Mme Viardot auf der Bühne der Opéra ist ein Ereignis von größter Wichtigkeit für das Mu-

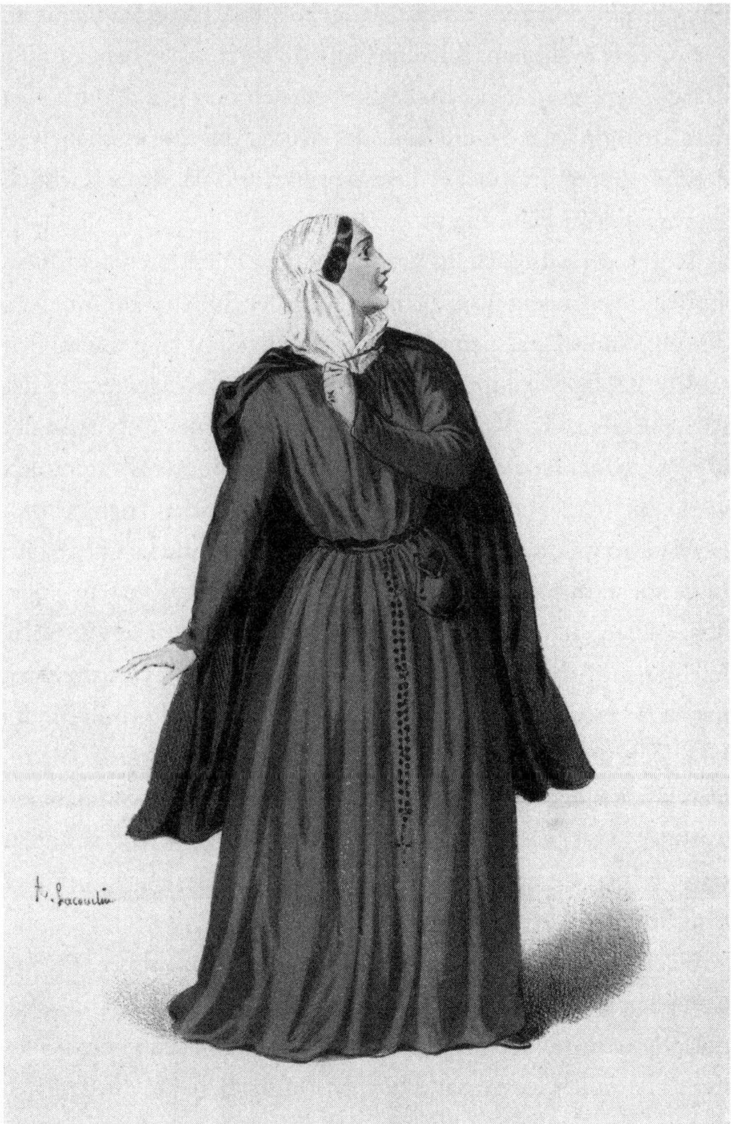

Abb. 16: Pauline Viardot-García in der Rolle der Fidès in Giacomo Meyerbeers Oper *Der Prophet*.

siktheater Frankreichs«, befindet der Rezensent der Zeitung *Illustration* am 21. April 1849. »Alle Vorzüge einer vollkommenen Bühnenkünstlerin sind in ihr vereint. … Sie hat die Rolle der Fidès wundervoll gestaltet – als begeisternde Darstellerin und als feinsinnige Sängerin.« Und der Pianist und Komponist Ignaz Moscheles schreibt: »Mme. Viardot ist nicht nur eine augezeichnete Fidès, sie hat auch, wie die Franzosen sagen, *créé le rôle*; sie ist Kapellmeister, Régisseur – mit einem Wort die Seele der Oper, die ihren großen Erfolg wohl zur Hälfte ihr verdankt.«

Iwan Turgenjew hat eine Wohnung in der Rue Tronchet gemietet und sieht Pauline oft. Natürlich ist er bei der Uraufführung von Meyerbeers neuer Oper, in der die von ihm verehrte Sängerin eine so wichtige Rolle singt, im Publikum und ist begeistert. Er beginnt eine Rezension für die Zeitschrift *Otetschestwennyje sapiski*, muss die Arbeit daran aber unterbrechen, da er von der Cholera, die in jenem Frühjahr in der französischen Hauptstadt grassiert, aufs Krankenlager gezwungen wird. Alexander Herzen, der russische Publizist, Schriftsteller und Philosoph, der 1847 Russland in Richtung Europa verlassen hat und in Paris im gleichen Haus wie Turgenjew wohnt, pflegt den Freund. »Wenn man bedenkt, wie viele schlechte und nutzlose Dinge es auf der Welt gibt«, räsoniert Turgenjew. »Cholera, Hagel, Könige, Soldaten etc. etc. Gott muss ein Misanthrop sein!« Nach seiner Genesung fährt Turgenjew nach Courtavenel, um dort den Sommer zu verbringen. »Am 14./26. Juni zum ersten Mal mit P.«, notiert er in seinem »Memorial«.

Im Juli reist Pauline Viardot-García zur englischen Erstaufführung von *Der Prophet* nach London. Turgenjew bleibt in Courtavenel. Seine Mutter hat aus Wut darüber, dass der Sohn so lange nicht nach Hause zurückkehrt, die Korrespondenz und die finanzielle Unterstützung gänzlich eingestellt.

Turgenjew schreibt an Erzählungen für die *Aufzeichnungen eines Jägers* und an dem Drama *Frühstück beim Adelsmarschall*, macht

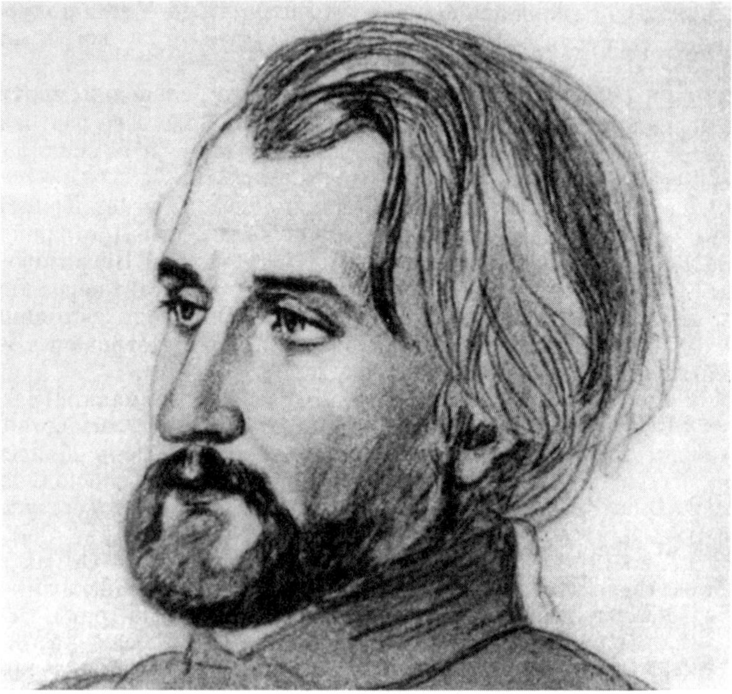

Abb. 17: Iwan Turgenjew. Zeichnung von Pauline Viardot-García, 1858.

lange Spaziergänge mit Sultan, dem Jagdhund Louis Viardots, und fährt immer wieder für ein paar Tage nach Paris, um die Erfolge der Sängerin in den Kritiken der Zeitungen nachzuverfolgen, die er in der Bibliothek liest. »Vielleicht wundern Sie sich, wie ich trotz der Ebbe in meiner Geldbörse nach Paris fahren kann«, schreibt er Pauline am 29. Juli. »Es ist so, dass Mme Sitches mir bei ihrer Abreise 30 Francs überlassen hat, von denen 26 schon ausgegeben sind. Ich lebe hier wie in einem Märchenschloss. Man versorgt mich mit Essen, besorgt meine Wäsche – was braucht ein einsamer Mensch mehr? Ich hoffe, dass diese Knappheit an Geld bald zu Ende ist und man sich dort in Russland sagt: Nun denn! Wovon lebt er dort eigentlich?« Zunächst aber ist er gezwungen, die Freunde zu bitten, ihm 400 Francs zu leihen, damit er über die Runden kommt.

Turgenjew schreibt Pauline täglich, manchmal zwei Mal am Tag. »Wie oft ich den ganzen Tag an Sie gedacht habe, kann ich Ihnen nicht sagen; als ich zurückging, rief ich Ihren Namen entzückt, ich streckte die Arme mit so viel Sehnsucht nach Ihnen aus! Sie haben es gewiss hören und sehen müssen. … Überanstrengen Sie sich nicht bei den Proben! … Morgen um Mitternacht wird Ihr Bild im Saal (das leider nicht ähnlich ist) einen Strauss bekommen … Liebe, theuere! Gott sei mit Dir und segne Dich!«

Am 17. Oktober 1849 stirbt Frédéric Chopin in Paris. Pauline Viardot-García erweist dem Freund, dem sie zuletzt in London begegnet war, die letzte Ehre und singt beim Trauergottesdienst, der am 30. Oktober in der Kirche La Madeleine stattfindet, eine der Solopartien in Mozarts *Requiem*. Da Frauen aber, wie es die Kirchenordnung verlangt, in der Gemeinde zu schweigen haben, steht die Solistin am hinteren Ende der Kirche und ist hinter einem schwarzen Samtvorhang verborgen.

Aber auch wenn sie in der Kirche nicht öffentlich in Erscheinung treten darf, ist die Lage der Sängerin zehn Jahre nach ihrem Debüt und den schwierigen Umständen zu Beginn ihrer Karriere nun auch in der französischen Hauptstadt recht komfortabel.

Sie hat einen Vertrag über ein Engagement für die nächsten zwei Jahre an der Opéra unterzeichnet und muss deshalb ein Angebot aus Sankt Petersburg für ein Gastspiel im Winter 1850/51 ablehnen. Sie kann sich ihre Rollen aussuchen, und als sie Nestor Roqueplan, dem Direktor der Grand Opéra, vorschlägt, die Hauptrolle in einer Oper zu übernehmen, die Charles Gounod schreiben werde, der bisher als Opernkomponist noch nicht in Erscheinung getreten ist, scheut Roqueplan das Risiko nicht und sagt sofort zu, das Werk uraufzuführen.

Pauline Viardot-García kennt Charles Gounod seit ihrem Auftritt in der Villa Medici im Jahr ihrer Hochzeitsreise, als sie der junge Mann bei einem Konzert am Klavier begleitet hatte. Nach seiner Rückkehr aus Italien wurde Gounod Kirchenkapellmeister und Organist in Paris. Bis Februar 1848 lebte er bei den Karmelitern in Paris und bereitete sich dort auf das Priesteramt vor. Er legte zwar kein Gelübde ab, unterzeichnete seine Briefe gleichwohl gern mit »l'abbé Gounod«.

Zu Beginn des Jahres 1850 begegnen Gounod und die Sängerin einander wieder. Sie lädt den Komponisten ein, ihr seine Werke vorzuspielen, und macht ihm dann den Vorschlag, eine Oper zu komponieren. Pauline Viardot wird zur Förderin des Komponisten. Sie vermittelt den Kontakt zum Dramatiker Émile Augier, der das Libretto schreiben soll. Als Sujet wird der Mythos um die griechische Dichterin Sappho, ihre Liebe zu Phaon und ihren Selbstmord gewählt. Gounod unterzeichnet einen Vertrag mit der Opéra, bis September soll das Werk fertig sein. Nach dem plötzlichen Tod seines älteren Bruders gerät der Komponist jedoch in eine Krise. Die Viardots laden ihn und seine Mutter, die Pianistin Victoria Gounod, nach Courtavenel ein, damit er in einer neuen, von Erinnerungen unbelasteten Umgebung arbeiten kann, und bitten Turgenjew, da die Sängerin in Berlin in der deutschen Erstaufführung von *Der Prophet* singt, sich der beiden Trauernden anzunehmen.

»Er idealisiert alles, was er nur berührt, und indem er dies tut, lässt er die Masse hinter sich«, resümiert Turgenjew am 16. Mai in einem Brief an Pauline. »In dieser großen Menge talentierter Komponisten, die in einer Art und Weise geistreich sind, die vulgär ist, die verständlich sind nicht aufgrund ihrer Klarheit, sondern aufgrund ihrer Trivialität, ist die Erscheinung einer Musikerpersönlichkeit wie Gounod so selten, dass man ihn nicht warmherzig genug empfangen kann.«

Als ein Brief der schwer erkrankten Warwara Petrowna eintrifft, mit dem sie dem Sohn Geld für die Reise nach Russland und für die Rückzahlung seiner Schulden schickt, allerdings unter der Bedingung seiner unverzüglichen Rückkehr, muss Turgenjew die Freunde verlassen. »Ich muss mich nun endlich dieser unerträglichen Familienangelegenheiten annehmen, die an mir hängen wie ein Spinnennetz an den Flügeln einer Fliege, die sich gerade aus diesem befreit hat«, schreibt er Pauline am 24. Juni 1850 nach London. »Das ist absolut notwendig – ich werde das Meinige durchsetzen und Ihnen über alle Irrungen und Wirrungen genauestens Bericht erstatten. … Gestatten Sie mir, Ihnen alles, ohne Ausnahme alles anzuvertrauen, was ich tue, was ich beschließe, was mit mir geschieht. Der Gedanke, auf diese Art unter ihren Augen zu leben, wird mir wohl tun und ist mir sehr angenehm.«

»Leben Sie wohl, leben Sie wohl«, schreibt er ihr am Tag seiner Abreise. »Ich umarme Sie alle, Sie, Viardot – seien Sie gesegnet, meine teuren und guten Freunde, meine einzige Familie, Sie, die ich mehr liebe als alles auf der Welt. … Kommen Sie ein letztes Mal in meine Arme, dass ich Sie an dieses Herz drücke, das Sie so sehr liebt, meine guten, meine lieben Freunde und Adieu. … Ich liebe Sie und werde Sie bis ans Ende meiner Tage lieben.«

Am 25. Juni 1850 fährt Turgenjew über Brüssel und Berlin nach Stettin, von wo aus er auf dem Seeweg nach Russland reist. »Es gibt keinen Ort auf dieser Welt, den ich so sehr liebe wie Courtavenel«, heißt es in seinem Abschiedsbrief. »Courtavenel ist, um es in blumenreichen Worten zu sagen, die Wiege meiner Berühmtheit als Schriftsteller«, sagt Turgenjew später. »Hier habe ich den Großteil meiner *Aufzeichnungen eines Jägers* geschrieben.« Mit seinen *Aufzeichnungen eines Jägers* hat Turgenjew eine neue Epoche in der russischen Literatur begonnen, eine Literatur begründet, die »das Volk und seine Nöte zum Gegenstand gemacht hat.«

»Guten Tag, mein sehr teurer Turgenjew, wie lange Sie brauchen, um mir zu schreiben!«, beklagt sich Pauline am 10. September 1850. »Wir warten jeden Tag auf die Briefträgerin, und jeden Tag lässt sie uns enttäuscht und traurig. Vielleicht heute!

Der Himmel ist herrlich. Ein leichter Wind belebt die Bäume im Hof. Drei Hähne krähen sich die Seele aus dem Leib, der kleine weiße, mit dem Sie sich so oft gezankt haben, und seine zwei Söhne.

So sind wir um den Tisch platziert: Manuel sitzt an meiner Seite und schreibt mexikanische Lieder ab. Mama strickt an seiner Seite. Etwas weiter sitzt Berthe und und schreibt mit winzigen Buchstaben einen Brief, der vielleicht in vier Stunden fertig sein wird. Mein Neffe Manuel liest Molière. Charles sitzt über seiner Division am Fenster links des Türmchens. Mein Onkel gibt Louisette eine Spanischstunde. Mariquita näht an seiner Seite. Mme Gounod nimmt Medizin in ihrem Zimmer. Louis ist mit Gustave und Sultan nach Villars gegangen. Sie alleine fehlen in diesem guten und süßen Leben. Unsere Herzen sind zu jedem Augenblick des Tages mit Schmerz erfüllt darüber, dass wir Ihrer teuren Gegenwart entbehren müssen, das versichere ich Ihnen. Die Erinnerung an Sie hat teil an all unseren Handlungen, vom Morgen bis zum Abend. Sie kennen all unsere Gewohnheiten seit 7 Jahren, sie sind immer noch dieselben, so dass, zu welcher Stunde Sie auch an uns denken mögen, Sie wissen, wo Sie uns finden können und alles sehen können, was wir tun. Aber Sie, mein armer Freund, wie soll ich wissen, was Sie tun, wie Ihnen mit dem Blick folgen, wenn Sie mich nicht über Ihr Leben auf dem Laufenden halten. Ach bitte, beschreiben Sie mir einen Ihrer Tagesabläufe. Er wird meinen Gedanken als Anhaltspunkt dienen.«

5. Wieder in Russland

In der Verbannung

Beim Abschied ist die Beziehung zwischen Pauline Viardot-García und Iwan Turgenjew ungeklärt. Sie haben sich in den drei Jahren, die der Schriftsteller in Westeuropa verbracht hat, einander angenähert und glückliche Augenblicke verlebt. Möglicherweise erwidert die Sängerin nun die Liebe, die Turgenjew ihr entgegenbringt, aber sie unternimmt keine Schritte, ihr Leben für ihn zu verändern, ihren Ehemann zu verlassen und mit dem Geliebten etwas Neues zu beginnen. Sicherlich schätzt sie die Verlässlichkeit, die Louis Viardot ihr bietet, und vielleicht sieht sie auch, dass Turgenjew als Mann an ihrer Seite ihr diese nicht zu geben imstande wäre.

Turgenjew weiß nicht, dass sein Abschied von Frankreich und Pauline ein Abschied auf Jahre sein wird. Er geht davon aus, er werde seine Angelegenheiten rasch in Ordnung bringen und dann in seine Wahlheimat zurückkehren, die ihm so viel gegeben hat. Er hat neue Freunde gewonnen, beharrlich gearbeitet, zahlreiche Erzählungen und Stücke geschrieben und kehrt als anerkannter Schriftsteller nach Russland zurück.

Das Wiedersehen mit der Mutter endet im Fiasko. Warwara Petrownas Enttäuschung darüber, dass die Söhne ein ganz anderes Leben führen, als ihnen vorherbestimmt war, ist groß. Der Erstgeborene Nikolaj hat eine Frau nicht von Stande geheiratet, die in Spasskoje als ihre Kammerzofe in Diensten war. Und ihr Liebling Iwan geht der einem Aristokraten nicht gemäßen Beschäftigung der Schriftstellerei nach und hat drei lange Jahre im Ausland einer verheirateten Frau, noch dazu einer Sängerin, den Hof gemacht.

In aller Form wenden sich die Söhne mit der Bitte an ihre Mutter, ihnen einen standesgemäßen Lebensunterhalt zuzubilligen, und sie sagt jedem von ihnen die Schenkung eines kleineren Landguts zu. Die notarielle Beglaubigung der Schenkungen jedoch zögert sie hinaus, mehr noch, sie tut alles, um deren Wert zu mindern, indem sie durch die Verwalter die gesamten Ernteerträge und Vorräte verkaufen lässt, so dass nicht einmal mehr Saatgut für das nächste Jahr vorhanden ist.

Die Brüder schlagen dieses vergiftete und nicht offiziell beglaubigte Geschenk, das von der Mutter jederzeit wieder zurückgenommen werden kann, aus. Bei der Auseinandersetzung über diese Frage kommt es zum Streit, und Iwan hält der Mutter voller Zorn entgegen: »Wir Söhne haben dir stets Achtung und Respekt entgegengebracht, du aber hast kein Vertrauen zu uns, zu niemandem hast du Vertrauen. Du glaubst nur an deine Macht. Aber was hat sie dir gegeben? Das Recht, alle zu quälen!« Warwara Petrowna erbleicht, flüstert: »Ich habe keine Kinder mehr. Aus meinen Augen!«, und verlässt das Zimmer.

Als Turgenjew am nächsten Tag versucht, die Mutter in ihrem Zimmer aufzusuchen, weigert Warwara Petrowna sich, ihn zu empfangen. Sie nimmt sein Porträt und wirft es zu Boden. Dem Diener verbietet sie, die Scherben aufzufegen. Sie bleiben vier Monate lang am Boden liegen. Iwan und sein Bruder Nikolaj ziehen auf das Gut Turgenjewo, das ihnen der Vater hinterlassen hat.

Der Bruch mit der Mutter ist nicht Turgenjews einzige Sorge. »Soll ich Ihnen erzählen, wem ich hier begegnet bin? Ob Sie es erraten?«, fragt er Pauline. »Meiner Tochter Pelageja, die mittlerweile acht Jahre alt ist und mir ganz auffallend ähnlich sieht.« Pelageja lebt seit ihrer Geburt in Spasskoje und muss, von allen als »Herrin« verspottet, seit früher Kindheit die Arbeit einer Dienstmagd verrichten. »Beim Anblick dieses armen kleinen Geschöpfs habe ich plötzlich meine Verantwortung für sie verspürt«, schreibt Turgenjew, der lange Zeit gar nicht wusste, dass er Vater einer Tochter ist, weiter, »und ich werde dieser Verantwortung gerecht werden. Sie wird niemals Armut erleiden müssen. Ich werde dafür sorgen, dass ihr Leben so gut als möglich ist.« Und er bittet seinen »Polarstern«, dass er ihm in dunkler Nacht Orientierung und einen guten Rat geben möge, wie die Zukunft des Mädchens zu gestalten sei.

»Ich war jung«, erklärt Turgenjew Pauline einige Zeit später. »Das alles liegt nun neun Jahre zurück. Ich langweilte mich auf dem Land und wurde auf eine recht hübsche Näherin aufmerksam, die von meiner Mutter angestellt worden war. Ich flüsterte ihr zwei Worte zu, sie kam zu mir, ich gab ihr Geld und dann reiste ich ab – das ist alles. … Alles, was ich für sie tun kann, ist, ihre materielle Lage zu verbessern, das ist meine Pflicht und ich werde sie erfüllen, aber ihr zu begegnen, ist mir unmöglich.«

Turgenjews »guter Engel« nimmt Anteil an allem, was den Schriftsteller betrifft, so auch an seiner illegitimen Tochter. Pauline Viardot-García ist der Ansicht, das Mädchen werde in Russland als unehelich Geborene auch trotz vorzüglicher Bildung nie gesellschaftliche Anerkennung finden können, und bietet an, sie zu sich nach Frankreich zu nehmen und wie ihr eigenes Kind zu erziehen. Turgenjew verspricht, ihrem »Befehl« Folge zu leisten, und im Oktober wird Pelageja in den »Fernen Westen« gebracht, um dort die Französin Paulinette zu werden. Die Muttersprache vergisst sie bald und kehrt nie wieder nach Russland zurück.

Kurz nach der Abreise Pelageja-Paulinettes erhält Turgenjew in Petersburg die Nachricht, der Zustand der Mutter habe sich verschlechtert. Turgenjews Bruder Nikolaj eilt zu ihr. Nach der Beichte und dem Abendmahl verlangt sie auch Iwan zu sehen. Als dieser in Moskau eintrifft, ist Warwara Petrowna jedoch bereits tot. In ihren Hinterlassenschaften findet der Sohn ein mit Bleistift geschriebenes Tagebuch der letzten Monate vor ihrem Tod am 16. November 1850. Die Lektüre erschüttert Turgenjew zutiefst. »Was für eine Frau, meine Liebe, was für eine Frau«, schreibt er an Pauline. »Die ganze Nacht konnte ich kein Auge schließen. Möge Gott ihr alles verzeihen. Aber welch ein Leben!«

Der Tod der Mutter macht Turgenjew zu einem unabhängigen und wohlhabenden Mann mit jährlichem Einkommen von mindestens 25 000 französischen Francs. Bei der Aufteilung des Erbes äußert er nur einen Wunsch – das Landgut Spasskoje möge ihm zufallen. Der neue Gutsbesitzer entlässt sogleich die Bediensteten in die Freiheit und überführt diejenigen Bauern, die dies wünschen, in den Abgabendienst, d. h., sie pachten das Land, das sie bewirtschaften. Die völlige Freiheit also gesteht auch er seinen Leibeigenen nicht zu und erklärt dies damit, dass die Bauern, würden sie vor der offiziellen Befreiung aus der Leibeigenschaft sich selbst überlassen, in schlechteren Zuständen leben würden als unter einem anständigen Gutsbesitzer.

Endlich kann Turgenjew wieder ein Leben führen, wie es ihm entspricht. Er lädt zu Diners und Soireen, bei denen sich Schriftsteller, Schauspieler, Wissenschaftler und Musiker versammeln, und erfreut sich seiner wachsenden Bekanntheit. Er schreibt weitere Erzählungen für die *Aufzeichnungen eines Jägers* und plant, alle in einem gesonderten Band zu veröffentlichen, den er Pauline Viardot-García zu widmen gedenkt. »Sie haben noch gar nicht auf meine Bitte hinsichtlich der Widmung geantwortet«, schreibt er ihr am 1./13. November 1850. »Ich hoffe, Sie wollen mir dieses Glück nicht verwehren, umso mehr als für die Öffentlichkeit lediglich drei Sterne gedruckt würden.«

Auch als Autor von Komödien ist Turgenjew erfolgreich. »Als sich der Vorhang hob, sprach ich sehr leise Ihren Namen«, schreibt er Pauline nach der Premiere zu *Die Provinzlerin* im Januar 1851, »und er brachte mir Glück. Man rief mich nach der Vorstellung mit derart tobender Begeisterung auf die Bühne, dass ich vollkommen erschüttert von der Bühne trat, so als jagten mich tausend Teufel.«

Am 20. Oktober 1851 erfüllt der Schauspieler Michail Schtschepkin, mit dem Turgenjew durch seine Theaterstücke näher bekannt geworden ist, die Bitte des Schriftstellers, ihn dem Autor der *Toten Seelen*, Nikolaj Gogol, vorzustellen. »Sie haben Talent«, lobt ihn dieser, »gehen Sie sorgsam damit um. Unsere Literatur ist verarmt, bereichern Sie sie. Vor allem übereilen Sie nicht, Ihre Werke zu drucken, überdenken Sie sie gut.«

Im Februar 1852 stirbt Nikolaj Gogol im Alter von zweiundvierzig Jahren. Turgenjew verfasst einen Nachruf, der von den Zensurbehörden in Sankt Petersburg nicht zur Veröffentlichung zugelassen wird, denn jegliche Erwähnung Gogols, der sich in seinen *Toten Seelen* über die himmelschreienden Zustände im Russischen Reich lustig gemacht hatte, weckt bei den zaristischen Behörden Verdacht. Turgenjew wendet sich daraufhin mit der Bitte um Veröffentlichung an die *Moskowksije Wedomosti*. Dort ist der Zensor nachsichtiger, und der Nachruf kann publiziert werden. Der Autor zeichnet mit dem Namenskürzel »T-w«. Für die zaristischen Behörden ist dieser Nachruf ein willkommener Anlass, dem Schriftsteller, der mit seinen *Aufzeichnungen eines Jägers* allzu viel Volksnähe bewiesen hat, eine Lektion zu erteilen. Am 16. April 1852 wird Turgenjew wegen »Ungehorsams und Verletzung der Zensurbestimmungen« verhaftet, für die Dauer eines Monats in eines der Petersburger Polizeigefängnisse eingeliefert und auf persönliche Order von Zar Nikolaj I. danach auf unbefristete Zeit auf sein Gut Spasskoje verbannt.

Entgegen allen Befürchtungen erscheint der Band mit den *Aufzeichnungen eines Jägers* tatsächlich im August desselben Jahres, was einiges Durcheinander im zaristischen Behördenapparat hervorruft. Wegen vermeintlich »staatsgefährdenden« Charakters der *Aufzeichnungen* wird der Zensor, der die Publikation freigegeben hatte, auf persönliche Order Zar Nikolajs I. aus dem Dienst entlassen. Um unnötiges Aufsehen zu vermeiden, wird das Buch jedoch nicht verboten, denn sein Erfolg ist enorm. Innerhalb kurzer Zeit ist die erste Auflage vergriffen. »Ich bin froh, dass das Buch erschienen ist«, schreibt Turgenjew an Pawel Annenkow. »Mir scheint, dies wird mein Scherflein sein, das ich zur Schatzkammer der russischen Literatur beigetragen habe, um es mit den Worten eines Schulbuchs zu sagen.«

Die ersten Monate in Spasskoje verbringt Turgenjew vor allem auf der Jagd. »Ich habe im Verlauf dieses Jahres insgesamt 304 Stück Wild erlegt«, berichtet er nicht ohne Stolz seinem Schriftstellerfreund Sergej Aksakow, »und zwar: 69 Waldschnepfen, 66 Bekassinen, 39 Doppelschnepfen, 33 Birkhühner, 31 Rebhühner, 25 Wachteln, 16 Hasen, 11 Wachtelkönige, 8 Rotblesschen, 4 Enten, 1 Zwergschnepfe, 1 Regenpfeifer.« Nach seinen Wanderungen auf der Jagd kehrt er zurück in sein Heim, wo ihn die Geliebte Feoktista Wolkowa erwartet.

Fetistka, wie sie von allen genannt wird, ist eine Leibeigene und stand als Hausmädchen in Diensten von Iwan Turgenjews Cousine Jelisaweta Alexejewna Turgenjewa. Im Frühjahr 1851 ist der Schriftsteller der hübschen dunkelhaarigen jungen Frau im Haus der Verwandten zum ersten Mal begegnet. »Er besuchte seine Cousine bald regelmäßig und verliebte sich bis über beide Ohren in das Hausmädchen. Und es war nichts Ungewöhnliches daran, dass ein wohlhabender Gutsbesitzer auf den prosaischen Gedanken kam, ein solches Mädchen zu kaufen.«

Als die praktisch veranlagte Jelisaweta Alexejewna begreift, dass ihr Vetter Gefühle für ihr Hausmädchen empfindet, handelt sie einen angemessenen Preis aus. »Man einigte sich auf 700 Rubel, eine sehr anständige Summe, denn die Dienstmädchen verkauften sich damals für 25, 30 oder 50 Rubel, niemals für mehr, und die von Turgenjew gezahlte Summe erschien wahnsinnig hoch.« Das Geld wird umgehend ausgezahlt, und schon wenige Tage später siedelt die in Tränen aufgelöste Fetistka zu ihrem »neuen Herrn« über, der ihr gestanden hatte, wie sehr er sie liebe und dass er sie glücklich machen werde. Dass er verliebt war, hatte Fetistka bereits erraten, aber dass er sie glücklich machen würde, daran glaubte sie nicht. »Als Leibeigene hatte sie zu tun, was ihr neuer Herr ihr befahl. Er kaufte ihr allerlei teure Tuche, Kleider, Schmuck, Wäsche aus feinem Leinen, setzte sie in die Kutsche und schickte sie nach Spasskoje. Und kurze Zeit später kam er auch selbst dorthin.«

Die Tatsache, dass Feoktista Turgenjew das Leben in Spasskoje versüßt, bleibt in den Briefen an seine große Liebe Pauline Viardot-García selbstredend unerwähnt. Im Winter, als er keine Ablenkung in der Jagd mehr finden kann und Spasskoje im Schnee versinkt, verschaffen ihm die Arbeit und die Korrespondenz mit der Sängerin zusätzlich Erleichterung in der erzwungenen Abgeschiedenheit. »Liebe, gute Freundin, ich bitte Sie, mir so oft als möglich zu schreiben. Jetzt, wo ich auf unbestimmte Zeit auf dem Lande festsitze und es keine Musik oder Freunde, ja nicht einmal irgendwelche Nachbarn gibt, um sich gemeinsam die Zeit zu vertreiben. Was bleibt mir denn nun? Arbeit und Erinnerungen. Damit die Arbeit mir leichter fällt und die Erinnerung weniger bitter ist, brauche ich Ihre Briefe mit dem Widerhall eines glücklichen und tätigen Lebens, mit dem Duft der Sonne und der Poesie, die sie zu mir bringen.«

Trotz des Erfolgs seiner *Aufzeichnungen eines Jägers* erscheint ihm deren Form, Skizzen des Lebens auf dem Land, überlebt. »Ich muss einen anderen Weg beschreiten«, schreibt er dem Schriftstellerfreund Pawel Annenkow am 28. Oktober 1852. »Ich muss ihn finden und mich von meiner alten Manier zu schreiben auf immer verabschieden. Lange genug habe ich versucht, aus menschlichen Charakteren Essenzen – *triples extraits* – zu gewinnen, um sie sodann in kleine Flakons zu füllen.« Nun wagt sich Turgenjew an »größere Gefäße« und beginnt die Arbeit an dem Roman *Zwei Generationen*, der zwar unvollendet bleibt, auf seinem Weg zum Romanschriftsteller jedoch eine wichtige Etappe darstellt.

In die Abgeschiedenheit von Spasskoje platzt Anfang 1853 die

Nachricht, dass Pauline Viardot-García wieder zu Gastspielen nach Russland kommt. Turgenjew, dem das Reisen untersagt ist, beschafft sich einen Reisepass auf falschen Namen und fährt um den 20. März herum nach Moskau, wo er etwa zehn Tage bleibt und sich einige Male mit der Sängerin trifft. Nach seiner Rückkehr auf sein Landgut erhält er zwei Briefe von ihr, die ihn betrüben. »Ihre Briefe sind außerordentlich lakonisch«, beklagt er sich, »besonders der zweite, der wie eilig dahingeworfen klingt; jedes seiner Worte will das letzte sein. Ich hoffe, dass Sie mir, sobald Sie sich aus dem Trubel, der Sie umgibt, befreit haben werden, ausführlicher berichten, was Sie beschäftigt. Ach, jene liebenswürdigen Briefe, welche ich bei meiner Rückkehr hier fand, waren ganz andere. Aber sei's drum!«

Einen Monat später bittet Turgenjew: »Geben Sie Ihren Plan, im nächsten Jahr zu Konzerten nach Russland zu kommen, nicht auf! … Mein Garten ist voller Nachtigallen, Pirolen, Kuckucken, Drosseln – es ist eine Wonne! Wenn ich mir doch nur vorstellen könnte, dass Sie irgendwann einmal hier spazieren gehen! In diesem Wunsch ist nichts Unmögliches und doch ist es fast unvorstellbar.« Dann werden die Briefe seltener und es herrscht einige Zeit fast vollkommenes Schweigen. Ob es dafür einen Anlass gibt, ist unbekannt. Vielleicht sind beide einfach zu sehr mit sich selbst und ihrem Leben beschäftigt, um über die Entfernung in Verbindung zu bleiben.

Nach der Begegnung mit Pauline in Moskau ist Turgenjew seiner jungen Geliebten bald überdrüssig, und er trennt sich von ihr. »Ich war später behilflich, ihr einen kleinen Beamten des Marineministeriums als Ehemann zu vermitteln, und heute lebt sie gut situiert in Petersburg«, erzählt Turgenjew Jahre später einem Bekannten. »Als sie im Jahr 53 von mir fortging, war sie schwanger und in Moskau wurde ihr Sohn Iwan geboren, den sie in ein Kinderheim gegeben hat. Ich habe ausreichend Anlass davon auszugehen, dass dies nicht mein Sohn ist, allerdings kann ich davon nicht vollkommen überzeugt sein. Er könnte auch mein Werk sein.« 1865 versucht Turgenjew, Feoktistas Sohn ausfindig zu machen, aber ob ihm dies gelingt, ist ebenso unbekannt wie das weitere Schicksal des Knaben.

»Auf meine alten Tage (am vierten bin ich 36 geworden) habe ich mich doch fast verliebt.«

Ende November 1853 erlangt Turgenjew auf sein Gesuch die Freiheitsrechte zurück, ebenso wie »die Erlaubnis zur Einreise in die Hauptstädte«. Das Leben in der Abgeschiedenheit von Spasskoje ist zu Ende, und am 13. Dezember feiern die Schriftstellerkollegen des *Sowremennik* bei einem ausgelassenen Diner mit heiteren Toasts, Reden und Improvisationen die Rückkehr des Autors der *Aufzeichnungen eines Jägers* aus seinem Exil. Nach anderthalb Jahren in der Abgeschiedenheit auf dem Lande genießt Iwan Turgenjew das Leben der Hauptstadt und glänzt in den Salons und auf den Gesellschaften der Aristokratie. Sein früh ergrautes Haar verleiht ihm Imposanz, seine Erscheinung ist elegant. Behaglich im Sessel zurückgelehnt, »versetzte er die Zuhörer mit seinen Ausführungen, die von dem, was die Franzosen ›point‹ nennen, nur so strotzten, in Verzückung. Durch seine gewandte Gelehrsamkeit, die so unabdingbar ist für den Erfolg in Gesellschaft, verfügte er über einen außergewöhnlichen Vorrat unterhaltsamen Wissens, unterstützt durch entsprechende Nachschlagewerke. Sein Handbuch zu jener Zeit war die *Biographie universelle*.«

Schon vor seiner Verbannung in Spasskoje hatte Turgenjew die literarischen Soireen seines Cousins Alexander Michailowitsch Turgenjew besucht, bei denen sich die fortschrittlichen Schriftstellerkollegen der Hauptstadt trafen. Die hübsche, blauäugige achtzehnjährige Tochter des Hauses, Olga, das einzige junge Wesen in diesem Kreise, wird von allen mit besonderer Aufmerksamkeit bedacht. Nach den Lesungen literarischer Werke wollen alle zuerst ihr Urteil hören, denn alle schätzen ihr Gefühl für die Literatur und ihre seltene Aufrichtigkeit.

Den Sommer 1854 verbringt Turgenjew in einem Sommerhaus in der Nähe von Peterhof, der etwa 30 Kilometer von Petersburg entfernten Sommerresidenz des Zaren an der Küste der Newabucht. Fast täglich besucht er, allein oder in Begleitung seiner Schriftstellerfreunde, die Familie seines Cousins, die in Peterhof in der Sommerfrische ist. Die Gesellschaft »der außergewöhnlich klugen und lauteren« Olga wird dem Schriftsteller unentbehrlich. Und auch Olga fühlt sich zu ihm hingezogen. Sie ist eine hervorragende Musikerin, spielt wundervoll Klavier und beeindruckt die Kenner der Klassik mit ihrer Interpretation der Sonaten Beethovens. Besonders erfreut sie das Lob Iwan Turgenjews.

»Der heutige Literaturabend wurde abgesagt«, notiert sie in ihrem Tagebuch. »Papa hatte auch Iwan Sergejewitsch davon in Kenntnis gesetzt, doch er erschien zur gewöhnlichen Stunde und sagte: ›Olga Alexandrowna, ich bin gekommen, um Ihrem Spiel zu lauschen, bitte spielen Sie für mich meine Lieblingssonate, die *Mondscheinsonate*.‹ Als ich endete, reichte er mir beide Hände, drückte die meinen und sagte: ›Sie haben mir eine wahre Freude bereitet. Dieser Genuss wird auf immer in meinem Gedächtnis bleiben und ich danke Ihnen, meine liebe Olga Alexandrowna.‹ Ich errötete vor Glück, mein Herz begann schneller zu schlagen, seine Worte taten mir so wohl. Weshalb nur wühlt mich das Lob Iwan Sergejewitschs so auf, weshalb freut es mich so sehr? Andere loben mein Spiel doch auch, aber warum macht es mich so glücklich, wenn er es tut? Ob ich ihn wohl tatsächlich liebe?«

Schon vor dem Sommer hatte Turgenjew über eine Heirat mit

der jungen Frau nachgedacht und diese Frage mit einigen guten Bekannten erörtert. Der Schriftstellerkollege Sergej Timofejewitsch Aksakow befragte damals sogar die Karten für ihn. Turgenjews Freunde hoffen, dass er den Schritt zur Ehe wagen wird. Doch wie schon bei Tatjana Bakunina vollzieht sich bei Turgenjew im entscheidenden Augenblick ein Sinneswandel. Zu jener Zeit »schenkte er keiner der Damen Beachtung, die ihm Zuneigung entgegenbrachten«, erinnert sich Pawel Annenkow, »die anrührende Verbindung mit O. A. T.(urgenjewa) im Sommer 1854 war eine Ausnahme, aber sie währte nicht lange und endete so, wie alle wunderlichen Aufwallungen eines Augenblicks und einer Laune enden – in friedlichem Auseinandergehen und poetischen Erinnerungen an das Erlebte«.

Obgleich der Zustand der Verliebtheit und die Gespräche voller Zärtlichkeit ihm offensichtlich wohltun, kann Turgenjew sich nicht dafür entscheiden, seine Freiheit durch den Bund der Ehe einzuschränken. Womöglich spielt seine bereits mehr als ein Jahrzehnt währende Leidenschaft für Pauline Viardot-García eine Rolle bei seiner Entscheidung.

»Für einen Künstler ist es nicht zuträglich, in den Ehestand zu treten«, erläutert er in einem Gespräch. »Wenn man der Muse dient, wie man im Altertum sagte, dann muss man ihr allein dienen, alles andere ihr zum Opfer bringen. Eine unglückliche Ehe mag ja der Entwicklung des Talents förderlich sein, eine glückliche Ehe aber taugt zu nichts. Sicher ist die Leidenschaft für eine Frau eine ganz vorzügliche Sache, aber die Leidenschaft für eine unverheiratete junge Frau habe ich eigentlich nie recht verstanden. Ich liebe eher die verheirateten Frauen, die erfahren sind und frei und mehr Verfügungsgewalt haben über sich selbst und ihre Leidenschaft. Man muss ihnen in der Überzeugung gegenübertreten, dass es keine gibt, die unerreichbar wäre, und dass eine jede von ihnen Geliebte werden kann.«

Seine Ideen hinsichtlich der Ehe teilt Turgenjew selbstredend nicht mit der jungen und unerfahrenen Olga. Er beschränkt sich auf einen Abschiedsbrief, in dem er sich selbst der Unbedachtheit bezichtigt. »Olga Alexandrowna, gestatten Sie mir Ihnen zuallererst dafür zu danken, dass Sie beschlossen haben, mir zu schreiben. Auch ich habe schon lange den Wunsch gehabt, offen mit Ihnen zu sprechen, aber ohne Ihren Brief an mich wäre unsere Verbindung wohl wortlos und schweigsam zu Ende gegangen und dies wäre ganz allein meine Schuld gewesen. Ich bin älter als Sie und es war meine Pflicht, an uns beide zu denken …; ich hätte niemals vergessen dürfen, dass Sie viel aufs Spiel gesetzt haben, ich nichts. Auch als ich merkte, dass die Gefühle, die ich für Sie empfand, sich veränderten und schwächer wurden, war mein Verhalten ungebührlich. Statt mich in gehässigen Ausfällen zu ergehen, welche Sie mit Schlichtheit und Demut ertrugen, hätte ich umgehend abreisen sollen. Ungeachtet all dessen, was vorgefallen ist, betrachte ich es doch als einen der glücklichsten Augenblicke meines Lebens, dass wir einander begegnet sind. Und nun ist es meine Pflicht, häufige Begegnungen und eine allzu vertraute Verbindung mit Ihnen zu vermeiden. Den Gerüchten und dem Klatsch, die ihren Grund in meinem Verhalten haben, muss ein Ende gesetzt werden. … Bitte glauben Sie mir, dass mein Gefühl der tiefen Zuneigung für Sie niemals enden wird – wie auch immer sich das Ihre oder das meine Schicksal gestalten mag.«

Das Ende der Verbindung zu Olga Turgenjewa läutet Turgenjews Begegnung mit einer verheirateten Frau ein, die frei ist, aber keineswegs erfahren, sondern gänzlich unbedarft in Sachen ehelicher Untreue.

»Sag ihm, falls es ihn interessiert«, trägt Iwan Turgenjew dem Kollegen Nikolaj Nekrassow aus der Redaktion des *Sowremennik* nach der Lektüre des Kurzromans *Kindheit* auf, der 1852 in der Zeitschrift erschienen war und dessen Autor, einen gewissen Lew Nikolajewitsch Tolstoj, auf einen Schlag berühmt gemacht hatte, »dass ich ihn grüße, mich vor ihm verneige und ihm Beifall klatsche!«

Als er im Herbst 1854 in Spasskoje die neue Nummer des *Sowremennik* erhält, in der Tolstojs *Knabenjahre* veröffentlicht ist, beschließt er, der Schwester des jungen Schriftstellers, die mit ihrem Mann Walerian Tolstoj auf dem etwa 20 Werst entfernten Landgut Pokrowskoje lebt, einen Höflichkeitsbesuch abzustatten. Seinem Besuch schickt er die Zeitschrift mit der Erzählung und einen an den Ehemann Maria Tolstajas gerichteten Brief voraus.

»Gnädiger Herr! Ich sende Ihnen die Ausgabe des *Sowremennik* mit der Erzählung *Knabenjahre* des Bruders Ihrer Gattin. Schon lange hege ich den Wunsch, Ihre Bekanntschaft zu machen, und wenn Sie nichts dagegen einzuwenden haben, so nennen Sie mir einen Tag, an dem ich Ihnen einen Besuch abstatten darf.«

Bereits eine Woche später macht Turgenjew dem Ehepaar seine Aufwartung, und am Abend liest er im Salon des kleinen, aber besonderen Herrenhauses Lew Tolstojs druckfrisches Werk vor. Er liest nachdenklich, als spüre er dem Gelesenen nach, und zum Ende seiner Lesung steigt er auf einen Stuhl und ruft aus: »Sehen Sie, Maria Nikolajewna, um so viel überragt Ihr Bruder mich als Schriftsteller an Talent!«

»Die Gattin des Grafen Walerian Tolstoj, meines Nachbarn, und Schwester des Autors der *Knabenjahre* ist eine überaus liebenswürdige Person, klug, gutherzig und sehr bezaubernd«, berichtet er Nekrassow begeistert am 29. Oktober 1854. Wenig später schon sieht er in Maria Tolstaja »eines der anziehendsten Wesen, denen ich je begegnet bin«, und vertraut Pawel Annenkow an: »Auf meine alten Tage (am vierten bin ich 36 geworden) habe ich mich doch fast verliebt. Ich habe lange nicht mehr solche Anmut, solch bezaubernden Liebreiz gesehen. Ich bitte Sie, darüber Stillschweigen zu bewahren!«

Maria Tolstaja ist das jüngste Kind der insgesamt fünf Tolstoj-

Geschwister, die ihre Eltern früh verloren hatten und bei fürsorglichen Tanten aufgewachsen waren. Mascha, wie Maria genannt wird, das einzige Mädchen, wurde im Rodionow-Institut für höhere Töchter in Kasan ausgebildet, wo junge Damen Unterricht in Fremdsprachen, Umgangsformen, Tanz und Musik erhielten, also in all jenem, was für sie als zukünftige Ehefrauen in der aristokratischen Gesellschaft als notwendig und ausreichend erachtet wurde. Maria Tolstaja spricht fließend Französisch und spielt sehr gut Klavier, zeichnet und ist eine geistreiche Gesprächspartnerin. Kaum hatte sie das Pensionat verlassen, hielt Graf Walerian Tolstoj, ihr siebzehn Jahre älterer Cousin zweiten Grades, verzaubert von ihren dunklen Augen, ihrer Lebhaftigkeit und ihrem Esprit, um ihre Hand an. Nach der Hochzeit ließen sich die Eheleute auf dem Landgut Pokrowskoje nieder.

Bald sind die Eheleute Tolstoj und Turgenjew einander freundschaftlich verbunden. »Wir, die wir Familie hatten, haben ihn seltener besucht als er uns, der er alleinstehend war. Und ich erinnere mich, dass kaum ein Tag verging, an dem wir einander nicht sahen. Mein Mann war ein ebenso leidenschaftlicher Jäger wie Iwan Sergejewitsch. Sie kamen nach der Jagd gewöhnlich zu uns, und wir verbrachten den Abend gemeinsam mit Vorlesen oder Gespräch.« Der Junggeselle Turgenjew fühlt sich wohl in der Gesellschaft des Ehepaars. Die familiäre Atmosphäre erinnert ihn vielleicht an die vertraute Umgebung bei den Viardots, die ihm die eigene Familie ersetzen.

Häufig spielt Maria Tolstaja Klavier, und bisweilen singt Turgenjew zu ihrer Begleitung. Bei Michail Glinkas Vertonung des Gedichts *Ich erinnere mich des wundervollen Augenblicks* von Alexander Puschkin »hat Iwan Sergejewitsch mir immer wieder den Finger in die Schulter gedrückt, damit ich nachdrücklicher spiele«, erinnert sich Maria Tolstaja. »Und ich habe erwidert: ›Wie soll ich denn mit Nachdruck spielen, wenn Sie keine der Noten richtig singen!‹

›Ach, Maria Nikolajewna‹, antwortet Iwan Sergejewitsch mit einem Seufzen, ›was soll ich denn machen? Ich weiß ja, dass das, was ich hervorbringe, kein Gesang, sondern nur ein Grunzen ist!‹«

»Mascha ist vollkommen verzückt von Turgenjew«, berichtet Nikolaj Tolstoj seinem Bruder Lew im November 1854, und auf Französisch fügt er beunruhigt hinzu: »*mais Marie ne connaît pas le monde et elle peut bien se tromper sur le compte d'un homme d'esprit comme Tourguénieff.*« (»aber Maria kennt die Welt nicht und kann sich hinsichtlich eines Mannes mit so viel Esprit wie Turgenjew leicht täuschen.«)

Aus Petersburg, wo Turgenjew den Winter verbringt, schreibt er dem Ehepaar Tolstoj: »Ich denke sehr oft an Sie beide und an die Tage, die wir miteinander verbracht haben. Wir kennen uns ja noch nicht allzu lange, doch sind wir schon sehr eng verbunden, wie mir scheint, und ich hoffe, dass wir im Verlaufe des nächsten Sommers noch bessere Freunde werden.«

Der überflüssige Mensch und die »Turgenjew'sche junge Frau«

»Für den Frühling, Sommer und Herbst habe ich sehr viele Pläne für neue literarische Werke, die ich gern mit Ihnen erörtern und zu denen ich gern Ihr Urteil hören würde«, schreibt Turgenjew am 2. März 1855 an Maria Tolstaja. Und da er wohl von ihr selbst über die beginnenden Schwierigkeiten in ihrer Ehe weiß, legt er ihr ans Herz: »Ich bitte Sie, Gräfin, auf Ihre Gesundheit zu achten und sich nicht Ihrer Neigung zu Schwermut und finsteren Gedanken hinzugeben. Die Schwermut ist so etwas wie der Tod, aber im Leben gibt es nichts Besseres als das Leben selbst, wie schwer auch immer es gerade sein möge.«

Im Sommer 1855 arbeitet Iwan Turgenjew an seinem ersten Roman, *Rudin*, der, wie viele seiner Romane, das Leben des russischen Landadels in seinen *Adelsnestern* – so der Titel eines seiner späteren Romane – zum Thema hat. Kaum ist ein Kapitel fertiggestellt, eilt der Schriftsteller nach Pokrowskoje, um es dem Ehepaar Tolstoj in einer Lesung zu präsentieren. Natürlich liest Turgenjew nur für Maria und nicht für ihren gelangweilten Gatten, den die Literatur ermüdet.

Dmitri Rudin, ein Idealist und Träumer, ist einer jener »überflüssigen Menschen«, die Turgenjew zu Protagonisten seiner Werke macht. Ein Vertreter der russischen Intelligenzija, der eine solide philosophische Bildung durch ein Studium an der Berliner Universität erhalten hat. Die Freunde des Schriftstellers erkennen in ihm Michail Bakunin, zugleich ist Rudin aber in gewisser Weise auch ein Selbstporträt Turgenjews und erinnert an andere Zeitgenossen, »die vor nicht allzu langer Zeit noch an der Spitze der intellektuellen und existentiell wichtigen Bewegung standen«.

Als Rudin, ein Mann von fünfunddreißig Jahren, mit leicht gebeugtem Gang und etwas schiefem, aber ausdrucksstarkem und klugem Gesicht, in einem abgetragenen und zu engen Anzug, der davon zeugt, dass seine Mittel begrenzt sind, auf dem Landgut der wohlhabenden Gutsbesitzerin Darja Lassunskaja erscheint, nimmt er die gesamte dort anwesende Gesellschaft mit seinem glänzenden Verstand und seiner Beredsamkeit für sich ein. »Rudin beherrschte die wohl größte Kunst, die Kunst der schönen Rede. Er vermochte es, alle Saiten des Herzens zum Schwingen und Klingen zu bringen, indem er nur eine einzige anschlug.« In seinen philosophischen Reden über den Sinn des Lebens, über die Berufung des Menschen, sich für das Wohl der Menschheit einzusetzen, ist Rudin einfach unwiderstehlich. Gleichwohl ist er trotz all seiner Klugheit, seines Wissens und Strebens nicht imstande, seine hohen Ideale mit Leben zu füllen und umzusetzen. Dazu fehlt es ihm an Willenskraft,

Charakter und Arbeitseifer. Seine abstrakte Bildung hat ihn nicht das alltägliche Leben gelehrt.

In Turgenjews Werken zeigt sich die wahre Natur des Menschen in der Liebe. Und so unterzieht er seinen widersprüchlichen, nachdenklichen Protagonisten Rudin denn auch der Prüfung durch die Liebe. Die siebzehnjährige Tochter der Hausherrin, Natalja, verliebt sich in ihn, den sie für einen Helden hält und für den sie sogleich bereit ist, alle erdenklichen Opfer zu bringen.

Obgleich ihre Mutter gegen die Heirat mit Rudin ist, wäre Natalja bereit, für ihre Liebe alles zu riskieren, aber Rudin vermag der Mutter keinerlei Widerstand entgegenzusetzen. Dies öffnet Natalja die Augen, sie erkennt, dass sie sich in ihm getäuscht hat. »Hätten Sie mir gesagt«, erklärt sie ihm, »›ich liebe dich, aber ich kann dich nicht heiraten, weil ich dir keine Zukunft bieten kann, reich mir die Hand und komm mit mir‹ – so wäre ich mit Ihnen gegangen und hätte alles gewagt!«

In seinem Abschiedsbrief an Natalja fällt Rudin über sich selbst ein gnadenloses Urteil: »Beim ersten Hindernis gehe ich gleich in die Knie. Das zwischen uns Vorgefallene bestätigt dies. Hätte ich meine Liebe wenigstens meiner Berufung oder einer wichtigen Aufgabe zum Opfer gebracht. Aber ich bin einfach nur erschrocken über die Verantwortung, die ich auf mich nähme und deshalb bin ich Ihrer nicht würdig.«

Die Figur der Natalja Lassunskaja ist inspiriert von realen Frauenpersönlichkeiten wie Tatjana Bakunina und Olga Turgenjewa, sie ist eine jener »Turgenjew'schen jungen Frauen«, die ihr Recht auf eine eigene Stimme einfordern. Sie wollen selbst entscheiden, wen sie lieben, und eine Ehe nicht mit einem Mann eingehen, der von anderen für sie ausgewählt wurde. Dies ist der Beginn der Emanzipation der Frau in Russland; wenig später treten Frauen auf die Bühne des gesellschaftlichen Lebens, die lautstark ihr Recht auf höhere Bildung und Berufstätigkeit einfordern.

Kindheit und Jugend verbringen die Frauenfiguren Turgenjews auf abgelegenen Landgütern, in der Natur, sie sind belesen und haben ein ausgefülltes inneres Leben. Ihre Liebe schenken sie jenem, der sich und sein Leben einem hohen Ideal zu widmen bereit ist. Ihrem Wesen ist eine natürliche Zartheit ebenso inne wie Entschiedenheit und Freiheitsliebe und die Bereitschaft, dem Ruf ihres Herzens gegen alle nur erdenklichen Hemmnisse und veralteten Normen der konservativen Gesellschaft zu folgen.

Auch der Austausch mit Maria Tolstaja hat das Bild Natalja Lassunskajas beeinflusst. »Ich bin Ihnen sehr dankbar für alles, was Sie mir über den Charakter Nataljas schreiben«, antwortet Turgenjew auf einen nicht erhalten gebliebenen Brief Maria Tolstajas. »All Ihre Anmerkungen sind berechtigt, ich nehme sie zur Kenntnis und werde die gesamte letzte Szene mit der Mutter entsprechend umarbeiten. Nochmals danke für Ihren Brief. In Herzensangelegenheiten sind Frauen unbestechliche Richter – wir Männer sollten auf sie hören.«

Wenn er bei den Tolstojs ist, erkundigt Turgenjew sich stets nach Marias Bruder Lew Tolstoj. Im Herbst 1853 hatte der Krimkrieg zwischen Russland und dem Osmanischen Reich begonnen, und der Artillerieoffizier Lew Tolstoj nimmt teil an der nahezu ein Jahr dauernden Verteidigung der von den alliierten französisch-britischen Truppen belagerten Stadt Sewastopol auf der Halbinsel Krim. Buchstäblich unter Bombenhagel entstehen seine *Sewastopoler Erzählungen*, die Turgenjew überaus schätzt. »Ihre Schwester hat Ihnen sicher von meiner hohen Meinung über Ihre Begabung berichtet«, schreibt Turgenjew dem zehn Jahre jüngeren Schriftstellerkollegen, »und wie viel ich von Ihnen noch erwarte. … Die Vorstellung, wo Sie sich gerade befinden, ist erschreckend, doch zugleich freue ich mich für Sie über das Eindrucksvolle, das Sie dort erlebt haben. Sie haben ausreichend bewiesen, dass Sie kein Feigling sind, aber die Karriere beim Militär ist nichts für Sie. Ihre Be-

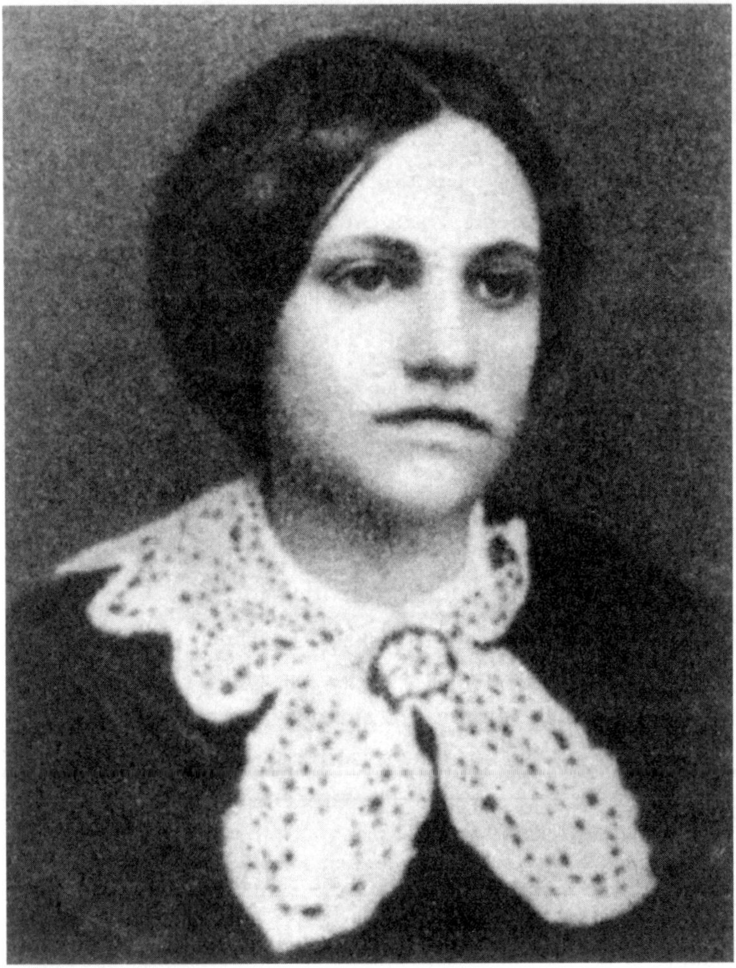

Abb. 18: Die Schwester von Lew Tolstoj, Maria Tolstaja.

stimmung ist es, Schriftsteller, Künstler des Gedankens und des Wortes zu sein.«

Am 21. November 1855 erscheint Lew Tolstoj unerwartet bei Turgenjew in Sankt Petersburg, der ihn als Gast aufnimmt und ihm die Türen zur literarischen Welt öffnet. »Er ist aus Sewastopol zurückgekehrt, ist bei mir untergekommen und hat sich dem lockeren Leben hingegeben«, so Turgenjew. »Trinkgelage, Zigeunerinnen, Karten die ganze Nacht. Dann schläft er bis zwei Uhr nachmittags wie ein Toter.«

Zunächst verstehen die beiden Schriftsteller sich gut, aber schon bald begreifen sie, dass sie, ungeachtet der beiderseitigen Sympathie, »allzu verschieden sind«, und Tolstoj sucht sich eine andere Bleibe. Mehrmals kommt es in der Folge zu heftigen Auseinandersetzungen zwischen ihnen. So ruft Tolstoj einmal nicht nur Turgenjews Empörung hervor, als er auf einer Abendgesellschaft bei Nikolaj Nekrassow, in dessen Kreis ein regelrechter Kult um George Sand herrscht, erklärt, man müsste die Heldinnen der Romane der Schriftstellerin, wenn sie tatsächlich existierten, als Mahnung für die Bevölkerung auf den Schandwagen binden und durch die Straßen Petersburgs fahren. Die Auseinandersetzungen und Versöhnungen zwischen Turgenjew und Tolstoj werden sich bis hin zu jenem berühmt gewordenen Streit im Jahr 1861, der fast mit dem Duell der beiden Schriftsteller endet und erst siebzehn Jahre später beigelegt wird, vielfach wiederholen.

Nach dem Tod Zar Nikolajs I. am 18. Februar 1855, der das monarchische Prinzip mit brutalen polizeistaatlichen Maßnahmen verteidigt hatte, besteigt sein Sohn Alexander II. den Zarenthron und beendet mit der Unterzeichnung des Friedensvertrags im März 1856 in Paris den Krimkrieg. Anschließend wird auch das allgemeine Reiseverbot ins Ausland aufgehoben, das während des Kriegs galt, und im Juni 1856 erhält Turgenjew in Spasskoje den beantragten Pass.

Die Gefühle des Schriftstellers für Maria Tolstaja scheinen über den Winter, den er in Sankt Petersburg verbracht hat, etwas erkaltet zu sein. Er ist nun entflammt für die Gräfin Jelisaweta Lambert, deren Bekanntschaft er kurz vor seiner Abreise auf sein Landgut gemacht hat. In einem Brief an sie äußert er sich nicht sehr galant über Maria: »Ich werde hier kaum in Gesellschaft sein, außer vielleicht jener der Gräfin Tolstaja, der Schwester des Schriftstellers, einer sehr liebenswürdigen Dame, die allerdings sehr unschöne Hände hat, und für mich bedeutet dies nicht unbedingt alles, aber doch sehr viel.«

Doch als er Tolstaja wiedersieht, verspürt Turgenjew doch wieder das Bedürfnis nach engem Kontakt. Ihre Freundschaft, so Maria Tolstaja, »ist noch fester geworden«. Turgenjew besucht sie in Pokrowskoje, Maria besucht ihn, gemeinsam mit ihrem Mann, aber auch allein, in Spasskoje. Einmal bleibt sie gar für eine ganze Woche – ein für eine verheiratete Frau im 19. Jahrhundert durchaus ungewöhnliches Verhalten, das von ihrer Unabhängigkeit zeugt.

»Einmal las er ihr aus Puschkins *Eugen Onegin* vor«, erinnert sich Tolstajas Tochter Jelisaweta, »er küsste ihr die Hand, aber sie zog sie zurück mit den Worten: ›Ich bitte Sie …‹.« Hier folgt eine Auslassung im Text, aber der weitere Fortgang der Szene kann aus der Briefnovelle *Faust* erschlossen werden, in der Turgenjew seine Beziehung zu Maria Tolstaja literarisch verarbeitet. »Einmal allerdings ist etwas Eigenartiges zwischen uns geschehen. Ich … erinnere mich, wir lasen gerade den *Onegin*, dass ich ihr die Hand küsste. … Sie errötete plötzlich, stand auf und ging hinaus. An diesem Tag glückte es mir nicht mehr, mit ihr allein zu sein. … Am nächsten Morgen schlug sie mir vor, im Garten spazieren zu gehen. Wir durchquerten ihn …, und unvermittelt, ohne sich mir zuzuwenden, flüsterte sie: ›Bitte tun Sie das in Zukunft nicht mehr!‹ und begann gleich darauf, mir etwas zu erzählen. Ich war sehr beschämt.«

Maria Tolstaja erinnert sich an die Entstehung von *Faust*: »Wenn wir disputierten, so meist über die Poesie. Seit meiner Kindheit mochte ich keine Gedichte und las sie auch nicht. Mir schien, und so sagte ich es ihm auch, sie seien aus der Luft gegriffene Werke, viel schlechter als Romane, die ich auch nur selten las und nicht mochte. Weil er so ausgezeichnet vorlas, entwickelte sich unter seinem Einfluss mein Geschmack und mein Verständnis für die Literatur, und ich änderte in vielerlei Hinsicht meine Ansichten, las vieles ein zweites Mal und dies sogar mit Leidenschaft. Aber den Dichter Fet konnte ich nicht schätzen und seine Schönheit nicht begreifen. Einmal ging ein langer und heftiger Disput darüber in Vorwürfe über und wurde persönlich. Und plötzlich sah ich, wie Turgenjew aufsprang, seinen Hut ergriff und, ohne sich zu verabschieden, von der Terrasse nicht zurück ins Haus ging, sondern direkt in den Garten hinuntersprang. Ich erschrak, denn es gab keine Treppe und es war doch einigermaßen hoch. Aber aufgrund seiner Größe kam er heil unten an. Nach zwei oder drei Wochen, mein Mann und ich hatten schon nicht mehr mit einem Besuch von ihm gerechnet, erschien er unerwartet in sehr aufgeräumter Stimmung und ohne jeglichen Anflug von Verärgerung. ›Warum sind Sie so lange nicht aufgetaucht?‹, fragten wir ihn. ›Ach, wissen Sie, das war reines Kalkül. Man schreibt nie so gut wie in Wut, man arbeitet niemals so beflügelt, wie wenn man verärgert ist. Als ich verspürte, dass in mir Ärger aufkommt, bin ich rasch gegangen, um dieses Gefühl nicht zu entschärfen und es zu nutzen. Ich hatte schon lange vor, eine kleinere Sache zu schreiben. Und nun habe ich sie geschrieben. Wenn Sie mögen, lese ich sie Ihnen heute Abend vor.‹ An jenem Abend las er uns sein neues Werk vor. Es trug den Titel *Faust*.«

»Entbehren sollst du, sollst entbehren.« Dieses Zitat aus Johann Wolfgang von Goethes *Faust* hat Turgenjew seiner gleichnamigen Briefnovelle vorangestellt. Turgenjews Alter Ego, Pawel B., kehrt nach Studium und verschiedenen Reisen nach neun Jahren der Abwesenheit »in sein altes Nest zurück«. Die Stimmung der Novelle entspricht der Verfasstheit Turgenjews während der Arbeit an *Faust*. »Als Sie mich kannten, träumte ich noch vom Glück, wollte nicht lassen von der Hoffnung«, gesteht der Schriftsteller Maria Tolstaja. »*Faust* habe ich in einer Zeit des Umbruchs geschrieben, an einem Wendepunkt in meinem Leben. Meine ganze Seele begehrte auf in einem letzten Feuer der Erinnerungen, Hoffnungen, Jugend.«

Wie der Autor selbst spürt der Verfasser der Briefe, dass seine Jugend Vergangenheit ist, wird geplagt von der Furcht, allein zu bleiben, sein Leben schlecht eingerichtet zu haben, und sehnt sich nach Glück. In dieser Krise der Lebensmitte begegnet er seiner Jugendliebe Vera wieder, die nun als Ehefrau auf dem benachbarten Landgut lebt. Vera ist innerlich und äußerlich unverändert, »als habe sie all die Jahre im Schnee gelegen«. Sie lässt sich nicht zu Gefühlen hinreißen, ihr Leben ist ganz von der Vernunft bestimmt. Wie Maria Tolstaja liebt Vera die Literatur nicht, von der sie die Mutter ferngehalten hatte, da sie »die Einbildungskraft wecken« könne. Als Pawel beginnt, ihr Goethes *Faust*, sein Lieblingswerk, vorzulesen, wird ihre Leidenschaft geweckt, und dies führt schließlich zum tragischen Ende. Vera erwacht aus ihrem innerlichen Dämmerzustand und erkennt, dass sie Pawel liebt.

Nach dem gegenseitigen Geständnis ihrer Liebe treffen sie sich heimlich in einem chinesischen Teepavillon, in dem zuvor die gemeinsame Lektüre des *Faust* stattgefunden hatte, »und da – bis heute weiß ich nicht, kann ich nicht begreifen, wie es zugegangen ist – fanden wir uns plötzlich in gegenseitiger Umarmung wieder. Eine unsichtbare Kraft warf mich zu ihr und sie zu mir. Beim verlöschenden Licht des Tages erstrahlte auf ihrem Gesicht mit den zurückgeworfenen Locken einen Augenblick lang ein selbstvergessenes zärtliches Lächeln und unsere Lippen verschmolzen zu einem Kuss. Dieser Kuss war der erste und einzige.«

Ihre Liebe »schien nur einmal kurz auf, wie ein Blitz, und wie ein Blitz brachte sie Tod und Verderbnis«. Vera erkrankt schwer und spricht im Fieberwahn von Goethes *Faust* und von der Mutter, die sie zur Entsagung erzogen habe. Bald stirbt sie. Pawel fühlt sich schuldig am Tod dieses »wundervollen Wesens«, da er nicht geflohen ist, als er spürte, dass er eine verheiratete Frau liebt, sondern blieb. Er kommt zum traurigen Schluss: »Das Leben ist kein Scherz und keine Spielerei, das Leben ist nicht einmal ein Vergnügen … Das Leben ist schwere Arbeit. Entsagung, immerwährende Entsagung – das ist sein verborgener Sinn, das ist die Lösung seines Rätsels.«

Die Liebe hat Vera zu einem anderen Menschen gemacht. Aber sie ist zerbrochen an dem Konflikt zwischen ihrem Streben nach Glück und dem Diktat der »eisernen Fesseln der Pflicht«. Das Alte, von dem sie fortstrebt, hat sie eingeholt.

Im realen Leben gab es jenen ersten und einzigen Kuss nicht. Aber es gab eine symbolische Liebeserklärung Turgenjews an Maria Tolstaja, von der diese ihrer besten Freundin berichtet: »Heute, Katja, fiel mein Taschentuch herunter, und als ich mich hinunterbeugte, um es aufzuheben und mit den Ellenbogen aufgestützt dasaß, sah ich, dass er es aufhob und zu seinen Lippen führte.« Maria Tolstaja sieht darin eine Liebeserklärung an eine Frau, die gebunden ist durch die Ehe, für Turgenjew ist es ein Abschied. Im Juli 1856 reist er nach Frankreich ab.

Im Sommer 1857 teilt Maria Tolstaja Turgenjew in einem Brief mit, sie habe sich von ihrem Mann getrennt. Sie hatte seine ständigen Affären nicht mehr hinnehmen wollen, alle bigotten Gesetze der Moral ihrer Zeit übergangen und ihn mit den Kindern verlassen. Ob sie von Turgenjew erwartet, er werde, nun, da sie frei ist, zu seiner Liebe zu ihr stehen? Seine Antwort ist ernüchternd: »Ich bleibe Ihr Freund, solange ich lebe«, schreibt er ihr.

Maria Tolstaja reist mit den Kindern ins Ausland. In der Schweiz lernt sie, die immer noch verheiratet ist, den Vicomte Héctor de Klaine kennen, mit dem sie fortan zusammenlebt. 1863 wird die gemeinsame Tochter Jelena geboren. Die Eltern des Vicomte sind gegen eine Heirat mit Maria Tolstaja, und es kommt zur Trennung. 1874 stirbt de Klaine. Nach dem Tod des Sohnes Nikolaj im Jahr 1879 findet Maria Tolstaja Trost im Glauben und tritt 1891 in das Optina-Kloster ein. Dort zeigt sie einmal der Tochter Jelena das Foto des zu jener Zeit bereits verstorbenen Iwan Turgenjew: »Wenn er nicht ein Mensch gewesen wäre, der nur einmal lieben kann und Pauline Viardot nicht so sehr geliebt hätte, hätten wir glücklich werden können und ich wäre keine Nonne geworden. Aber wir gingen auseinander, weil Gott es so wollte. Er war ein wundervoller Mensch und ich gedenke seiner ohne Unterlass.«

6. Am Rande eines fremden Nestes

Zigeunerleben

Im September 1856 ist Iwan Turgenjew wieder in Courtavenel im Kreis der Familie Viardot. »Ich bin hier auf dem Lande und genieße das *far niente* und die Jagd«, schreibt er Alexander Herzen. Die Tage fliegen dahin in Geselligkeit, gemeinsamem Lesen, Erzählen, Musizieren. Pauline Viardot hat auf dem Dachboden des Schlosses ein kleines Theater eingerichtet, auf dessen Bühne Opern und Theaterstücke französischer Klassiker wie Molière und Racine zur Aufführung kommen. Joaquina Sitches ändert ihre alten Kostüme, und alle Gäste, auch die Kinder, spielen mit, bisweilen übernimmt sogar die Hausherrin selbst eine Gesangspartie, so einmal den Don Basilio in Mozarts *Figaros Hochzeit*. »Théâtre de pommes de terre«, »Kartoffeltheater«, ist der Name dieser ergötzlichen Schaubühne, denn als Eintrittsbillett gilt eine Kartoffel, die zuvor auf dem Feld gesammelt worden ist. Wenn man nicht mit Proben für eine neue Aufführung beschäftigt ist, spielt man Jeux d'esprit, »geistreiche Spiele«, die besonders beliebt sind. Turgenjew berichtet seinem Freund, dem Kritiker und Publizisten Wassili Botkin davon: »Jeder Tag erschien wie ein Geschenk – eine natürliche, von uns gänzlich unabhängige Vielfalt durchpulste unser Leben. Wir spielten Szenen aus Komödien und Tragödien (NB: Meine Tochter war sehr reizend als Racines *Iphigenie*. Ich in sämtlichen Rollen extrem schlecht, was jedoch dem Genuss nicht im mindesten Abbruch tat), wir spielten alle Sonaten und Symphonien Beethovens (alle Sonaten erhielten, von uns gemeinsam, Namen) – und was wir noch gemacht haben: ich zeichnete fünf oder sechs Profile, die mir – ich will nicht sagen: in den Kopf – in die Feder kamen; und jeder schrieb unter jedes Profil, was er darüber dachte. Dabei kamen sehr amüsante Dinge heraus – und Mme Viardot war selbstverständlich immer die klügste, sicherste und genaueste von allen. – Ich habe die Skizzen aufgehoben und einige von ihnen (d. h. einige Charakteristiken) werde ich in künftigen Romanen verwenden. Mit einem Wort, uns ging es gut – wie den Forellen im klaren Bach, wenn die Sonne darauf steht und die Wellen durchdringt. ... Es geht ihnen dann gut, davon bin ich überzeugt.«

Die hier beschriebene heitere Stimmung kann jedoch nicht darüber hinwegtäuschen, dass Turgenjew sich zu jener Zeit in einer Lebenskrise befindet, in der er von seinem Streben nach Glück Abschied nimmt. Davon zeugt die Erzählung *Ein Briefwechsel*, die er ein Jahr nach der ersten Begegnung mit Pauline Viardot-García begonnen und an der er bis 1854 gearbeitet hatte. Die zweite in der epistolaren Form verfasste Erzählung erscheint ebenso wie *Faust* im Jahr 1856. Auch sie handelt von der Tragik der Liebe, die Turgenjew als eine Elementarkraft beschreibt, der die Menschen schutzlos ausgeliefert sind.

Ein Briefwechsel besteht aus einem Bündel von fünfzehn Briefen, die der dreißigjährige, in Dresden an der Schwindsucht verstorbene Russe Andrej Petrowitsch dem Erzähler übergeben haben soll. Ein Hauptthema des Briefwechsels ist die Liebe Alexejs zu einer Tänzerin, der er, seit jener schicksalhaften Minute, da er sie zum ersten Mal auf der Bühne sah, wie ein Sklave hörig ist, »so wie ein Hund seinem Herrn gehört«. Er erkennt:

»Die Liebe ist nicht einmal ein Gefühl, sie ist eine Krankheit, ein bestimmter Zustand von Seele und Körper; sie entwickelt sich nicht allmählich; man kann an ihr nicht zweifeln, man kann kein falsches Spiel mit ihr treiben, obwohl sie nicht immer auf die gleiche Weise zutage tritt; gewöhnlich bemächtigt sie sich eines Menschen, ohne um Erlaubnis zu fragen, unvermittelt, gegen seinen Willen – genau wie Cholera oder Fieber. … Sie schnappt ihn sich, wie der Geier ein Hühnchen, und trägt ihn, wohin sie will, wie sehr er sich auch wehrt und sträubt. … In der Liebe gibt es keine Gleichheit, keine sogenannte freie Vereinigung von Seelen und anderen Idealitäten, die sich deutsche Professoren in ihren Mußestunden ausgedacht haben. … Nein, in der Liebe ist eine Person der Sklave und die andere der Gebieter, und nicht umsonst sprachen die Dichter von den Ketten, die die Liebe auferlegt. Ja, die Liebe ist eine Kette, und zwar die allerschwerste. Jedenfalls bin ich zu dieser Überzeugung gelangt, und zwar durch Erfahrung, ich habe diese Überzeugung um den Preis meines Lebens gekauft, daher sterbe ich als Sklave.«

Die Liebesgeschichte des Russen Alexej zur Tänzerin ist stark autobiographisch gefärbt. Im ersten Entwurf besaß die Tänzerin starke Ähnlichkeit mit Pauline Viardot, deshalb wird Turgenjews Erzählung als literarische Verarbeitung seiner Beziehung zu der Sängerin gesehen.

Vor seiner Abreise aus Russland hatte der Schriftsteller seiner neuen Vertrauten Jelisaweta Lambert geschrieben: »Die Erlaubnis zur Reise ins Ausland freut mich. Zugleich aber kann ich nicht verleugnen, dass es besser wäre, ich führe nicht. In meinem Alter ins Ausland zu reisen bedeutet, sich endgültig für ein Zigeunerleben zu entscheiden und alle Gedanken an ein Familienleben aufzugeben. Ich rechne nicht mehr darauf, dass es für mich so etwas wie Glück gibt. … Wenn ich meine Vergangenheit betrachte, so scheint es, dass ich nichts getan habe, als Schimären hinterherzujagen. Don Quichotte hat wenigstens an die Schönheit seiner Dulcinea geglaubt, die Don Quichottes unserer Tage jedoch sehen, dass Dulcinea hässlich ist, und rennen ihr doch hinterher.«

Als Turgenjew klar wird, dass er keine Beziehung zu einer Frau eingehen kann oder will, die in Ehe und Familienleben mündet,

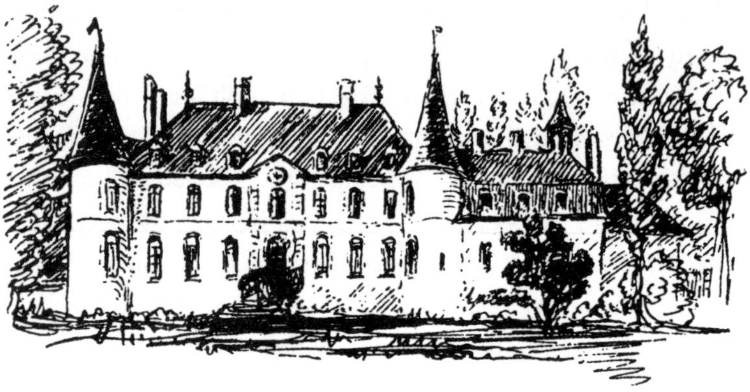

Abb. 19: Schloss Courtavenel, der Landsitz der Familie Viardot und die »Wiege der Berühmtheit« von Iwan Turgenjew als Schriftsteller. Zeichnung von Pauline Viardot-García.

wird er Teil der Familie Viardot. Das ist eine ungewöhnliche Konstellation, die immer wieder zu Vermutungen und Gerüchten geführt hat. Aber die drei Hauptpersonen stehen über den Dingen. Pauline Viardot-García nimmt sich die Freiheit, ihr Leben entgegen den herrschenden Konventionen so zu gestalten, wie es ihr entspricht, und die Entschiedenheit, mit der sie zu ihrem ungewöhnlichen Leben steht, irritiert all jene, die nicht gewohnt sind, über die von der Gesellschaft gesetzten Schranken der Konvention hinauszudenken.

In den sechs Jahren, die Turgenjew in Russland ist, hat auch Pauline Viardot Schicksalsschläge zu bewältigen. Am 16. April 1851 findet an der Opéra in Paris die Uraufführung der Gounod-Oper *Sapho* statt. Das Werk des jungen Komponisten, das dieser in späteren Jahren noch zwei Mal umarbeitet und das erst 1887 seine endgültige Form erhält, lässt an Erfolg zu wünschen übrig. Manche Kritiken sind, besonders hinsichtlich des Gesangs der Hauptdarstellerin in der Rolle der antiken Dichterin, wohlgesinnt, andere verreißen das Werk und die Sängerin. Über hundert Mal hat Pauline Viardot-García als Fidès in Meyerbeers *Der Prophet* auf der Bühne gestanden, als Sapho tritt sie nach sechs Aufführungen ab und übergibt die Partie an eine Kollegin. Nach weiteren drei Aufführungen wird die Oper vom Spielplan genommen. Auch im Londoner Covent Garden Theatre im August fällt Gounods Werk durch. »Noch nie haben wir Madame Viardot in einer langatmigeren und ermüdenderen Partie gesehen«, schreibt die Londoner *Times*. »Das beständige Bemühen um Effekt verhindert diesen. Die Bewegungen und Posen der Sängerin wirkten einstudiert und künstlich.«

Tatsächlich scheint die Sängerin in jenem Jahr eine stimmliche Krise durchzumachen, die auch ihren Verehrern nicht verborgen bleibt. Matwej Wielhorski notiert nach seinem Besuch der Oper *Der Prophet* im Juli 1851: »Fr. Viardot war nicht bei Stimme, weshalb auch die wichtigste Szene keinerlei Eindruck bei mir hinterlassen hat. Mir scheint, ihre Stimme ist kraftlos und bräuchte ein oder zwei Jahre, um sich zu regenerieren.«

Nach dem Misserfolg der Oper Gounods verschlechtert sich das Verhältnis der Viardots zum Komponisten, in dem die Sängerin »den Mozart unserer Zeit« gesehen hatte. Die Ursache dafür liegt allerdings nicht nur im Scheitern des von Pauline Viardot initiierten Opernprojekts, sondern auch in persönlichen Missverständnissen begründet. Zum endgültigen Bruch kommt es nach der Eheschließung Gounods mit Anna Zimmermann im Jahr 1852. Pauline Viardot-García ist mit der Familie des Klavierpädagogen und Komponisten Pierre-Joseph-Guillaume Zimmermann, zu dessen Schülern neben Charles Gounod auch die späteren Komponisten Georges Bizet und César Franck gehören, seit ihrer Kindheit bekannt, und es mutet seltsam an, dass die Viardots nicht zur Hochzeit eingeladen werden. Dass das Hochzeitsgeschenk der Sängerin, ein wertvolles goldenes Bracelet, zurückgewiesen wird, empfindet

Louis Viardot als Affront. »Sie sind zweifellos ein großer Musiker und werden viele Bewunderer haben«, schreibt er Charles Gounod am 1. Juli 1852, »aber ich bezweifle, dass Sie auch Freunde haben werden.«

Die Angelegenheit klärt sich auf, als Gounod Paulines väterlichen Freund Ary Scheffer ins Vertrauen zieht und ihm von einem anonymen Brief an die Zimmermanns berichtet, in dem behauptet wird, er, Charles Gounod, sei der Vater von Paulines Tochter Claudie, die am 22. Mai 1852 geboren wurde. In einem Brief bittet Gounod die Viardots um Entschuldigung für sein Verhalten, gleichwohl ist das gegenseitige Vertrauen unwiederbringlich erschüttert.

»Ich habe G(ounod) aufrichtige Gefühle der Freundschaft entgegengebracht«, schreibt Iwan Turgenjew, dem die Sängerin offensichtlich von der unerfreulichen Angelegenheit berichtet hat, im August 1852 aus Spasskoje, »obgleich mir einige seiner Charakterzüge, die ich seiner jesuitischen Erziehung zugeschrieben habe, nicht verborgen geblieben sind. Aber dass er sich Ihnen gegenüber als so undankbar erweisen würde! Derart zu handeln, wie er es tat, ist ungeheuerlich. Es ist bedauerlich, dass derartige Dinge sogar die Vergangenheit zu trüben vermögen. Es widerstrebt mir, an die Zeit zu denken, da ich Zeuge war, wie er am ersten Akt der *Sapho* arbeitete.« Fast zwanzig Jahre später erst, 1870, als die Viardots und Gounod sich in London wiederbegegnen, kommt es zur Versöhnung.

Zu den stimmlichen Kalamitäten der Sängerin und der privaten Enttäuschung kommt die Veränderung der politischen Situation in Frankreich, die ihre berufliche Situation erneut erschwert. Seit Dezember 1851 herrscht in Frankreich die Reaktion. Kurz vor dem Ende seiner Amtszeit als Staatspräsident führt Louis Napoleon Bonaparte in der Nacht des 1. Dezember mit Hilfe des Militärs einen lange vorbereiteten und blutigen Staatsstreich durch, entmachtet die Nationalversammlung und nimmt den quasimonarchistischen Titel »Prince-Président« an. Ein erfolgreiches Plebiszit über eine neue Verfassung verleiht ihm diktatorische Vollmachten. Ein Jahr später lässt sich der Neffe Napoleons als Napoleon III. zum Kaiser krönen.

Die Gendarmen des Putschisten machen Jagd auf die Feinde des neuen Regimes. Zu ihnen gehört als bekennender Republikaner Louis Viardot. Das Haus in der Rue de Douai wird auf der Suche nach verdächtigen Schriften bei einer Hausdurchsuchung auf den Kopf gestellt. Briefe der Revolutionäre Daniele Manin, des »letzten Dogen«, unter dessen Führung 1848 in Venedig die von Österreich unabhängige Repubblica di San Marco proklamiert worden war, und Lajos Kossuth, des Anführers der Ungarischen Unabhängigkeitserhebung gegen Österreich, der bis heute als Nationalheld gilt, werden beschlagnahmt. Briefe der politisch ebenso wie Louis Viardot verdächtigen Schriftstellerin George Sand bleiben unbeachtet, weil sie mit dem vertraulichen Namen »Ninounne« unterzeichnet sind.

Ein weiteres Mal verunmöglicht die Politik, dass die Sängerin ihrer Profession nachgehen kann. Ihr Vertrag mit der Opéra wird gelöst, und sie wird fast das ganze folgende Jahr nicht auf die Opernbühne zurückkehren, sondern lediglich einige Konzertreisen nach England, Schottland sowie in deutschsprachige Länder unternehmen.

Seit über zehn Jahren hat sie nun auf allen wichtigen internationalen Opernbühnen Erfolge gefeiert und dabei an sich und ihrer Stimme Raubbau betrieben, so dass das mehr oder weniger erzwungene Pausieren, auch nach der Geburt des zweiten Kindes im Mai 1852, ihr und ihrer Stimme sicherlich zuträglich ist. Doch sieben Jahre nach ihrem letzten Gastspiel, das sie wegen Erkrankung abbrechen musste, kehrt sie nun ein letztes Mal nach Russland zurück, da ihr in Frankreich der Auftritt auf der Opernbühne verwehrt bleibt.

In Sankt Petersburg ist Pauline Viardot-García Legende. Alle wollen sie hören, man reißt sich um die Billetts. Das Publikum feiert sie, aber mancher, der sie von früher kennt, ist enttäuscht. »Ihre Stimme hat in den Jahren, die sie nicht in Russland war, an Frische und Zauberkraft verloren«, schreibt der Dichter Alexander Jachontow, der beim Petersburger Debüt der Sängerin zehn Jahre zuvor von ihrem Gesang ganz in Bann gezogen war. »Ich hörte sie und dachte – es ist die gleiche wie einst und doch nicht dieselbe.«

In den nächsten Jahren kehrt Pauline Viardot nur in den Pausen zwischen den Gastspielen nach Frankreich zurück. »In Paris zu sein«, klagt sie ihrer »Ninounne«, »wo ich mich so wenig gebraucht fühle, erniedrigt mich zutiefst.« Aber mit ihren Kenntnissen in der Gesangs- und Darstellungskunst wird die Sängerin sehr wohl auch in Frankreich gebraucht. Mitte der 1850er Jahre nimmt sie eine Tätigkeit als Gesangspädagogin auf. Eine ihrer ersten Schülerinnen ist Désirée Artôt de Padilla, die nach zwei Jahren Unterricht bei der strengen Lehrerin 1858 an der Grand Opéra in Paris mit der Partie der Fidès in Meyerbeers *Der Prophet* reüssiert.

Am 15. März 1854 wird die dritte Tochter der Viardots, Maria Anne, geboren. Die Familie ist also größer geworden, als Iwan Turgenjew im Sommer 1856 wieder in ihren Kreis tritt. Hier begegnet er auch seiner eigenen Tochter Pelageja wieder, die seit November 1850 bei den Viardots in Frankreich lebt. Sie ist mittlerweile vierzehn Jahre alt und wird Paulinette genannt. Die Wandlung zur Französin hat sie vollkommen vollzogen, selbst die einfachsten russischen Wörter wollen ihr nicht mehr einfallen.

Das Zusammenleben gestaltet sich nicht immer einfach. Die Abneigung gegenüber der gleichaltrigen Louise, die selbst ein schwieriges Kind ist, beruht auf Gegenseitigkeit. Die Sängerin ist mit dem wilden Mädchen bisweilen überfordert, und auf Vorschlag Turgenjews wird Pelageja-Paulinette schließlich 1854 bei einer Mlle Renard in Pension gegeben, später lebt sie mit einer Gouvernante bei entfernten Verwandten Turgenjews.

Als man im Herbst 1856 wieder nach Paris übersiedelt, mietet Turgenjew eine Wohnung in der Rue Rivoli. Pauline Viardot-García schenkt dem russischen Freund für seinen Schreibtisch eine kleine bronzene Statuette eines Bären, »der auf dem Rücken liegt und sich den Wanst krault«, wie Turgenjew seinem Freund Pawel Annenkow erzählt. »Mir ist dieser Bär besonders lieb«, schreibt er weiter, »und zwar erstens, weil er mir von der einzigen Frau geschenkt wurde, die ich liebte und immer lieben werde, und zweitens, weil er durch einen seltsamen Zufall Ihnen so ähnlich sieht wie ein Ei dem anderen.«

Gleichwohl ist Turgenjew wenig heiter gestimmt. Die Beziehung zur einzigen Frau, die er liebt, ist schwierig. Seine Briefe an Pauline geben jedoch keinen Aufschluss darüber, was in jener Zeit zwischen ihnen steht. Seinem Freund Afanassi Fet, der ihn in Courtavenel besucht hatte – im Übrigen überaus unzufrieden mit der dortigen Verpflegung, weshalb er die Rückfahrt nach Paris kaum erwarten konnte, wo er hoffte, sich wieder ordentlich satt essen zu können –, hatte Turgenjew sein Leid geklagt. »Ich bin dem Willen dieser Frau ausgeliefert«, soll Turgenjew gesagt haben, wie Fet in seinen *Erinnerungen* berichtet. »Sie hat seit langem und auf immer alles andere aus meinem Leben verdrängt, und das habe ich mir selbst zuzuschreiben. Ich bin nur glücklich, wenn mir eine Frau ihren Absatz ins Genick setzt und mich mit der Nase in den Dreck stößt.«

Auch Lew Tolstoj, der Turgenjew im Frühjahr 1857 in Paris trifft, bemerkt die niedergeschlagene Stimmung des Schriftstellerkollegen und bringt sie in Zusammenhang mit der Sängerin. »Seiner unglücklichen Verbindung zu Madame Viardot und seiner Tochter wegen hält er sich hier auf, in einer Umgebung, die ihm abträglich ist. Es schmerzt, ihn so zu sehen. Ich hätte nie gedacht, dass er so zu lieben imstande ist.«

Turgenjews Stimmung wird auch durch eine schmerzhafte Blasenentzündung verfinstert. Er sucht Rat bei zahlreichen Ärzten. Das Chinin, vor der Entdeckung des Antibiotikums ein wichtiges Mittel in der Pflanzenmedizin, bringt nicht die erwünschte Linderung, und deshalb reist der Schriftsteller im Juni zu einer Kur nach Bad Sinzig. Ein Jahr lang hat er keine Zeile geschrieben und ist derart von Selbstzweifeln geplagt worden, dass er die Schriftstellerei hat aufgeben wollen. Nach einer Woche in Bad Sinzig verspürt er aber wieder Arbeitslust und beginnt die Erzählung *Asja*.

Darin berichtet der Erzähler tagebuchartig von einer schicksalhaften Begegnung, die er als Fünfundzwanzigjähriger in einem Städtchen am Rhein hatte, wohin er sich, zutiefst verletzt von einer leichtfertigen Witwe, zurückgezogen hatte. Er macht die Bekanntschaft der siebzehnjährigen ungestümen Asja, die voller Widersprüche ist und ihn ebenso befremdet, wie sie ihn mit ihrem »wilden Reiz des Ursprünglichen« anzieht. Von ihrem Halbbruder Gagin, einem »weichen, verzärtelten großrussischen Aristokraten«, erfährt der Erzähler die Geschichte der jungen Frau: Als uneheliches Kind von Gagins Vater geboren, lebte sie die ersten Jahre ihres Lebens bei der Mutter in elenden Verhältnissen und kam dann ins Gutshaus des Vaters von altem Adel. Bald begriff sie ihre »schiefe Lage« und schwor, die ganze Welt ihre Abkunft vergessen zu lassen.

Es entwickelt sich eine zarte unerfüllte Liebe zwischen Asja und dem Erzähler. Sie treffen sich fast täglich, machen Ausflüge und Spaziergänge. Unter vier Augen eröffnet Gagin dem Erzähler, dass Asja ihn liebe. Und obgleich auch der Erzähler sich seiner Gefühle für die junge Frau bewusst ist, lehnt er eine Heirat ab: »Ein siebzehnjähriges Mädchen mit ihrem Charakter heiraten! Das ist unmöglich!«

Am Tag darauf sind Gagin und Asja abgereist. »Leben Sie wohl«, schreibt Asja dem Freund, »wie werden uns nicht wiedersehen. Es ist nicht Stolz, warum ich abreise, nein, ich kann nicht anders. Hätten

Sie gestern, als ich weinte vor Ihren Augen, nur ein Wort gesagt – dann wäre ich geblieben.«

Dem Erzähler bleiben nur diese Notiz Asjas und eine vertrocknete Geranienblüte, deren Duft »alle Freuden und alle Leiden der Menschen, den Menschen selbst überlebt.« »Ich lernte danach noch andere Frauen kennen«, schreibt der Erzähler voller Trauer, »aber jenes Gefühl, welches Asja in mir erweckt hat, habe ich nicht noch einmal empfunden. Verurteilt zur Einsamkeit des Junggesellen ohne Familie lebe ich meine freudlosen Tage bis zum Ende.«

»Ich umarme Dich für dieses Werk!«, schreibt Nikolaj Nekrassow seinem Freund Turgenjew begeistert. »Es strömt geistige Jugend aus und ist ganz reine, goldene Poesie.« Auch der Schriftstellerkollege Iwan Panajew ist von *Asja* überaus angetan: »Deine Erzählung ist ganz wundervoll. Danke! Es ist, wie ich finde, deine beste Erzählung. Ich habe sie zusammen mit Grigorowitsch gelesen und er bat mich, Dir auszurichten, dass in Deinem Innern ein Veilchen blüht.«

Am 20. Juli 1857 wird in Courtavenel Paulines Sohn Paul Louis Joachim geboren. »Hurra! Hurra! Lebe hoch! Vivat! Evviva! Der kleine Paul lebe hoch! Seine Mutter lebe hoch!«, gratuliert Turgenjew überschwänglich aus Bad Sinzig. Und statt nach Russland zurückzukehren, wie er es eigentlich vorhatte, reist Turgenjew nach Courtavenel. Dort wird er recht kühl empfangen. Er freut sich über die Geburt des Knaben, der später behaupten wird, er sei Turgenjews Sohn, aber er fühlt sich wie ein ungebetener Gast im Hause. »Du siehst, dass ich wieder hier bin«, schreibt er Nikolaj Nekrassow am 24. August, »das heißt, ich habe jene Dummheit gemacht, vor der Du mich gewarnt hast. Aber anders zu handeln war unmöglich. Aber nein, nun ist es sicher: So kann man nicht leben. Lange genug habe ich jetzt am Rande eines fremden Nestes gesessen. Ein eigenes habe ich nicht – dann lieber gar keines.«

L'amitié amoureuse. Jelisaweta Lambert

Anfang Oktober 1857 reist Turgenjew mit Wassili Botkin nach Rom. »Ein dunkler Vorhang ist über mich gefallen und hat mich ganz eingehüllt«, klagt er von dort gegenüber Pawel Annenkow. »Mme Viardot«, die im Winter 1857/58 in Polen gastiert, habe wohl keine Zeit, auf seine Briefe zu antworten, bemerkt er gegenüber Pelageja-Paulinette.

In dieser Krise scheint es Turgenjew, dass »allein die Arbeit zu retten vermag«. »Bald werde ich vierzig«, schreibt er Gräfin Lambert am 3. November 1857. »Nicht nur die erste, sondern auch die zweite und die dritte Jugend sind Vergangenheit und es ist an der Zeit, endlich vernünftig zu werden oder wenigstens zu wissen, wohin ich will und was ich erreichen will. Ich kann nichts anderes sein als Schriftsteller, doch bis jetzt war ich auf diesem Gebiet eher ein Dilettant. Das wird in Zukunft anders sein.« In der ewigen Stadt spürt er die Möglichkeit, diesen Vorsatz umzusetzen. Er ist nun ein gereifter Autor. In den folgenden Jahren entstehen seine Meisterwerke *Ein Adelsnest*, *Am Vorabend* und *Väter und Söhne*. Am 22. Dezember berichtet er Gräfin Lambert, er habe ein »großes Werk begonnen, dessen Hauptfigur eine junge Frau, ein religiöses Geschöpf« sei. Die Arbeit am Roman *Ein Adelsnest* ist begonnen.

Das Adelsnest ist der Stammsitz der Familie Kalitin, ein Gut in Mittelrussland. Es ist Mittelpunkt der Provinz, hier trifft sich die weitverzweigte Verwandtschaft: anämische Damen in großer Toilette und müde Kavaliere, die im Glanz einer längst vergangenen Zeit leben.

In diese Welt kehrt Fjodor Lawrezki zurück, der Spross einer Familie von altem Adel. Während seines Studiums in Moskau war er Warwara verfallen, einer jungen, vergnügungssüchtigen Schönheit aus verarmtem Hause. Er heiratete sie und ging mit ihr nach

Paris, wo sie als umschwärmte Gastgeberin im Mittelpunkt ihres Salons stand. Als Lawrezki erfuhr, dass sie ihn betrog, kehrte er nach Russland zurück, um dort seine Vergangenheit hinter sich zu lassen und mit tätiger Arbeit seinem Volk zu dienen.

Bald verliebt er sich in die Tochter der Hausherrin Maria Kalitina. Die junge Lisa wurde von einer tiefreligiösen Amme zu der Überzeugung erzogen, das Leben fordere allein demütige Pflichterfüllung und Fügung in das Schicksal. »Sie liebte alle, aber niemanden im Besonderen. Allein Gott liebte sie schwärmerisch, schüchtern, zärtlich. Lawrezki war der Erste, der ihr Innerstes erschütterte. So war Lisa.«

Aus einer französischen Zeitung erfährt Lawrezki vom Tod seiner Ehefrau, und in ihm keimt die Hoffnung auf eine gemeinsame Zukunft mit Lisa. Das Glück währt allerdings nur wenige Stunden, dann steht die Totgeglaubte vor der Tür und fleht um Vergebung, und sei es auch nur des gemeinsamen Kindes wegen. Lisa und Lawrezki meinen, einer moralischen Pflicht folgen und entsagen zu müssen. »Es geschieht uns recht, wir wurden schnell bestraft«, sagt Lisa. Bestraft für den Glauben an persönliches Glück.

Weil er Lisa liebt, »ein reines, leuchtendes Wesen, welches in einem Glauben erzogen wurde, in dem die Liebe zu einem verheirateten Mann ein furchtbares Verbrechen ist«, kann Lawrezki nicht gegen ihre Grundsätze handeln. Lisa ihrerseits entscheidet sich, ins Kloster zu gehen. »Es war mir kein Glück beschieden. Selbst als ich Hoffnungen auf Glück hegte, war mein Herz beklemmt. Ich weiß um alle Sünden, die meinen und die der anderen. … Für all das muss ich um Vergebung beten, um Vergebung beten.«

Nach Jahren als vorbildlicher Gutsbesitzer, der alles getan hat, das Leben seiner Leibeigenen zu verbessern, beschließt Lawrezki, Lisa, die er nicht vergessen kann, im Kloster, in das sie sich geflüchtet hat, aufzusuchen. Und auch sie konnte Lawrezki nicht vergessen, wie Turgenjew mit wenigen Worten zu verstehen gibt. Als sie einander begegnen, geht Lisa an Lawrezki vorbei »mit dem gleichmütigen, eilend-demütigen Gang einer Nonne – und sie blickte ihn nicht an. Nur die Wimpern des ihm zugewandten Auges zitterten kaum merklich, nur ihr ausgemergeltes Gesicht neigte sich ein wenig tiefer und die Finger der mit der Gebetskette umwundenen Hände pressten sich noch mehr zusammen.«

Der Gestalt der Lisa Kalitina aus *Ein Adelsnest* hat Turgenjew einige Züge seiner Vertrauten und »Trösterin« Jelisaweta Lambert verliehen, die ihm in jener Zeit der Krise in der Verbindung mit Pauline Viardot-García zur Seite stand. Als Tochter Jegor Franzewitsch Graf Cancrins, des langjährigen Ministers für Finanzen unter Zar Nikolaj I., und Ehefrau Josif Karlowitsch Graf Lamberts, Flügeladjutant Zar Alexanders II. und Mitglied der Entourage Seiner Kaiserlichen Majestät, steht sie den höchsten Kreisen nahe. Durch die Bekanntschaft mit ihr Anfang des Jahres 1856 hatte der Schriftsteller die Genehmigung zur Auslandsreise nach seiner Verbannung erhalten. In seinem ersten Brief an die Gräfin Lambert dankt er ihr für ihre Vermittlung in dieser Angelegenheit. »Ich empfinde es als sehr schade, dass wir einander erst jetzt begegnet sind«, heißt es in diesem ersten Brief Turgenjews an die Gräfin Lambert. Und er unterstreicht, dass sie trotz »verschiedener Ansichten« in Sympathie verbunden seien.

Jelisaweta Lambert ist eine außergewöhnliche Frau, die ihre Stellung in der höheren Gesellschaft von Sankt Petersburg als Belastung empfindet und die Etikette mit den obligatorischen Höflichkeitsbesuchen und oberflächlichen Gesprächen verachtet. Und sie ist sehr attraktiv. »Apropos – welch schöne und liebevollen Augen Sie haben. Wobei dieses ›apropos‹ vielleicht nicht eben apropos ist«, scherzt der von ihr hingerissene Turgenjew.

Schon bald trägt er ihr die Freundschaft zweier verwandter Seelen an. »Gern möchte ich hoffen, dass wir uns, und sei es auch nur bisweilen, über unsere Gedanken und Gefühle austauschen werden. Und mehr noch hoffe ich, dass der Tag kommen wird, an dem wir, so Gott will, einander wiedersehen und wir tatsächlich Freunde werden. Im Leben eines jeden Mannes wie auch im Leben einer jeden Frau kommt früher oder später der Tag, an dem man ruhevolle und stete Verbindungen mehr als alles andere zu schätzen weiß.«

Wie Maria Tolstaja hat auch Jelisaweta Lambert nicht viel für Literatur übrig. Turgenjew wendet das altbekannte Rezept an: »Nehmen Sie sich für diesen Sommer Puschkin vor«, schreibt er ihr, »auch ich werde ihn wiederlesen, und wir können uns über die Lektüre austauschen.« Ihre Abneigung gegen die Poesie erklärt er mit ihrem »christlichen Gehorsam«, der sie veranlasse, sich auf wenige Eindrücke zu beschränken. »Ihren Rat, mich mit Puschkin zu befassen, nähme ich an«, antwortet sie, »um etwas mit Ihnen teilen zu können, allein es steht mir, wie Gott weiß, nicht zu, etwas anderes als den Akathistos zu lesen. … Puschkin ist ein Mensch und erweckt nichts als leidenschaftliche Gefühle. Ist dies denn nicht der Grund, weshalb ihn Frauen und Dichter lieben? Bei ihm finden sich Leben, Liebe, Herzklopfen, Erinnerungen. Ich fürchte das Feuer.«

Wenn sich Turgenjew in Petersburg aufhält, besucht er Jelisaweta Lambert oft, und in ihren Gesprächen im kleinen grünen Kabinett finden sie Erleichterung ihrer »seelischen Gebrechen«. »Voller Vorfreude denke ich an die Abende, die ich in diesem Winter in ihrem behaglichen Zimmer verbringen werde«, schreibt er ihr aus Courtavenel. »Sie werden sehen, wie gut wir uns betragen werden, ganz ruhig und gesittet, wie zwei Kinder in der Karwoche. Für mich übernehme ich die Verantwortung.«

Jelisaweta Lambert hingegen fällt es offensichtlich nicht immer leicht, die Verantwortung für sich selbst zu übernehmen; sie zieht es deshalb vor, die Freundschaft aus der Distanz zu pflegen. »Mir

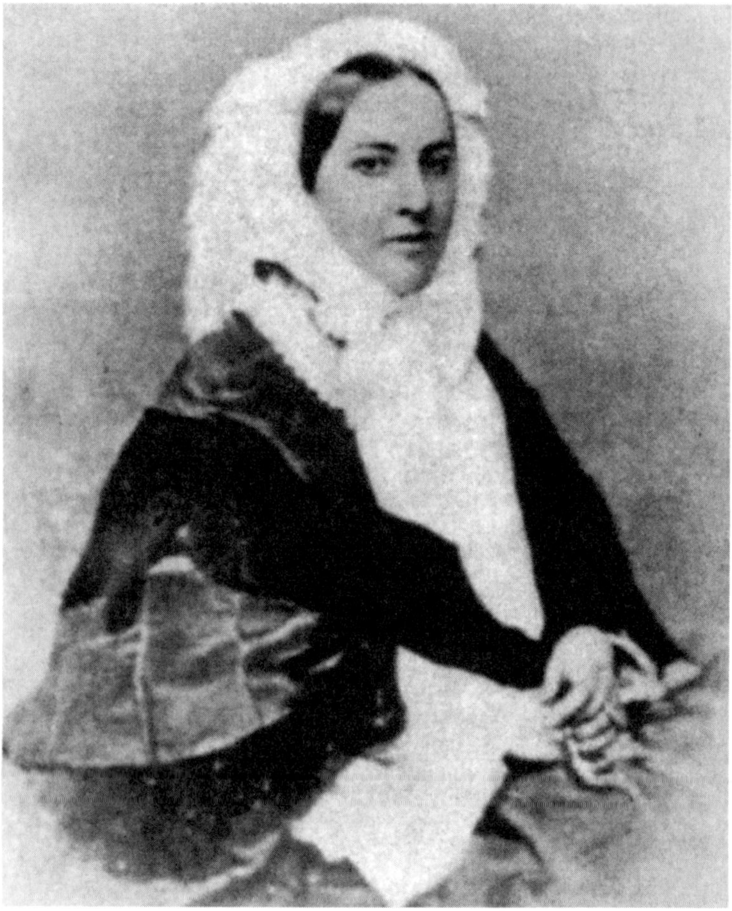

Abb. 20: *L'amitié amoureuse* – Jelisaweta Lambert.

scheint«, antwortet sie, »dass wir uns nicht unbedingt sehen müssen. Besser ist es zu schreiben. Meinem Empfinden nach trägt sich bei der direkten Begegnung viel Überflüssiges und Leeres zu – mit manchen Menschen möchte man allein in Seelenverbindung sein.«

Gleichwohl gibt es auch weiterhin Begegnungen. Dabei sind Turgenjew und seine Vertraute nicht immer einer Meinung, bisweilen streiten sie auch. Die tief gläubige Gräfin Lambert versucht immer wieder, den zweifelnden Schriftsteller auf den Weg zu Gott zu bringen, und hält ihm Epikureismus vor, da er den weltlichen Freuden fröne. Turgenjew versucht, ihr seine Sicht begreiflich zu machen: »Ihrer Ansicht nach habe ich zwei große Sünden auf mich geladen: zum einen die Abwendung von der Orthodoxie und zum Zweiten das Verlassen der Heimat, um mich dem epikureischen Leben hinzugeben, mit einem Wort aus Egoismus. Auf den ersten Punkt werde ich nicht eingehen. Ich bin Ihrem und wohl auch dem allgemeinen Verständnis nach kein Christ und deshalb lassen wir diese Frage außen vor. ... Was den zweiten Punkt betrifft, so sagen Sie, es sei lobenswert, der Heimat zu dienen. Aber Sie stimmen mit mir überein, dass ich ihr nicht als Militär oder Beamter, als Agronom oder Fabrikant dienen kann. Den größtmöglichen Nutzen kann ich ihr allein als Schriftsteller, als Künstler bringen und ich möchte Ihr Augenmerk darauf lenken, dass es keinerlei Notwendigkeit gibt, warum ein Schriftsteller unbedingt in seiner Heimat leben und darum bemüht sein sollte, alle Veränderungen zu durchdringen, die sich dort vollziehen ... zumindest gibt es keine Notwendigkeit, dies stets und ständig zu tun. Ich war diesbezüglich recht fleißig und bin nun – warum, wissen Sie sicher? – vielleicht geneigt, ein Werk zu beginnen, das nicht nur von russischem Belang ist, sondern will mir etwas zum Ziel setzen, das umfassender ist«. Die Freundin tadelt ihn auch, weil er ein Schwerenöter sei. Turgenjew rechtfertigt sich: »Ich bin einfach nur ein alter Mann, der noch nicht verlernt hat zu lieben und der Sie sehr liebt.«

Ende 1861 stirbt Jelisaweta Lamberts einziger Sohn, und sie ist, nachdem bereits zuvor ihr geliebter Bruder gestorben war, in tiefer Trauer. Nun spendet der Schriftsteller seiner »Trösterin« Trost. »Was soll ich Ihnen sagen – der Mutter, die den einzigen Sohn verloren hat!«, schreibt er ihr im November. »Wäre ich in Petersburg, so würde ich mit Ihnen weinen. Aber ich reiche Ihnen beide Hände und drücke fest und schweigend die Ihren. Es ist ein grausames Jahr, das Ihnen so viel Leid gebracht und auch mir aufgezeigt hat, wie unbedeutend all das ist, das uns im Leben beschäftigt. Ja, alles Weltliche ist Asche und Staub und gesegnet ist jener, der seinen Anker nicht in diese bodenlosen Wogen geworfen hat! Wer den Glauben hat, besitzt alles und kann nichts verlieren, und wer ihn nicht hat, der besitzt nichts – und dies spüre ich umso stärker, als ich zu jenen gehöre, die nichts besitzen. Doch immerhin verliere ich noch nicht alle Hoffnung. Ich schreibe Ihnen in einigen Tagen wieder und bis dahin küsse ich Ihre Hand und überantworte Sie unter den Schirm dessen, an den Sie glauben.«

Nach dem Verlust zweier so wichtiger Menschen zieht Jelisaweta Lambert sich von der Welt in ihren Glauben zurück. »Möchten Sie, besonders nach den beiden Verlusten, die Sie so schwer erschüttert haben, nicht Abschied nehmen von der Vergangenheit, aus deren Untiefen nur bittere Erinnerungen zu Ihnen gelangen?«, fragt Turgenjew sie nach längerem Schweigen im März 1866. »Dann antworten Sie mir nicht – und ich werde Sie verstehen. Auf jeden Fall sollen Sie wissen, was ich – in äußerster Bescheidenheit, ohne etwas aufwühlen oder aus den Untiefen hervorholen zu wollen – vorschlage, ist schlicht der Austausch freundschaftlicher Grüße, Nachrichten über die wenigen Fakten des Lebens. Diese Art der Genügsamkeit oder Demut geziemt sich in dem Alter, das wir erreicht haben.«

Vielleicht war das, was Turgenjew ihr vorschlug, Jelisaweta Lambert zu wenig. 1867 kam ihr Briefwechsel ganz zum Erliegen, und

Turgenjew erwähnt ihren Namen in seinen Briefen nicht mehr. Im Juli 1883, einen Monat vor dem Tod des Schriftstellers, stirbt seine einstige Vertraute.

Bruch mit den *Zeitgenossen*

Im Januar 1859 erscheint im *Sowremennik* Turgenjews neuer Roman. »*Ein Adelsnest* war der größte Erfolg, den ich jemals hatte«, schreibt Iwan Turgenjew in seinem Vorwort zu den Romanen in der Werkausgabe im Jahr 1880. *Ein Adelsnest* ist ein Abgesang auf das alte Russland. Die Handlung des nächsten Romans, *Am Vorabend*, ist in einer Zeit vor dem Umbruch im Russischen Reich angesiedelt, in der die Gesellschaft von einer »dumpfen Sehnsucht« nach einem »neuen Leben« erfüllt ist. Die Epoche Zar Alexanders II., der im Jahr 1855 die Herrschaft übernommen hat, beginnt mit einer Anzahl von liberalen Reformen. Die Zensur wird gelockert, Studenten werden an den Universitäten wieder ohne Beschränkungen zugelassen. Allen ist klar, dass die Aufhebung der Leibeigenschaft nur noch eine Frage der Zeit ist.

Im Sommer 1855 bekam Turgenjew in Spasskoje von seinem Freund und Gutsnachbarn Wassili Karatejew – bevor dieser in den Krimkrieg zog und dort auch fiel – das Heft mit einer autobiographischen Erzählung, in der dieser ungelenk von seiner tragischen Liebe zu einer jungen Frau berichtete, die sich dem bulgarischen Freiheitskämpfer Katranow anschloss. »Den Winter des Jahres (18)58 verbrachte ich wieder auf dem Land und in derselben Umgebung wie damals, als ich die Bekanntschaft von Karatejew gemacht hatte«, erinnert sich Turgenjew, »und die Eindrücke der Lektüre, die ich bereits vergessen hatte, kamen wieder in mein Gedächtnis. Ich suchte das Heft Karatejews und las das von ihm Niedergeschriebene nochmals, die Figuren traten wieder auf die Bühne und ich griff sogleich zur Feder.«

Im folgenden Jahr 1859 arbeitet Turgenjew in Petersburg, Paris, Vichy und Courtavenel an seinem neuen Roman. Pauline Viardot verhält sich ihm gegenüber wie zu einem alten Freund, an den man sich gewöhnt hat. »Meine Gesundheit ist gut, aber meine Seele trägt Trauer«, schreibt er Jelisaweta Lambert, »ich bin umgeben von einem Familienleben, so wie es sein soll. Sie verstehen sicher, was ich sagen möchte, ebenso gut wie meine Lage hier. Und doch bewegt mich dies innerlich nicht. Es heißt ja, man stirbt mehrmals vor seinem Tod. Ich weiß, dass etwas in mir gestorben ist. Wozu also vor dem geschlossenen Sarg stehen und auf ihn blicken?«

In seinem neuen Werk erzählt Turgenjew von der jungen Jelena Stachowa, einem neuen Frauentyp. Anders als die »Turgenjew'schen jungen Frauen« vor ihr hat Jelena den Mut, ihr »Nest« zu verlassen, um ihr Leben mit einem entschlossenen Gefährten zu teilen und sich gemeinsam mit ihm der guten Sache, für die er kämpft, zu widmen.

Jelena Stachowa verliebt sich in den Bulgaren Insarow, dessen Leben bestimmt ist von einem einzigen Ziel – die Befreiung seiner Heimat von der Herrschaft des Osmanischen Reiches. Anders als den männlichen Protagonisten Turgenjews zuvor gelingt es Insarow auch, die Herausforderungen der Liebe zu meistern. Jelena verschreibt ihr Leben dem Kampf mit Insarow. Als er stirbt, bleibt sie dem gemeinsamen Ziel, »seinem Andenken«, treu und zieht als Krankenschwester an der Seite der Freiheitskämpfer in den Kampf um die Unabhängigkeit. Ihr weiteres Schicksal bleibt offen.

Die Bezüge zu den aktuellen Debatten und zu einem neuen Frauenbild sind für den zeitgenössischen Leser offensichtlich. Die Forderung Jelena Stachowas nach höherer Bildung für Frauen wird in jenen Jahren in Russland leidenschaftlich diskutiert. Im Jahr der Veröffentlichung des Romans werden erstmals Frauen als Gasthö-

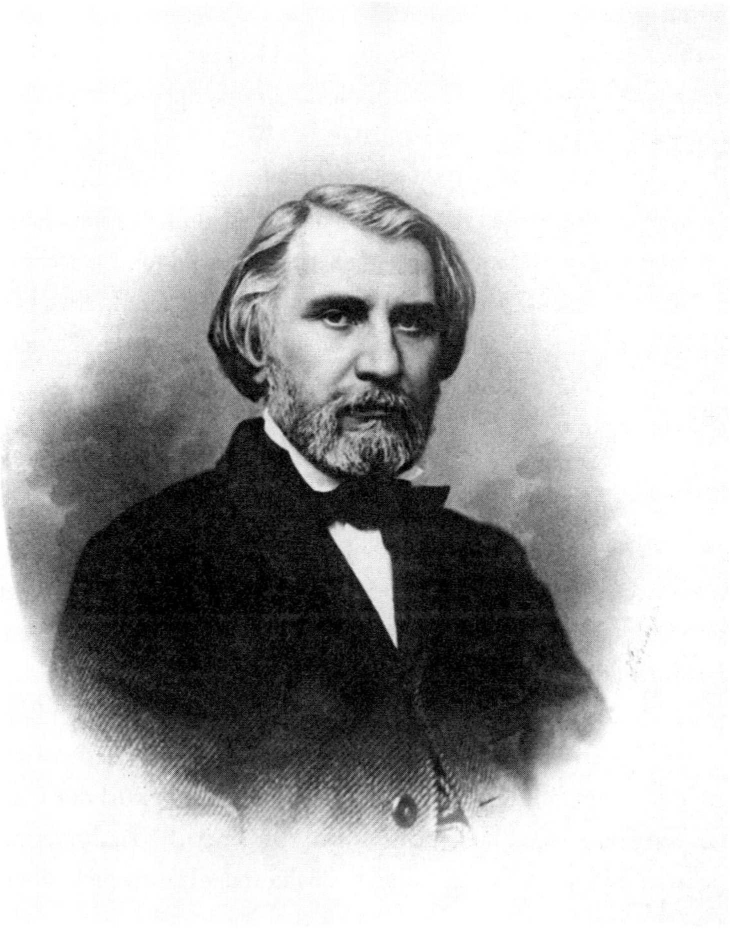

Abb. 21: Iwan Turgenjew, 1859.

rerinnen an den Universitäten zugelassen. Und wenn Jelena Stachowa als Krankenschwester freiwillig in den Kampf zieht, so erinnert das an die ersten jungen Frauen, die als Krankenpflegerinnen den Kampf in Sewastopol unterstützten.

Für die Frauen dieser Epoche wird Jelena zum Vorbild. »Turgenjew hat Großes getan, indem er außergewöhnliche Frauen beschrieben hat«, hat Lew Tolstoj im Gespräch mit Anton Tschechow gesagt. »Vielleicht gab es solche Frauen, wie er sie beschrieben hat, damals noch nicht, aber nachdem er sie beschrieben hatte, tauchten sie auch im wirklichen Leben auf.«

Als Turgenjews neuer Roman 1860 erscheint, stößt er jedoch zunächst auf Ablehnung von allen Seiten. Gräfin Lambert, der Turgenjew den Roman anfangs widmen wollte, missfällt vor allem die Figur der Jelena, der jegliche Weiblichkeit fehle und die gegen Sitte und Moral verstoße. Nach ihrer scharfen Kritik will Turgenjew sein Manuskript gar verbrennen, doch sein Freund Pawel Annenkow bringt ihn davon ab.

Noch größeren Verdruss als die Kritik der Freundin bereitet ihm die der Rezensenten. Die Konservativen prangern die Lebensführung der Protagonistin an und stellen ihr ihren Entwurf der »russischen Frau« gegenüber, die fromm und ergeben die Tradition respektiert. Und die Liberalen finden die Figur des Isarow nicht überzeugend und bezichtigen Turgenjew der Slawophilie.

Die schärfsten Angriffe kommen aus der Redaktion des *Sowremennik*, jener Zeitschrift, mit der Turgenjew seit Jahren zusammenarbeitet. Das Journal wird zwar weiterhin von seinem Freund Nikolaj Nekrassow geleitet, entwickelt sich aber unter Einfluss neuer Kollegen aus dem Kreis der nichtadligen Intellektuellen und revolutionären Demokraten wie Nikolaj Tschernyschewski und Nikolaj Dobroljubow zunehmend zu einem politischen Organ der russischen Linken, das von seinen Autoren erwartet, jene »gescheite Literatur« zu liefern, die konkreten politischen und gesellschaftlichen Zwecken dient. In seinem, im heranreifenden Reformklima Alexanders II. als äußerst provokativ empfundenen Artikel *Wann kommt denn der richtige Tag?* führt Dobroljubow aus, den »russischen Insarows« stehe der »Kampf gegen die inneren Türken« bevor, zu denen er nicht nur die konservativen Gegner der Aufhebung der Leibeigenschaft zählt, sondern auch die liberalen Kreise der russischen Gesellschaft, denen Turgenjew sich zurechnet.

Bei einer Begegnung mit Nekrassow, der auf der Veröffentlichung des Artikels beharrt, sieht Turgenjew sich gezwungen, den Freund vor die Wahl zu stellen: »Entweder ich oder Dobroljubow.« Die Entscheidung Nekrassows beendet die lange schon schwelende Auseinandersetzung; Turgenjews Zusammenarbeit mit dem *Sowremennik* ist für immer beendet.

Den Sommer des Jahres 1860 verbringt Turgenjew auf Bitte Pauline Viardots wieder in Courtavenel. »Ihr Wille ist mir Befehl«, schreibt der Schriftsteller seinem Freund Pawel Annenkow. Von dort reist er über London weiter auf die Isle of Wight, wo er mit Annenkow in langen Gesprächen über den Konflikt mit Nekrassow und dem *Sowremennik* nachsinnt. »Diese Gespräche blieben nicht ohne Nutzen«, erinnert sich Annenkow später. »Im Versuch, die Auseinandersetzung zu begreifen, entstand der Plan zu einem neuen Roman und dessen Hauptfigur.« Schon im Frühjahr des nächsten Jahres will der Schriftsteller mit dem fertigen Manuskript nach Russland reisen. Aber »jenes Feuer, welches alles mitreißt«, will noch nicht brennen. Turgenjews neuer und wichtigster Roman wird erst 1862 erscheinen.

Es fehlt aber nicht nur die Leidenschaft für das neue Werk, sondern es sind auch die politischen Ereignisse, die Turgenjew am Schreiben hindern. Am Jahrestag seiner Thronbesteigung unterzeichnet Alexander II. im Februar 1861 die lang erwartete Proklamation, die den leibeigenen Bauern in Russland endlich die Freiheit geben soll. Als der Gutsbesitzer Turgenjew in Paris Kenntnis davon erhält, sucht er, der nicht an Gott glaubt, die russische Kirche auf, um einem Dankgottesdienst beizuwohnen. »Mit all meinen Gedanken bin ich in Russland«, schreibt er an Alexander Herzen.

Im Frühsommer schließlich beginnt Turgenjew die Reform auf seinem Landgut Spasskoje umzusetzen. Das geht nicht ohne Schwierigkeiten ab, denn erst nach einer Übergangszeit von zwei Jahren werden die Bauern tatsächlich frei sein. Bis dahin müssen sie ein Zehntel ihrer Erträge, den sogenannten »Obrok«, an die Herren abgeben. Damit die Bauern Eigentümer des Landes werden können, das sie bewirtschaften, bezahlt der Staat dem Gutsbesitzer eine Entschädigung, die die Bauern innerhalb einer Frist von neunundvierzig Jahren in jährlichen Beträgen zurückzuzahlen haben.

»Die Angelegenheit mit den Bauern verläuft zurzeit noch recht gut«, schreibt Turgenjew seinem Freund Jakow Polonski am 21. Mai 1861, »denn ich bin ihnen in jeglicher Hinsicht entgegengekommen. Aber Beschwerlichkeiten sind vorauszusehen. Viele wollen den ›Obrok‹ nicht bezahlen, und ohne diesen ist der Kauf des Bodens (und dieser ist ja das wichtigste Ziel) nicht möglich.«

Um Erholung in Gesprächen über die Literatur zu finden, lädt Turgenjew Lew Tolstoj nach Spasskoje ein und schlägt einen gemeinsamen Besuch bei Afanassi Fet und dessen Frau vor. Als Turgenjew Tolstoj das Manuskript seines neuen Romans zu lesen gibt, schläft dieser bei der Lektüre ein. Die Stimmung ist entsprechend angespannt, als die beiden am nächsten Tag nach Stepanowa zum Ehepaar Fet aufbrechen. Dort erkundigt sich die Dame des Hauses nach Turgenjews Tochter Pelageja-Paulinette. Die englische Gouvernante Miss Innis erziehe sie zur Wohltätigkeit, berichtet Turgenjew nicht ohne Stolz. Auf ihre Bitte hin habe er eine gewisse Summe festsetzen müssen, über die seine Tochter »für die Armen« verfügen könne, und sie flicke darüber hinaus deren heruntergekommene Kleidung.

Tolstoj empfindet diese Art der Mildtätigkeit als bigott. Turgenjew, stets darauf bedacht, seiner illegitimen Tochter nur das Beste zukommen zu lassen, gerät außer sich. Die Situation eskaliert, und überstürzt verlassen Turgenjew und Tolstoj Stepanowa. Tolstoj fühlt sich in seiner Ehre gekränkt und verlangt von Turgenjew brieflich eine Entschuldigung, andernfalls fordere er ihn zum Duell. »Ich habe Sie beleidigt, ohne dass Sie mich provoziert hätten«, antwortet Turgenjew umgehend. »Ich bin bereit, mich hiermit nochmals zu entschuldigen. Was geschehen ist, beweist deutlich, dass die Annäherungsversuche zwischen zwei so entgegengesetzten Naturen wie der Ihren und der meinen zu nichts Gutem führen können. Ich erfülle umso lieber meine Pflicht Ihnen gegenüber, als dieser Brief vermutlich einen Schlussstrich unter unsere Beziehung setzen wird.«

Tolstoj erhält Turgenjews Entschuldigungsschreiben zu spät. Er hat den Kollegen bereits zum sofortigen Duell gefordert. Turgenjew nimmt die Forderung an, besteht aber darauf, dass Sekundanten anwesend sind. »Sie haben Angst vor mir«, ereifert sich Tolstoj. »Ich verachte Sie. Ich will nichts mehr mit Ihnen zu tun haben.« Das Duell findet nicht statt. Fast zwanzig Jahre später erst kommt es zu einer Aussöhnung der beiden Schriftsteller.

Im März 1862 erscheint Turgenjews neuer Roman *Väter und Söhne.* »Ich erwarte große Schelte«, schreibt Turgenjew, »aber es ist mir ziemlich egal.« Und tatsächlich erhebt sich sogleich nach dem Erscheinen des neuen Werks, in dem der Schriftsteller Bezug nimmt auf die aktuellen literaturpolitischen Kontroversen, ein Sturm der Kritik.

Die Handlung ist angesiedelt im Sommer 1859, also in den Jahren zwischen zwei für die russische Geschichte epochal wichtigen Ereignissen – dem Ende des Krimkriegs 1856 und der Aufhebung der Leibeigenschaft 1861 –, und verbindet den Konflikt der Weltanschauungen mit dem Generationenkonflikt.

Ein »älterer Herr« – er ist, wie der Autor selbst, gerade einmal Mitte vierzig – erwartet in einem Gasthaus auf dem Lande die Rückkehr seines Sohnes aus der Hauptstadt Sankt Petersburg, wo dieser soeben sein Studium an der Universität abgeschlossen hat. Nikolaj Petrowitsch Kirsanow ist ein liberaler Gentleman, ein Romantiker, der einst für Hegel schwärmte und von einem Nimbus der romantischen Liebe zu seiner verstorbenen Frau umgeben ist. Er lebt mit seinem Bruder Pawel, auch dieser ein Aristokrat der alten Schule, auf dem Gutssitz Marjino.

In diese Welt der »Väter« bricht die Welt der »Söhne« ein, und zwar in Gestalt von Jewgeni Basarow, dem Freund von Kirsanows Sohn. Dieser junge Doktor verlässt sich einzig auf die Empirie und betrachtet die Liebe als etwas ausschließlich Physiologisches. Basarow sei »Nihilist«, erklärt Akardi Kirsanow seinem Vater. »Nihilist«, murmelt der Vater. »Das kommt vom lateinischen ›nihil‹, nichts, so weit ich das beurteilen kann; das Wort bezeichnet also einen Menschen, der … nichts anerkennt?« – »Sag lieber: der vor nichts Achtung hat«, fiel der Onkel ein. – »Der alles von einem kritischen Standpunkt aus betrachtet«, entgegnete Arkadi.

Als die schöne, reiche Witwe Anna Odinzowa auf der Bühne des Romans erscheint, ist es allerdings vorbei mit Basarows Materialismus. Er verliebt sich in sie – und er scheitert an ihr. Odinzowa ist eine jener Turgenjew'schen Frauengestalten, die stark sind und klug, und sie ist von den provokanten Reden Basarows weder schockiert noch beeindruckt. All seine wohlfeilen Theorien, die allein auf den praktischen Nutzen abzielen, fallen in sich zusammen. Basarow stirbt an einer Typhusinfektion, die er sich beim Sezieren eines Leichnams zugezogen hat. Eigentlich aber geht er zugrunde, weil er durch die Begegnung mit dem Leben aus der Bahn geworfen wird.

Die Debatte, die Turgenjews Roman entfacht, entzündet sich vor allem an dieser Figur. Die konservative Kritik sieht in Basarow eine Verurteilung der jugendlichen Revolutionäre, jener jungen Männer und Frauen, die im Untergrund für ein besseres Russland kämpfen. Die Reformen Alexanders II. sind zu spät gekommen, und in den 1860er Jahren entsteht eine philosophische und politische Bewegung, die als »Russischer Nihilismus« in die Geschichte eingehen wird.

Die radikale Kritik sieht durch die Figur des Basarow die fortschrittlich gesinnte Jugend hingegen verunglimpft, namentlich den revolutionären Demokraten und Publizisten Nikolaj Dobroljubow, als dessen Porträt Basarow aufgefasst wird. Er habe, schreibt Turgenjew, die Gestalten des Romans mit der Hand des Realisten gezeichnet, wie er Pilze, Laub und Bäume zeichnen würde. Seine Absicht sei es nicht gewesen, die junge Generation verächtlich zu machen. »Ich habe von einer düsteren Figur geträumt«, erklärt er kurz nach Erscheinen des Romans, »einer wilden, großen, halb aus dem Boden hervorgewachsenen, starken, zornigen, anständigen, die aber dennoch dem Untergang geweiht ist, weil sie eben doch im Vorzimmer der Zukunft steht.« Er habe nicht eine bestimmte Idee propagieren wollen, rechtfertigt sich der Schriftsteller, als der sogenannte Nihilismusstreit aufkommt. Nicht Dobroljubow sei der Prototyp Basarows gewesen, sondern ein junger Provinzarzt. Es hilft nichts.

Die zahlreichen Angriffe, denen er ausgesetzt ist, lassen Turgenjew resignieren. Sein fünfundzwanzigjähriger »Dienst an den Musen« habe nun, da das allgemeine Interesse des Publikums an seinen Werken abgekühlt sei, sein Ende gefunden, beteuert er. Er habe genug und werde nicht mehr schreiben.

7. Baden-Baden

Die Diva nimmt Abschied von der Bühne. Der letzte Triumph

»In meinem Zimmer ist es frisch und ruhig, aus dem Korridor sind die Stimmen der Kinder zu hören, oben erklingt die Musik von Gluck – was will man mehr?«, schreibt Iwan Turgenjew im August 1859 aus Courtavenel an Pawel Annenkow. Nach ihrer Rolle als Sapho in der Oper von Charles Gounod ist Pauline Viardot sieben Jahre lang nicht in Paris aufgetreten. Die Viardots stehen den Kreisen Napoleons III. fern. Sie wollen ihre republikanischen Überzeugungen nicht aufgeben und keine Zugeständnisse an das herrschende Regime machen. »Heutzutage ist ohne Protektion nichts zu erreichen«, stellt die Sängerin fest, »und welch ein Jammer ist es für den, der gezwungen ist, um etwas zu bitten. Einen jeglichen hilfreichen Gefallen von oben bezahlt man mit dem Verlust der Ehre. Gott sei gelobt, dass wir darauf nicht angewiesen sind. Wir haben uns niemals erniedrigt und unsere Ehre nicht beschmutzt.«

Im Mai 1859 hatte Léon Carvalho, der Direktor des Théâtre-Lyrique Impérial, der mittlerweile vierten Opernbühne in Paris, Pauline Viardot die Rolle des Orpheus in Christoph Willibald Glucks Oper *Orpheus und Euridice* angeboten. Bisher waren in der französischen Hauptstadt nur Gluck-Arien bei Konzerten zu hören gewesen, nun soll erstmals wieder eine gesamte Gluck-Oper gegeben werden.

Pauline ist die erste Frau, die diese ursprünglich für einen Kastraten komponierte und später für Tenorstimme umgeschriebene Partie in Frankreich singen wird. Gemeinsam mit Hector Berlioz, dem die musikalische Leitung übertragen ist, erarbeitet sie die neue Fassung. Pauline Viardot und Berlioz kennen sich schon seit längerer Zeit. Zuerst stand der Komponist ihrer Stimme kritisch gegenüber, aber seit dem Beethoven-Fest in Bonn im Jahr 1845 schätzt er die Sängerin und folgt ihrer wiederholten Einladung, den Sommer in Courtavenel zu verbringen, schließlich im August 1859, um mit ihr an der Partie des Orpheus und an seiner eigenen Oper *Die Trojaner* zu arbeiten. Der Komponist verfällt ihrem Charme. Im September schreibt die Sängerin, Berlioz habe sich in sie verliebt, »aber ich hoffe, dass dieses Fieber meines armen Freundes B. ohne widrige Zwischenfälle oder gewaltvolle Szenen vorübergeht. Er ist in derart instabilem Zustand, dass jegliche Gefühlsaufwallung ihn töten würde.«

Als der Termin für die Premiere der Gluck-Oper näherrückt, erkrankt Paulines fast vierjähriger Sohn Paul schwer an Lungenentzündung. Die Mutter versucht alles, um die Aufführung zu verschieben. Vergeblich. Am 19. November steht sie zum ersten Mal als Orpheus auf der Bühne. In den Pausen erkundigen sich die als Dämonen der Hölle gewandeten Choristen nach dem Befinden des Knaben und beruhigen die Mutter.

Die Oper ist ein überwältigender Erfolg. Der Triumph Paulines in der Rolle des Orpheus ist mindestens ebensoso groß wie jener als Fidès zehn Jahre zuvor. Ihr Vertrag am Théâtre-Lyrique wird für die nächste Saison verlängert, und Pauline singt die Partie fast einhundertdreißig Mal. Verehrer aus aller Welt reisen nach Paris, um die Sängerin zu hören.

Nun öffnen sich auch die Türen der Grand Opéra wieder für sie. Im Frühjahr 1861 singt sie Auszüge aus Glucks *Alceste* im Pariser Conservatoire, ein Konzert, über das ganz Paris spricht. Daraufhin verpflichtet sie der Direktor der Opéra für die nächste Saison, und am 21. Oktober 1861 findet dort die Premiere einer weiteren Gluck-Oper mit Pauline in der Hauptrolle statt.

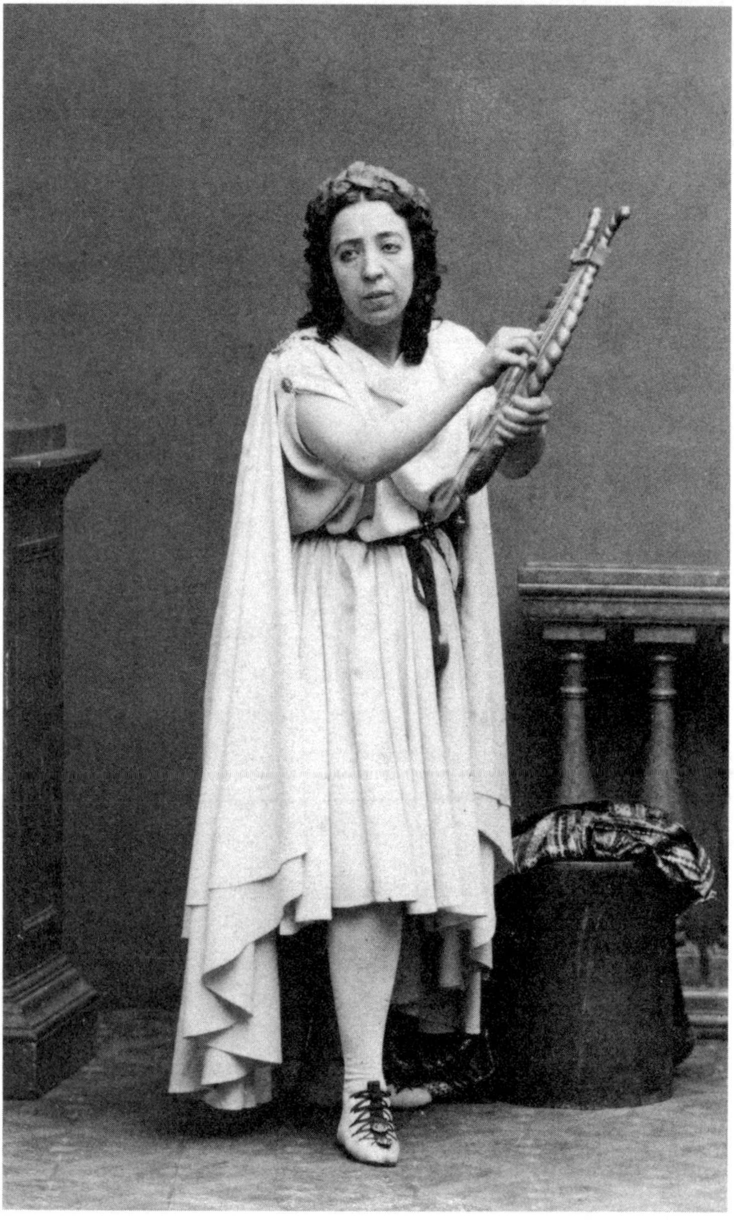

Abb. 22: Pauline Viardot-García als Orpheus in der Oper *Orpheus und Euridice* von Christoph Willibald Gluck.

Im März desselben Jahres hatte die französische Erstaufführung von Richard Wagners *Tannhäuser* an der Grand Opéra ein Fiasko erlebt. Ein von langer Hand vorbereiteter Skandal machte es dem Dirigenten fast unmöglich, das Werk zu Ende zu führen. Einige Tage zuvor hatte der Komponist mit einem Empfehlungsschreiben Giacomo Meyerbeers Pauline in ihrem Haus in der Rue de Douai aufgesucht, und im Mai 1861 wird im Salon der Sängerin fünf Jahre vor der Uraufführung die zentrale Liebesszene aus Richard Wagners *Tristan und Isolde* für Wagners Gönnerin Maria von Mouchanoff-Kalergis gesungen. Im Duett mit Richard Wagner als Tristan interpretiert Pauline Viardot die Partie der Isolde vom Blatt. Die Musik des Deutschen gefällt ihr zunächst nicht, erst später lernt sie sein Werk schätzen.

Die Beziehung zu Iwan Turgenjew ist in jener Zeit nicht ungetrübt. Am Ende des Jahres 1860 war es zwischen der Sängerin und Iwan Turgenjew offensichtlich zu einer Aussprache gekommen. »Vor einigen Tagen ist mein Herz gestorben«, schreibt der Schriftsteller Gräfin Lambert, »Sie verstehen, was ich sagen will. Das Vergangene ist nun kein Teil mehr von mir, doch indem ich von ihm Abschied nahm, habe ich begriffen, dass mir nichts mehr geblieben ist, dass mein ganzes Leben sich von mir entfernt hat. Es war schwer für mich, und schon bald darauf bin ich versteinert. Aber ich spüre nun, dass es möglich ist, so weiterzuleben. Und wenn nur die geringste Hoffnung auf eine Rückkehr des Vergangenen wieder erstünde, so würde mich dies bis ins Mark erschüttern.«

Da das Verhältnis zwischen Pelageja-Paulinette und Pauline immer schwieriger wird, zieht Turgenjew mit der Tochter und deren Gouvernante im September 1860 in eine Wohnung in der Rue de Rivoli. Der Kontakt zur Familie Viardot reduziert sich auf ein Minimum. Erst ein Jahr später kommt es zu einer erneuten Annäherung, und Turgenjew ist nicht mehr »le plus triste des hommes« – »der traurigste aller Menschen« –, wie Pauline ihn damals genannt hat.

Die Sängerin wendet sich in dieser Zeit des Stillstands in der Verbindung mit Turgenjew Julius Rietz zu. Auch sie braucht jemanden, dem sie ihr Herz ausschütten kann. Im April 1858 hatte sie den Dirigenten und Komponisten kennengelernt, seit ihrem Auftritt im Leipziger Gewandhaus im Dezember desselben Jahres korrespondieren die beiden eine Zeitlang fast täglich. Beide durchleben zu jener Zeit eine Krise. Als Dirigent des Gewandhausorchesters, Leiter der Leipziger Singakademie und Kompositionslehrer am Leipziger Konservatorium für Musik und Theater steht Julius Rietz zwar auf dem Höhepunkt seiner Karriere, findet jedoch als Komponist kaum Anerkennung und fühlt sich isoliert. Und Pauline Viardot findet die ständigen Gastspielreisen, zu denen sie aufgrund fehlender fester Engagements gezwungen ist, anstrengend und künstlerisch unbefriedigend: »Ich habe kaum Zeit durchzuatmen«, schreibt sie Rietz am 25. Februar 1859, »ich bin zudem leidend – zum Umfallen müde, zu Tode gelangweilt, unsagbar angeekelt von dem Beruf, den ich ausübe, und ich erwarte sehnsüchtig den Moment meiner Heimkehr nach Frankreich.«

Die Korrespondenz mit Julius Rietz ist der umfangreichste erhaltene Briefwechsel der Sängerin. Ihre Freundschaft mit dem Musiker gibt Rätsel auf. Zahlreiche Biographen sehen in ihm einen Gegenspieler Turgenjews und die Ursache für den Tiefpunkt in der Beziehung zwischen dem Schriftsteller und der Sängerin. Doch ihre vermeintliche Liebesbeziehung ist wohl eher eine »Affäre auf dem Papier«. Für Pauline ist der briefliche Austausch mit Julius Rietz in einer beruflich und möglicherweise auch privat schwierigen Zeit eine Möglichkeit, ihr bisheriges Leben zu überdenken und neu zu erzählen. Durch das Schreiben wird sie sich selbst wohl auch über vieles klarer. Nach einiger Zeit jedenfalls werden die Briefe seltener.

Die Rolle der *Alceste* in der gleichnamigen Gluck-Oper ist Pauline Viardots letzter Triumph auf der Bühne. Nur besonders gestrenge Kritiker bemerken, dass die Sängerin nicht mehr über das stimmliche Potential für diese Partie verfügt, die deshalb an mancher Stelle transponiert werden musste. Nun hat sie endlich auch in ihrer Heimat die Anerkennung gefunden, die ihr gebührt.

Anfang 1863 gibt die Pariser Zeitschrift *Illustration* bekannt, dass Pauline Viardot-García sich nach der laufenden Saison von der Bühne zurückziehen werde. Am 24. April verabschiedet sich die Sängerin von ihrem Publikum mit einer letzten Aufführung von Glucks *Orpheus und Euridice* im Théâtre-Lyrique. Die jüngeren Kinder, die ihre Mutter noch nie auf der Bühne erlebt haben, dürfen bei ihrer letzten Vorstellung dabei sein. »Liebe Mama«, schreibt ihr die fast elfjährige, zeichnerisch begabte Claudie am Tag des Bühnenabschieds, »wir alle freuen uns sehr, heute Abend den *Orpheus* sehen zu können. Ich verspreche Dir, alles, was ich sehe, zu zeichnen. Ich möchte schon allein aus dem Grund, Dich zu bewundern und Dein hübsches Gesicht zu sehen, das jeden entzückt, der Dir begegnet, diese Vorstellung sehen. Bitte denke nicht, dass ich Dir schmeichle, denn ich könnte Dir niemals beweisen, wie sehr ich Dich liebe, ebenso wie unseren Papa. Meine liebe Mama, ich schicke Dir tausend sehr zärtliche Küsse.«

Im Alter von fast zweiundvierzig Jahren beendet Pauline Viardot-García ihre Karriere als Opernsängerin. »Machen Sie es nicht wie ich«, wird sie später einer jungen Kollegin raten, »ich wollte alles singen und habe mir dabei die Stimme ruiniert.«

Der Abschied von der Bühne geht mit dem Abschied von Frankreich einher. Bereits 1860 hatte das Ehepaar die Entscheidung für eine räumliche Veränderung getroffen und den Freund und Hausarzt Alexandre Frisson – »Le bon docteur Frisson« – mit dem Verkauf des Landsitzes in Courtavenel beauftragt. 1862 erwerben sie ein Chalet im Schweizer Stil im Tiergartenviertel am damaligen Stadtrand von Baden-Baden, »das vornehmste und frequenteste Luxusbad Deutschlands«. Hier trifft sich die große Gesellschaft aus aller Welt, um tagsüber in den seit den Zeiten der Römer bekannten heißen Quellen heilende Bäder zu nehmen, sich am Abend im Conversationshaus und auf der Promenade zu ergehen und im Spielcasino das Glück herauszufordern. Weitere Vorzüge der Sommerhauptstadt Europas sind das milde Klima, die hübsche Landschaft des Oostals und der nahe Schwarzwald, der zu Ausflügen und Wanderungen einlädt. »Hier findet man laute Gesellschaft ebenso wie grenzenlose Einsamkeit«, schreibt Louis Viardot. »Zeitungslektüre und Gespräche in allen erdenklichen Sprachen und schweigsame Spaziergänge, die jeden Tag anders sind als am Tag zuvor. Ein Aufenthalt dort ist dem Gesunden ebenso zuträglich wie dem Kranken, denn Baden ist überaus reich mit Heilquellen gesegnet.« Letzteres hat bei der Ortswahl eine sicher nicht unerhebliche Rolle gespielt, denn Louis Viardot, mittlerweile Anfang sechzig, leidet seit einigen Jahren an Rheumatismus und Neuralgien. Und nicht zuletzt locken die Jagdgründe des Schwarzwalds.

Am 21. August 1862 trifft auch Iwan Turgenjew in Baden-Baden ein und bleibt mehr als zwei Monate. »Ich habe sehr schöne Tage dort verlebt«, schreibt er, »habe regelmäßig meine alten Freunde Viardot gesehen, Ausflüge gemacht, bin auf die Jagd gegangen, habe gelesen und selbst nichts geschrieben. Die Landschaft hier ist wundervoll.«

Ende April 1863 lassen die Viardots sich endgültig in Baden-Baden nieder. Die von wildem Wein umrankte Villa ist von einem weitläufigen Park umgeben. In ihrem Boudoir mit prächtigem Ausblick empfängt Pauline Viardot-García ihre Gesangsschülerinnen, deren Zahl in den kommenden Jahren stetig wächst. Sie kommen aus aller Herren Länder, um von der berühmten Diva unterrichtet zu werden. 1861 hat die Sängerin die Herausgabe der *École classique du Chant*, einer Sammlung von für den Unterricht eingerichteten, kla-

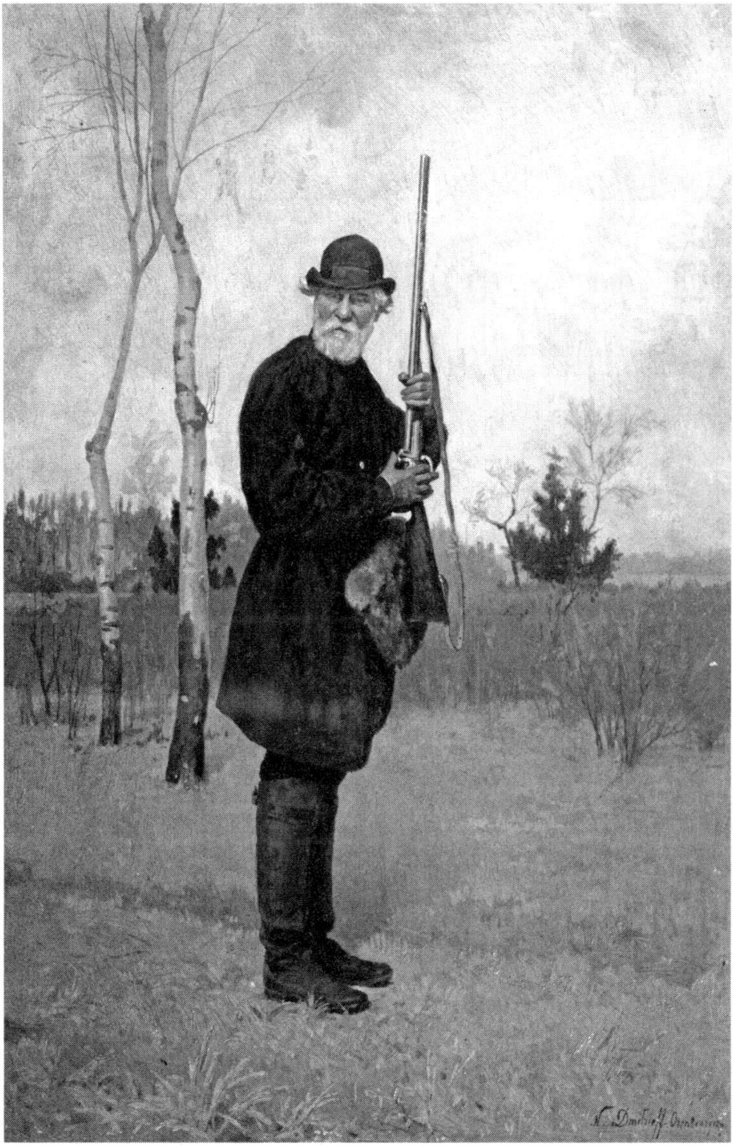

Abb. 23: Iwan Turgenjew auf der Jagd. Nikolaj Dmitrijew-Orenburgski, 1879.

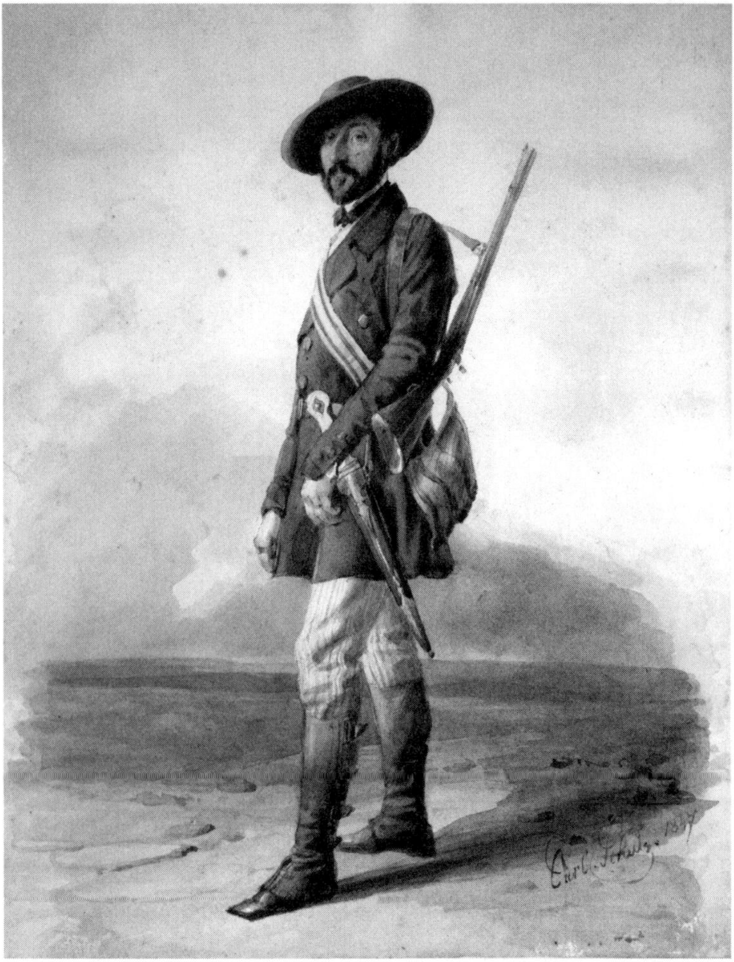

Abb. 24: Louis Viardot als Jäger. Carl Schulz, 1847.

vierbegleiteten Gesangsstücken begonnen. Sie unterrichtet nach ihrer eigenen Methode. Um acht Uhr am Morgen beginnt der Unterricht. Die Akustik in dem Raum mit niedriger Decke und Stofftapete an den Wänden ist schlecht. »Wenn ihr mich hier zum Weinen bringt, werdet ihr an der Grand Opéra singen«, spornt die Lehrerin ihre Schülerinnen an.

Im Jahr vor dem Umzug nach Deutschland hatte die Tochter Louise den vierzig Jahre älteren Ernest Héritte de la Tour geheiratet, den französischen Konsul in Südafrika, später in Dänemark. Da Louis und Pauline Viardot den kirchlichen Riten stets ablehnend gegenüberstanden, waren ihre Kinder nicht getauft worden. Ohne getauft zu sein, kann Louise jedoch nicht heiraten, und deshalb werden, wohl aus recht pragmatischen Überlegungen, vor ihrer Eheschließung kurzerhand alle Kinder der Viardots getauft. Am 17. April 1864 wird in Baden-Baden der erste Enkel Paulines geboren – Louis Jean Paul, genannt Loulou. Louise lebt nach der Heirat einige Zeit mit ihrem Ehemann in Bern, später in Kapstadt, verlässt ihn aber bald und kehrt mit ihrem Sohn schon zwei Jahre nach der Hochzeit nach Baden-Baden zurück. Ihr Gatte habe sie mit einer Miss Stephens betrogen, heißt es.

Die Pflegetochter Pelageja-Paulinette bereitet weiterhin Verdruss, sie macht Szenen und beschwört Streit herauf. Schließlich kehrt sie nach Paris zurück, wo sie, ausgestattet mit einer stattlichen Mitgift von 100 000 Francs, im Februar 1865 den Glasfabrikanten Gaston Bruère heiratet. Die Ehe ist unglücklich. Nach dem finanziellen Ruin während des Deutsch-Französischen Krieges im Jahr 1870 wendet der Ehemann die Mitgift zur Kompensation des Verlusts auf und ertränkt seine Sorgen im Alkohol. In das Haus der Familie Viardot kehrt Pelageja-Paulinette nie wieder zurück.

Im Sommer 1863 bezieht Iwan Turgenjew eine Wohnung in der Schillerstraße Nr. 277, ganz in der Nähe der Villa Viardot. Hier arbeitet er am Vormittag an seinem Schreibtisch, den eine Gips-

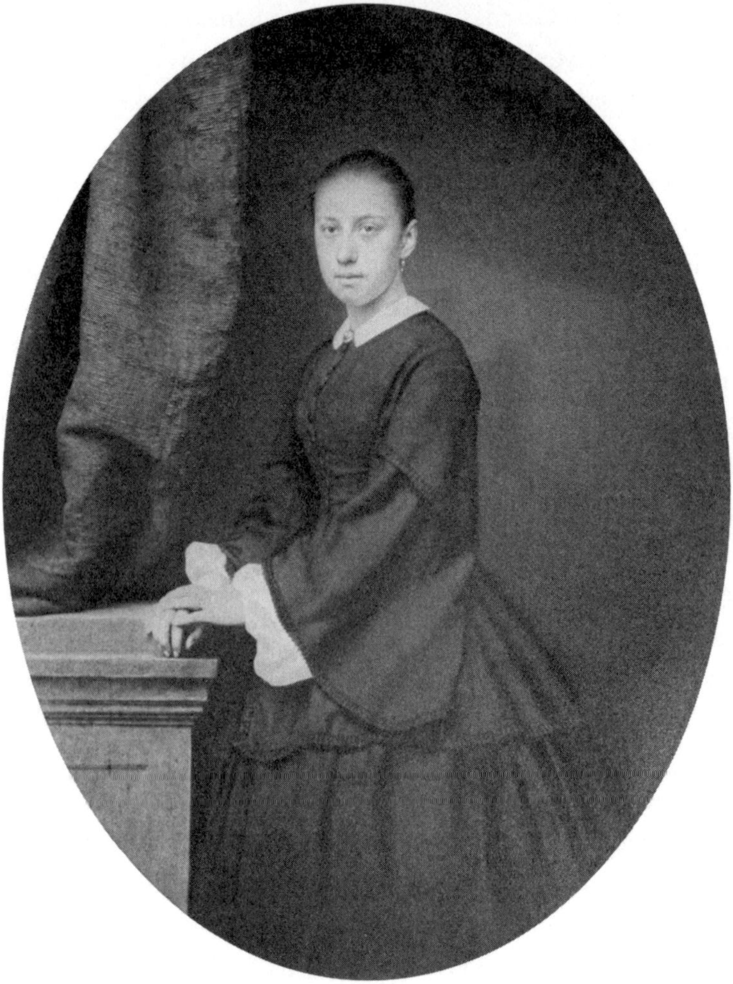

Abb. 25: Pelageja-Paulinette, Turgenjews Tochter.

büste Paulines schmückt. Zum Essen am späten Nachmittag findet er sich bei seinen Freunden ein.

Am Abend versammeln sich die Familie und stets einige Gäste im Salon. »Am Kamin, in schweren Sesseln, saßen Viardot und Turgenjew«, erinnert sich die Ehefrau Anton Rubinsteins. »Wenn sie von der gemeinsamen Jagd rechtzeitig zum Essen zurückkehrten, begannen sie den Abend meist mit einträchtigem Schnarchen vor dem Feuer, ganz ungeachtet des lauten Protests von Mme Viardot. ›Bei Gott! Wie werden sie doch alt!‹, rief sie bisweilen. Am runden Tisch im Schein der großen Lampe handarbeiteten ein paar Schülerinnen und die Kinder unter Anleitung der Gouvernante Mlle Arnholt. Auch sie beteiligten sich am Gespräch und belebten es immer wieder durch Ausbrüche fröhlichen Lachens. Mme Viardot selbst, stets eine Arbeit oder einen Bleistift in der Hand, heiter und nimmermüde, erzählte, machte Späße, bisweilen las sie laut etwas vor, veranlasste alle, etwas zu erzählen, und forderte Iwan Sergejewitsch zum anregenden Gespräch auf. Anfangs antwortete er stets etwas unwirsch, dann wurde er lebendiger, erhob sich aus seinem Sessel und erzählte stehend oder umhergehend von seiner Jugend, dem Leben auf dem Lande, von Russland. Ich erinnere mich sehr gut an seine imposante Figur, sein schönes russisches Gesicht, das silberfarbene Haar und die gutmütigen, strahlenden Augen. … M Viardot schwieg für gewöhnlich und blickte ins Feuer, aber manchmal warf er ein paar Worte ein, immer klug und passend. Auf mich machte er den Eindruck eines Buchs, nicht eines Menschen – etwas in der Art eines Lexikons, welches im Hause gebildeter Menschen nicht fehlen darf, das man aber nur selten zur Hand nimmt.«

Die Verbindung zwischen dem Schriftsteller und der Sängerin ist eine andere geworden. In den Jahren zuvor war offensichtlich, dass Turgenjew als, wenngleich gern gesehener, Gast in der Familie Viardot lebte. »In der Beziehung zwischen dem vollkommen grauhaarigen Viardot und dem stark ergrauten Turgenjew war, ungeachtet ihrer Freundschaft, das Wohlwollen des mit allen Rechten ausgestatteten Gastgebers einerseits und die wohlerzogene Beflissenheit des Gastes auf der anderen Seite nicht zu übersehen«, erinnert sich der Dichter Afanassi Fet an einen Besuch in Courtavenel im Jahr 1857.

In Baden-Baden tritt Louis Viardot zunehmend in den Hintergrund, während Turgenjew eine immer größere Rolle im Leben der Musikerin spielt. Für den Ehemann ist es nicht immer einfach, diesen Rollenwechsel zu akzeptieren. In einem Brief bittet er Pauline, »meine Ruhe und Behaglichkeit wiederherzustellen und mich wieder mit Glück und Stolz zu erfüllen, für Dich, meine Frau und Gefährtin«.

Fast eine Idylle. »Eine wundervolle Zeit (vielleicht die beste meines Lebens).«

Nach der Aufhebung der Leibeigenschaft und den damit einhergehenden politischen und ökonomischen Veränderungen weicht die anfängliche Hoffnung, die man in Russland in den Reformzar Alexander II. gesetzt hatte, einer allseitigen Unzufriedenheit. Die Bauern begehren auf, Studenten demonstrieren und die Adeligen, die durch die Reformen einen sozialen Abstieg erleben, sind ernüchtert. Die zaristische Regierung versucht, die öffentlichen Freiräume wieder einzuschränken. Infolge der Studentenunruhen wird die Sankt Petersburger Universität bis zur Überarbeitung ihrer Statuten geschlossen, die beiden radikaldemokratischen Zeitschriften *Sowremennik* und *Russkoje slowo* müssen zunächst für eine Frist von acht Monaten ihr Erscheinen einstellen, bis sie nach dem missglückten Attentat auf den Zaren 1866 ganz verboten werden.

»In Petersburg herrscht gefährlicher und sinnloser Staatsterror«, schreibt Alexander Herzen über die erstarkende Reaktion im Russischen Reich. »*Sowremennik* und *Russkoje slowo* sind verboten, Druckereien unterstehen zweifacher Kontrolle, zwei Ministerien sowie die III. Abteilung müssen die Genehmigung für öffentliche Vorträge erteilen, Verhaftungen ohne Unterlass. Es ist offensichtlich, dass das Regime Nikolajs lebendig begraben wurde und nun im bis oben hin zugeknöpften Leichenhemd des Militärs aus der feuchten Erde wiederauferstehtet.«

Der reaktionäre Umschwung des politischen Klimas erfasst auch die im Ausland lebenden Russen. Im Juli 1862 wird an der österreichisch-italienischen Grenze ein Bote des in der politischen Emigration in London lebenden Alexander Herzen verhaftet; illegale Schriften und Briefe, die nach Russland geschmuggelt werden sollten, werden beschlagnahmt. Ein halbes Jahr später erhält Turgenjew, dessen Name in diesen Briefen häufige Erwähnung findet, unter Androhung des Verlusts seines Adelstitels und der Konfiskation seines gesamten Besitzes die Aufforderung, unverzüglich aus Paris nach Russland zurückzukehren im Zusammenhang mit der Ermittlung »gegen Personen, die beschuldigt werden, Beziehungen zu Vertretern der Londoner radikalen Kreise zu unterhalten«.

Turgenjew folgt dem Rat des russischen Botschafters in Paris und wendet sich mit einem Brief persönlich an den Zaren, um ihn von seiner Loyalität und seinen politischen Ansichten zu überzeugen, »die unabhängig, aber zuverlässig« seien. Dessen ungeachtet wird Turgenjew von der Kommission des Senats ein weiteres Mal nach Russland zitiert.

Baden-Baden gerade nun zu verlassen, wo Pauline ihm wieder ihre Zuneigung geschenkt hat, fällt Turgenjew schwer. Nicht so sehr das, was ihn in Russland erwarten mag, beunruhigt ihn, als vielmehr die Aussicht, dass der Alltag in Baden-Baden ohne ihn stattfinden wird. »Jetzt ist es Viertel nach sieben am Abend, liebe Mme

Viardot«, schreibt er am 14. Januar 1864 aus Berlin, »in diesen Minuten versammeln Sie alle sich im Salon. Sie musizieren, Viardot döst am Kamin, die Kinder zeichnen, und ich, dessen Herz in diesem so sehr geliebten Salon zurückgeblieben ist, werde noch ein wenig schlafen.«

Am Tag nach seiner Ankunft in Sankt Petersburg sucht der Schriftsteller sogleich Anton Rubinstein auf, um ihm einen Brief Paulines sowie einige ihrer Kompositionen zu übergeben. Der berühmte Pianist und Komponist, der bei seinen Besuchen in Baden-Baden regelmäßig im Salon seiner guten Bekannten Pauline Viardot-García musiziert, ist Gründungsdirektor des ersten russischen Konservatoriums in Sankt Petersburg und verfügt über beste Verbindungen. Er setzt sich sogleich ans Klavier, um die von Pauline Viardot-García komponierten russischen Romanzen zu spielen, und verspricht, seinen Einfluss geltend zu machen, um deren Veröffentlichung zu unterstützen. »Einige haben ihn sehr beeindruckt«, berichtet Turgenjew nach Baden-Baden, »besonders *Schweigen*, *Ruhige Nacht*, *Blume*, *Meine Stimme*, *Schlaflied*, *Zwei Rosen*. Von ihnen war er ganz bezaubert.« Rubinstein macht Turgenjew mit dem einflussreichen Musikverleger August Johansen bekannt und sagt zu, mit diesem die Korrekturbögen durchzusehen. Und schon im Februar 1864 wird Pauline Viardot-Garcías *Album* mit den von ihr vertonten russischen Gedichten veröffentlicht. Im selben Jahr erscheint das Album *12 Gedichte von Puschkin, Feth und Turgeneff für eine Singstimme mit Begleitung des Pianoforte, componiert von Pauline Viardot-García* auch in der deutschen Übersetzung von Friedrich Bodenstedt im renommierten Leipziger Musikverlag Breitkopf und Härtel.

Vor dem Tag des Verhörs genießt Turgenjew die Gesellschaft seiner russischen Freunde. Er trifft sich zum Diner mit Pawel Annenkow und Wassili Botkin, ist zu Gast bei Gräfin Lambert, die noch frommer geworden ist, besucht die Oper und Konzerte unter dem Dirigat Anton Rubinsteins, wohnt Versammlungen der Gesellschaft zur Unterstützung bedürftiger Schriftsteller bei sowie einem Ball, den der Zar mit seiner Anwesenheit beehrt. Aber all dies erlebt er »wie im Traum«. Sobald er allein ist, überkommt ihn »eine furchtbare Wehmut«. »Ich habe mich so an das ruhige, liebreizende Leben gewöhnt, das ich in Baden geführt habe«, schreibt er an Pauline. »Ich denke ohne Unterlass daran und spüre, dass ich nur zufrieden sein kann, wenn ich in dieses gesegnete Land zurückkehren werde, in dem ich den besten Teil meiner selbst zurückgelassen habe.«

Am 7. Januar 1864 sagt Turgenjew vor dem Senat in der Ermittlungssache gegen ihn aus. »Man führte mich mit einer gewissen Feierlichkeit in einen großen Raum, wo ich mich sechs älteren Herren in mit Sternen geschmückten Uniformen gegenübersah. Sie ließen mich eine Stunde lang vor ihnen stehen, lasen mir die Antworten vor, die ich brieflich bereits gegeben hatte, und fragten, ob ich etwas hinzuzufügen hätte. Nach der Aufforderung, am Montag zur Gegenüberstellung zu erscheinen, entließen sie mich.« Zur »confrontatio« kommt es nicht. Am 13. Januar händigen die Ermittlungsführer Turgenjew sein Dossier aus und fordern ihn auf, schriftlich darzulegen, wie er zu den Vorwürfen steht. Offensichtlich hat seine an Zar Alexander II. gesandte Loyalitätsbekundung ihre Wirkung nicht verfehlt.

Alexander Herzen verurteilt diesen Schritt Turgenjews scharf. In einer Notiz in seiner Zeitschrift *Kolokol* spottet er giftig über eine »weißhaarige Magdalena (männlichen Geschlechts), die dem Herrscher schrieb, sie sei um Schlaf und Appetit gebracht, um Ruhe, weiße Haare und Zähne, da sie sich quäle, dass der Zar noch nicht Kenntnis erlangt habe von ihrer Gewissenspein, aufgrund derer sie alle Verbindungen mit den Freunden ihrer Jugend aufgelöst habe«.

»Ich hätte niemals gedacht, dass Du einen Kübel Dreck über einen Menschen ausschütten würdest, den Du seit fast zwanzig Jahren kennst«, schreibt Turgenjew daraufhin bitter an Alexander Herzen, »allein deshalb, weil er nicht mit Dir einer Meinung ist. Wenn ich Dir die Antworten auf die mir zugesandten Fragen zeigen könnte, so könntest Du Dich überzeugen, dass ich, ohne etwas zu verheimlichen, nicht nur keinen meiner Freunde in seiner Ehre verletzt habe, sondern auch nicht im Entferntesten daran gedacht habe, mich von ihnen loszusagen, denn dies hätte ich als meiner selbst unwürdig erachtet.«

Am 28. Januar erhält Turgenjew die Ausreisegenehmigung, im Sommer wird das Verfahren gegen ihn eingestellt. Im März ist er wieder in Baden-Baden.

Im Sommer 1862 weilt auch Pauline Viardots »liebstes Clärchen« zu einem ersten längeren Besuch in dem beliebten Kurort. Seit dem Tod ihres Mann Robert Schumann ist die Pianistin oft für längere Zeit auf Konzertreise. Im Frühjahr sind die beiden Freundinnen in Paris einander wiederbegegnet, bei den beiden letzten Konzerten von »la célèbre Clara Schumann« hatte Pauline mitgewirkt. Nachdem sich die Viardots in Baden-Baden niedergelassen haben, überredet Pauline Viardot Clara Schumann dazu, sich dort auch ein Haus zu kaufen, und im Sommer 1863 nimmt die Pianistin ihren Sommerwohnsitz im nahe gelegenen Dorf Lichtenthal.

Die Sommer dort sollen ihr nach den anstrengenden Wintergastspielen Erholung im Kreise ihrer Kinder und Besucher bringen. Einer der häufigsten Besucher in ihrem Haus ist Johannes Brahms, der sich in der Nähe eingemietet hat, um in Ruhe komponieren zu können; aber auch der berühmte Geiger Joseph Joachim, der Bariton und Dirigent Julius Stockhausen, der Pianist Anton Rubinstein sind bei Clara Schumann zu Gast.

Auch Iwan Turgenjew beschließt, sesshaft zu werden. 1864 erwirbt er das Grundstück neben dem der Viardots und gibt den Bau eines Hauses in Auftrag. »Es gibt keinerlei Notwendigkeit, warum ein Schriftsteller unbedingt in seiner Heimat leben und darum bemüht sein sollte, alle Veränderungen zu durchdringen, die sich dort vollziehen«, antwortet er wie erwähnt Gräfin Lambert am 3. September 1864 auf ihren Vorwurf, dass er Russland verlasse, »zumindest gibt es keine Notwendigkeit, dies stets und ständig zu tun. … Mit einem Wort: Ich sehe keinen Grund, warum ich mich nicht in Baden niederlassen sollte. Ich tue dies nicht, weil ich mich zu amüsieren wünsche (dies macht man in der Jugendzeit), sondern ganz allein, um mir ein Nest zu bauen, in welchem ich auf den Augenblick des unvermeidlichen Endes warte.«

Die Villa Viardot wird rasch zum musikalischen Zentrum in Baden-Baden. Im Oktober 1864 wird die im Garten der Villa erbaute »Ton- und Kunsthalle« eingeweiht. »Ein zierlicher, mit feinem Kunstgeschmacke eingerichteter Saal, von großen Fenstern in der Decke von obenher beleuchtet, den Büsten und Bildern, die darin placiert sind, so vortheilhaft, wie seine akustischen Verhältnisse dem Klange der Stimmen und Instrumente. Denn dem Genusse aller Künste ist dieser Raum gleichzeitig geweiht. An den dunkelgrün tapezierten Langwänden prangt die auserlesene Gallerie alter Meisterwerke, welche Herr Viardot hier vereinigte; darunter das bewundernswerthe Frauenbildniß von van der Helst, das Brustbild eines Greises von Rembrandt, der Mondaufgang von van der Meer, der heilige Hieronymus von Netscher, die Schenke von Ostade, das Kornfeld von Ruysdael, und vor allem diesen und nach so viel anderen jene Mittelgruppe der beiden Bauern aus dem Bilde der ›Trinker‹ von Velasquez, welche der alte Friedensfürst Godoy dem Vater der Madame Viardot als Zeichen der Gunst und Verehrung schenkte; nahe der Thüre die Büsten Beethoven's und Rossini's, in der Mitte das Meisterwerk des Franzosen Millet, die Marmorbüste der Besitzerin selbst. Und an der Wand dagegenüber die prächtige, innerlich so klangreiche, außen so kunstvoll gestaltete Orgel, mit dem von Ary Scheffer auf Goldgrund gemalten Kopfe

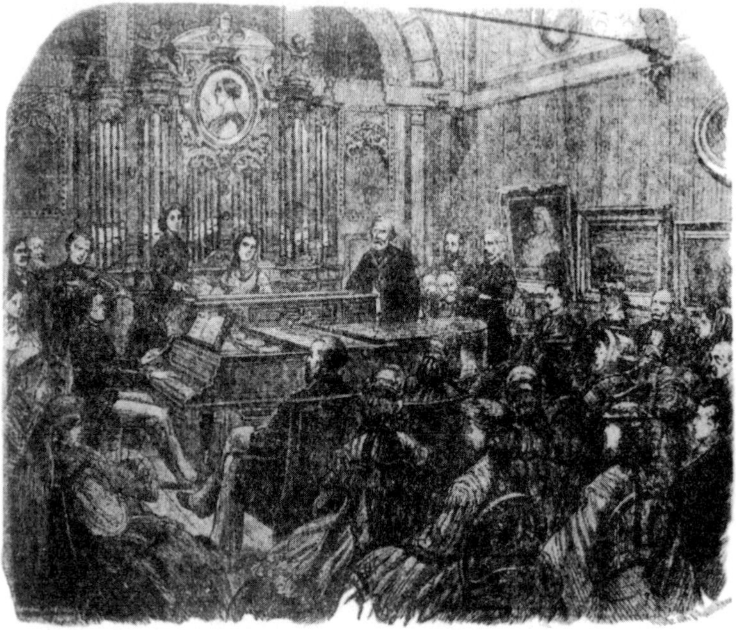

Abb. 26: Sonntagsmatinee in der Tonhalle der Villa Viardot in Baden-Baden. Holzschnitt von Ludwig Pietsch, 1865.

einer h. Cäcilie; davor der Pleyel'sche Flügel. Zierlich geschnitzte Bogen von lichtfarbigem Holze spannen sich über den Raum, Malereien der Attribute aller Künste schmücken die Felder der Wand, zunächst der Decke.«

Hier kommen bei den berühmten Sonntagsmatineen alle zusammen, die Rang und Namen haben, sowohl aus der Welt der Musik als auch aus »dem Gothaischen Almanach«, wie der Sohn Paul in seinen Erinnerungen etwas spöttelnd anmerkt, denn in ihrem privaten Konzertsaal empfängt Pauline Viardot auch das preußische Königspaar, Fürstinnen und Grafen; besonders gute Verbindungen pflegt sie zu der preußischen Kronprinzessin, dann Königin, später Kaiserin Augusta. Aber auch Größen der Politik wie Otto von Bismarck und der preußische Generaloberst Helmuth von Moltke sind bei der Musikerin zu Gast.

Bei ihren Konzerten spielt Pauline Orgel, es erklingt Kammermusik, oft mit ihr selbst am Klavier, Musikerkollegen fühlen sich geehrt, wenn sie um Mitwirkung bei den Matineen gebeten werden. Die Musikmatineen in der Villa Viardot sind in aller Munde. »Frau Viardot macht seit einiger Zeit jeden Sonntag von 3 bis 5 Uhr Musik bei sich in der Orgelhalle«, berichtet Anna von Hessen, »u. alle ihre Bekannten sind dabei willkommen, wir fehlen gewöhnlich nicht. Es ist jedenfalls eine dankenswerte Absicht von Frau Viardot, die, abwechselnd mit ihren Schülerinnen, Gesangsvorträge hält, dazwischen wird mal Harfe oder Orgel gespielt. … Oft kommen welche nur aus Neugierde, und gänzlich unmusikalische Erscheinungen füllen den Saal – (wie ja immer.)«

1867 erscheint ein weiterer Roman Turgenjews – *Rauch*. Das neue Werk spielt in Baden-Baden und handelt vom Leben des russischen Hoch- und Geldadels in der Kurstadt, wie bereits aus dem ersten Satz des Romans hervorgeht: »Am 10. August des Jahres 1862 drängte sich um vier am Nachmittag vor dem berühmten Conversationshause in Baden-Baden eine große Menschenmenge.« Hier kommen aristokratische Damen und Hochstapler zusammen, Kokotten und Diplomaten, Generäle und Salonlöwen, reiche Landbesitzer, Spieler und Emigranten, die sich für Revolutionäre halten. Vor diesem Hintergrund entfaltet Turgenjew das Liebesdrama des Russen Grigori Michailowitsch Litwinow.

Die Zeiten der Basarows sind endgültig vergangen, der Held der Neuzeit ist ein bescheidener, fleißiger, tätiger Mann, »ein gewöhnlicher, ehrlicher Mensch« wie Grigori Litwinow. Mit dem Ziel, seine Kenntnisse der Agronomie zu vertiefen, um ein »kompetenter« Gutsbesitzer und Landwirt zu werden »und so seinen Bauern, ja vielleicht sogar dem ganzen Landkreis von Nutzen zu sein«, hat

Litwinow einige Jahre in Westeuropa zugebracht. Vor seiner Reise zurück in die Heimat, die er in Kürze anzutreten gedenkt, hält Litwinow sich einige Tage in Baden-Baden auf, um dort seine Verlobte Tatjana und deren Tante Kapitolina Markowna zu treffen. Das Schicksal will es, dass er hier seiner Jugendliebe Irina wiederbegegnet, die ihn einst einer »glänzenden Partie« wegen verließ.

Die kluge, stolze und schöne Irina, die sich mit ihrem Mann, einem wohlhabenden und eitlen General, in Baden-Baden aufhält, ist die Gebieterin über die dort zusammengekommene russische Gesellschaft, doch deren Leere und moralische Verkommenheit ist ihr eine Last. »Es ist mir ganz und gar unerträglich, ja nicht zum Aushalten in dieser Umgebung, in der ich ersticke«, gesteht sie Litwinow, »und dass ich Sie hier getroffen habe, einen lebendigen Menschen nach all diesen toten Puppen … freut mich so, als hätte ich eine Quelle in der Wüste gefunden.«

Die einstigen Gefühle entbrennen erneut, der grundanständige Litwinow löst die Verlobung mit Tatjana und will mit Irina fliehen. In letzter Minute weigert sich Irina jedoch, sie hat nicht die Kraft, jenes Leben aufzugeben, dem sie Jugend, Schönheit und ihren Stolz geopfert hat. »Ich selbst hatte gehofft, dass ich es vermag, all dies auszulöschen, zu verbrennen, wie in einem Feuer. Aber es scheint, als gebe es keine Rettung für mich, als habe das Gift sich allzu tief in mich gefressen. Offensichtlich bleibt es nicht ungestraft, dass man viele Jahre lang diese Luft einatmet«, schreibt sie Litwinow in einer letzten Notiz.

Als Litwinow abreist, erscheint Irina am Bahnhof. Noch einmal hat sie die Möglichkeit, mit dem Geliebten zu gehen, aber auch jetzt kann sie sich nicht dazu entschließen. Aus dem Fenster des Waggons sieht der »vor Trauer versteinerte« Litwinow den sich über dem Perron wölkenden Rauch aus der Lokomotive des Zuges, der ihn nach Russland bringen wird. »Rauch, Rauch«, sagt er einige Male vor sich hin. Und plötzlich scheint ihm alles Rauch – sein eigenes Leben, das Leben in Russland, alles Russische, besonders alles Russische. »›Alles ist Rauch und Dampf‹, dachte er ›alles scheint sich immerfort zu verändern, allerorten neue Formen, Erscheinungen jagen Erscheinungen nach und doch ist es eigentlich immer dasselbe, immer dasselbe, alle eilen dahin und verschwinden, ohne eine Spur zu hinterlassen, ohne irgendetwas erreicht zu haben«.

Zurück in Russland nimmt Litwinow sich der Bewirtschaftung seines Gutes an, kann bescheidene Erfolge vorweisen und die vom Vater hinterlassenen Schulden zurückzahlen. Einige Jahre später erfährt er, dass Tatjana immer noch mit ihrer Tante auf ihrem Gut lebt, wo die beiden die Kinder ihrer Bauern in der von ihnen gegründeten Schule unterrichten. Litwinow schreibt ihr, und Tatjana lädt ihn zu sich ein. »Als sie seiner ansichtig wurde, reichte Tatjana ihm die Hand. Er jedoch ergriff sie nicht, sondern fiel vor ihr auf die Knie. … Sie erschrak, errötete aber vor Freude über und über. ›Tanja‹ sagte er immer wieder, ›Tanja, hast du mir vergeben?‹ ›Tante, was ist mit ihm?‹, wandte Tatjana sich an Kapitolina Markowna, die ins Zimmer getreten war. ›Lass ihn, lass ihn, Tanja‹, antwortete die gütige alte Frau, ›du siehst doch, dass er sich seiner Schuld bewusst ist.‹« Litwinow und Tatjana versöhnen sich.

»In meinem ganzen Leben habe ich kein so sympathisches Geschöpf getroffen wie Ihre Braut«, sagt eine der Romanfiguren zu Litwinow. »Sie hat ein goldenes Herz, eine wahrhaft engelsgleiche Seele. … Sie verdient alles Glück auf dieser Welt, und das Schicksal jenes Menschen, dem es vergönnt ist, ihr dieses Glück zu schenken, macht einen neidisch. Man kann nur wünschen, dass er sich eines solchen Schicksals würdig erweist.«

Tatjana ist eine weitere der bezaubernden »Turgenjew'schen jungen Frauen«. Obgleich Tatjana Litwinow liebt, lässt sie ihn gehen, als sie von seiner Liebe zu einer anderen Frau erfährt. Und als das Leben sie ein zweites Mal mit ihm zusammenführt, findet sie den Großmut, ihm zu verzeihen. Und sie ist klug, hat ihre Lebensaufgabe gefunden und widmet sich gemeinsam mit ihrer demokratisch gesinnten Tante der Wohltätigkeit – der medizinischen Fürsorge für die Bauern und der Schulbildung der Bauernkinder. In der Figur der Tatjana erkennen die Zeitgenossen Turgenjews einstige Liebe Olga Turgenjewa.

Nach dem Erscheinen seines neuen Romans erwarten den Schriftsteller erneute Angriffe aus Russland. Die Konservativen sehen die Aristokratie diskreditiert, die Slawophilen die Heimat, die Radikalen betrachten Turgenjew als einen alten Schwätzer, der nicht in der Lage ist, die Bedeutung der jungen Kräfte zu erkennen. »Ich weiß, dass mich alle schelten«, schreibt der Schriftsteller an Alexander Herzen, »die Roten und die Weißen, von oben, von unten und von der Seite, ganz besonders von der Seite. Sogar Schmähgedichte wurden geschrieben. Aber ich lasse mich davon nicht aus dem Gleichgewicht bringen.«

Mit einem seiner schärfsten Kritiker kommt es zu einem folgenreichen persönlichen Zwist. Im Juni 1867 wird Turgenjew von seinem Schriftstellerkollegen Fjodor Dostojewski besucht, den er nach Erscheinen von dessen erstem Roman *Arme Leute* 1845 im Kreis seines Freundes Belinski kennengelernt hatte. Anfangs war Dostojewski von seinem Kollegen geradezu fasziniert. »Was für ein Mensch ist das!«, schreibt er seinem Bruder Nikolaj nach der ersten Begegnung im November 1845. »Ich habe mich in ihn so gut wie verliebt. Ein Dichter, Talent, Aristokrat, sieht gut aus, ist reich, klug, gebildet, … ich weiß nicht, was ihm die Natur verweigert hat. Schließlich ein durch und durch gerader, schöner Charakter aus guter Schule.«

Seit dieser ersten Begegnung der beiden Schriftsteller ist viel geschehen. 1849 wurde Dostojewski wegen seiner Zugehörigkeit zu einem revolutionären Zirkel zu zehn Jahren Zwangsarbeit nach Sibirien verbannt, während Turgenjew mit seinen *Aufzeichnungen eines Jägers* als Schriftsteller Anerkennung findet. Dostojewskis nach der

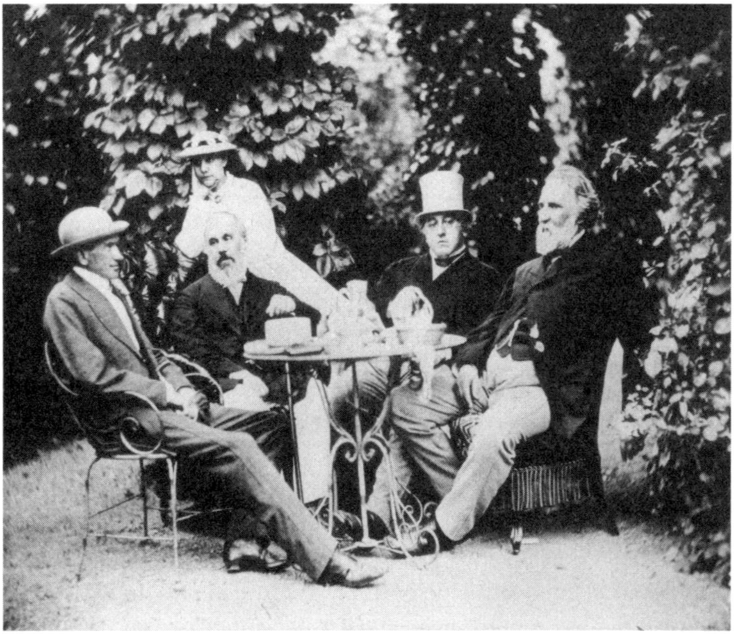

Abb. 27: Iwan Turgenjew im Sommerhaus der Familie Miljutin in Baden-Baden, 1867.

Rückkehr aus der Verbannung erschienene *Aufzeichnungen aus einem Totenhaus* vergleicht Turgenjew mit Dantes *Göttlicher Komödie*. Er unterstützt seinen Kollegen mit der Vermittlung von Kontakten zu Verlegern und überlässt ihm die 1864 in Baden-Baden entstandene Erzählung *Gespenster* zur Veröffentlichung in der von Dostojewski gemeinsam mit seinem Bruder herausgegebenen Zeitschrift.

Dostojewski ist in pekuniären Angelegenheiten nicht mit Glück gesegnet. Das Projekt der Zeitschrift scheitert und hinterlässt den Herausgebern einen Haufen Schulden. Der Schriftsteller sucht sein Heil im Spiel und verliert alles. In Wiesbaden leiht Turgenjew 1865 dem verzweifelten Kollegen 50 Taler. Auf der Flucht vor seinen Schuldnern in Russland hält Dostojewski sich mit seiner zweiten Ehefrau

Anna, die für die Reise ihre Mitgift verpfändet hat, seit April 1867 zum zweiten Mal in Deutschland auf. Wieder verspielt er alles. Er versetzt sogar den Ehering seiner Frau. In dieser ausweglosen Situation sucht er Turgenjew auf.

Die beiden Schriftsteller sind charakterlich und in ihrer sozialen Herkunft grundverschieden. Darüber hinaus sind sie nun weltanschaulichen Gruppierungen zuzurechnen, die in tiefem Gegensatz zueinander stehen. Turgenjew ist überzeugter »Westler«, fühlt sich gar als Deutscher, Dostojewski ist ein von messianischem Eifer getriebener Russophiler, der die Deutschen verachtet. »In Deutschland hat mich vor allen Dingen die Dummheit des Volkes entsetzt; sie sind so maßlos, so unermesslich dumm«, schreibt Dostojewski 1867 an seinen Freund, den Dichter Apollon Majkow.

Dieser tiefe Gegensatz bricht nun auf. Dostojewski wirft Turgenjew Atheismus und Russophobie vor, die in seinem neuen Roman *Rauch* zum Ausdruck komme, Turgenjew sagt, er schreibe an einem großen Aufsatz gegen alle Russophilen und Slawophilen. »Ich riet ihm«, schreibt Dostojewski in einem ausführlichen Brief über diesen Streit, »der Bequemlichkeit halber ... ein Fernrohr zu bestellen. ›Warum?‹, fragte er. ... Ich antwortete: ›Richten Sie das Teleskop auf Russland und betrachten Sie uns. Sonst ist es doch schwierig, Genaues zu erkennen.‹ Er ärgerte sich maßlos.«

Ein Auszug von Dostojewskis Brief wird in einer Abschrift Pjotr Bartenjew übergeben, dem Herausgeber der Zeitschrift *Russkij archiw*, mit dem Ziel, Turgenjew zu diskreditieren, der sich wiederum im Dezember in einem Schreiben an Bartenjew gegen »die heftigen Injurien gegen die Deutschen und mich« verwahrt. »Ich sehe mich gezwungen meinerseits zu erklären«, heißt es dort, »dass ich es allein deshalb für unangebracht gehalten hätte, Hrn. Dostojewski meine innersten Überzeugungen darzulegen, weil ich ihn für einen Menschen halte, der wegen seiner Anfallserkrankung und sonstiger Gründe nicht im Vollbesitz seiner geistigen Kräfte ist. Diese Ansicht wird im Übrigen von zahlreichen anderen Personen geteilt.«

Der Konflikt hat auch ein literarisches Nachspiel. In der Figur des eitlen und affektierten, unterwürfigen und schwächlichen Semjon Jegorowitsch Karmasinow schafft Dostojewski in *Die Dämonen* eine bösartige Karikatur Turgenjews. Dieser trägt es mit Fassung. Erst über ein Jahrzehnt später kommt es kurz vor Dostojewskis Tod anlässlich der Feierlichkeiten zur Einweihung des Puschkin-Denkmals in Moskau zu einer spektakulären Aussöhnung der beiden Schriftsteller.

Künstlerisches Duo

Anfang 1868 endlich wird Turgenjews Haus auf dem Grundstück neben dem der Villa Viardot fertiggestellt, und der Schriftsteller kann dort seinen Wohnsitz nehmen. Das herrschaftliche Gebäude mit Stilmerkmalen der Gotik und Renaissance erhält den hübschen Namen »Château enchanté« – Zauberschloss. Die Kosten für den Bau waren explodiert, infolgedessen war Turgenjew gezwungen, das Haus Louis Viardot zu verkaufen, und er lebt deshalb nun als Gast im von ihm selbst erbauten Haus. »So bin ich endlich in diesem Schloss, das Sie Zauberschloss genannt haben und das nunmehr kein Zauberschloss mehr ist, seitdem ich als Einsiedler hier eingezogen bin«, schreibt Turgenjew an einen Bekannten. »Hier ist es sehr gut, aber ich habe noch nie gleichzeitig in so vielen Zimmern gewohnt, und ich fühle mich wie ein Mensch, dem man ein viel zu großes Kleid angezogen hat. Ich werde zwar nicht mehr wachsen, aber ich werde mich daran gewöhnen.«

Tatsächlich lebt Turgenjew in Baden-Baden jedoch keineswegs als Einsiedler, denn er ist Teil der Familie Viardot. Zum Zwecke der schnelleren Kommunikation wird eine Pforte in den die beiden Grundstücke trennenden Zaun eingebaut, durch die der Schriftsteller jederzeit rasch auch in Hauskleidung zu den Viardots gelangen kann.

In der Vergangenheit hat Turgenjew immer wieder bedauert, kein »eigenes Nest« gebaut, keine eigene Familie gegründet zu haben. Zugleich aber hat er mehrmals, vielleicht aus Angst vor festen Bindungen, im entscheidenden Moment die Beziehungen zu Frauen abgebrochen. Pauline nimmt ihn in ihre Familie auf. Sie weiß um seine Liebeleien mit anderen Frauen, ist bisweilen auch ein wenig eifersüchtig, aber sie ist sich gewiss, dass Turgenjew ihr und ihrer Familie zu fest verbunden ist, als dass er diese Verbindung durch andere aufs Spiel setzen würde.

In jenen Jahren entwickelt sich zwischen Turgenjew, Louis und Pauline eine für alle überaus fruchtbare künstlerische Zusammenarbeit. Turgenjew ist kein Schriftsteller, dem das Schreiben leicht von der Hand geht. Er quält sich und sucht Ausflüchte, um dem Schreibtisch zu entkommen. »Ich hörte ihn in seinen Zimmern stöhnen und ächzen, mit großen Schritten auf und ab gehen«, erinnert sich der Freund Ludwig Pietsch. »›Turgenjew, was haben Sie, was peinigt Sie? Sie machen mir angst!‹ sagte ich zu ihm, als ich zum ersten Mal Zeuge dieser Szenen wurde. – ›Ach, ich bin so elend‹, war die Antwort, ›ich muß heute schreiben!‹ Er hatte schon öfter unter diesem ›Muß‹ gelitten; um sich dem Zwange zu entziehen mit sich allein Schach gespielt, war auf die Jagd gegangen. Aber er erlangte damit doch immer nur einen kurzen Aufschub. Schließlich zwang ihn die unentrinnbare Nötigung auf den Sessel vor seinen Schreibtisch nieder und hielt ihn gebannt in der Arbeit, bei der er dann hinter vor jedem Besucher und Störer fest verschlossenen Türen tagelang ausharrte.«

Die Unterstützung, die er von Pauline Viardot erhält, mit der er während der Entstehung jedes Kapitel des Romans *Rauch* diskutiert, gibt ihm Kraft, weiterzuschreiben, in einer Zeit, in der er in Russland zunehmend umstritten ist. Zugleich wird sein Name nun auch in Westeuropa immer bekannter und der Schriftsteller widmet der Arbeit an den Übersetzungen viel Aufmerksamkeit. Gemeinsam mit Louis Viardot übersetzt er russische Klassiker wie Puschkins *Eugen Onegin*, aber auch seine eigenen Werke ins Französische, die Übersetzungen seiner Erzählungen und Romane ins Deutsche bespricht er ausführlich mit Pauline Viardot-García. »Nie vergesse ich jenen Augustnachmittag«, berichtet Ludwig Pietsch, »als Turgenjew in dem kleinen, traulichen Salon der Villa Viardot … mit der Herrin des Hauses und mir gemeinsam die Prüfung und Feilung der Übersetzung [der Erzählung *Gespenster*] vornahm. Er mit dem russischen Original in der Hand, jedes Wort erwägend, das ich aus Bodenstedts Manuscript vorlas, und unserer Meinung, unserer Vorschläge hörend, bis dann schließlich durch Abstimmung über den bestentsprechenden, die feinen russischen Nuancen am genausten wiedergebenden deutschen Ausdruck entschieden wurde.«

Pauline Viardot-García wendet sich seit dem Rückzug von der Bühne vermehrt der Komposition zu. Dabei stehen zunächst die Vertonungen von zumeist russischen Gedichten im Vordergrund. Turgenjew unterstützt sie bei der Auswahl der Werke, vermittelt Kontakte zu Musikverlegern in Russland und nutzt Freundschaften und Bekanntschaften, um Rezensionen in russischen Zeitschriften zu erwirken. So wendet er sich an den Kollegen Iwan Gontscharow, der bereits einige Artikel für die Zeitschrift *Golos* geschrieben hat. Das Verhältnis der beiden Schriftsteller war zuvor getrübt, da Gontscharow überzeugt war, Turgenjew habe einige Ideen für seinen, Gontscharows, Roman *Abgrund*, die er dem Kollegen anvertraut hatte, in seinen eigenen Romanen *Ein Adelsnest* und *Am Vorabend* verwendet. Gontscharows Plagiatsvorwurf war vor einem Autorenschiedsgericht verhandelt worden und hatte mit einem

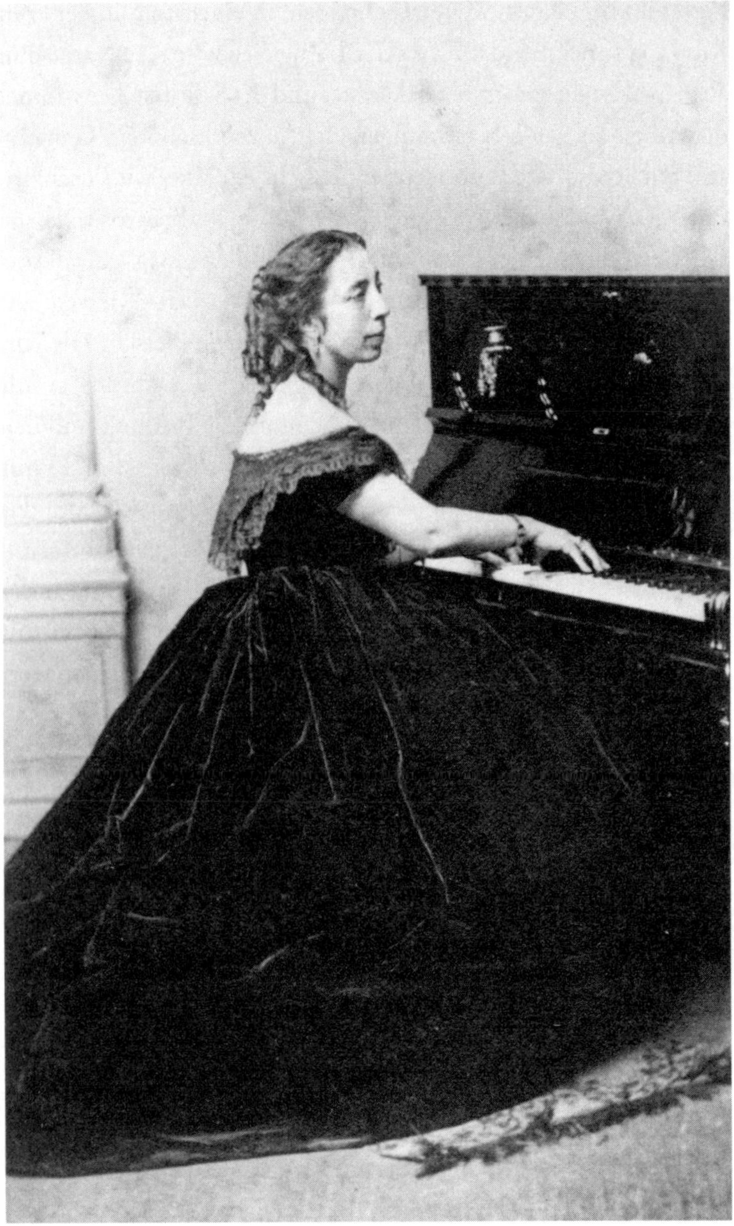

Abb. 28: Pauline Viardot-García, 1860er Jahre.

Freispruch für Turgenjew geendet. Gontscharow erfüllt die Bitte des Kollegen mit seinem Artikel über *Die Musik von Frau García auf russische Gedichte.*

Die überaus arbeitsame und disziplinierte Musikerin vertont aber auch deutsche Texte und beschäftigt sich einige Zeit besonders intensiv mit Kompositionen zu Gedichten Eduard Mörikes. 1865 singt sie dem damals noch nicht sehr bekannten Dichter in Stuttgart ihre Vertonungen vor. »Der alte Sonderling ist ganz außer sich gewesen, lief auf und ab wie ein Besessener«, berichtet Iwan Turgenjew Ludwig Pietsch am 19. April.

In ihrer Baden-Badener Zeit wendet Pauline Viardot sich zudem der Komposition von Operetten zu, wohl auch, um ihren Schülerinnen die Möglichkeit zu geben, auf einer privaten Opernbühne ihr dramatisches Talent unter Beweis zu stellen. Die Libretti für diese märchenhaft heiteren Werke schreibt Iwan Turgenjew.

An die Tradition des »Kartoffeltheaters« in Courtavenel anknüpfend, kommen in der ersten Saison des »Théâtre du Thiergarten« im Herbst 1867 in Turgenjews in jenem Jahr noch leerstehenden Zauberschlösschen die Operetten *Le Dernier Sorcier – Der letzte Zauberer* – und *Trop de Femmes – Zu viele Frauen* – zur Aufführung.

Iwan Turgenjew glaubt an Pauline Viardots Berufung zur Komponistin und ist sich bewusst, wie wichtig ihre Kompositionstätigkeit nach dem Abschied von der großen Bühne für sie ist. Er unterstützt sie, indem er die Rolle des Librettisten übernimmt. »Ich habe mich darangemacht, französische Libretti zu schreiben«, berichtet Turgenjew Pawel Annenkow am 23. September 1867, »die Mme Viardot auf hinreißende Weise in Musik setzt. Diese Operetten werden von ihren Kindern und Schülerinnen zur Aufführung gebracht. Im Publikum waren preußische Königin und König u. s. w. Ich bitte, sich nicht darüber lustig zu machen. Die Musik ist wahrhaft bezaubernd, besonders die letzte Operette *Der letzte Zauberer* ist ganz wundervoll!«

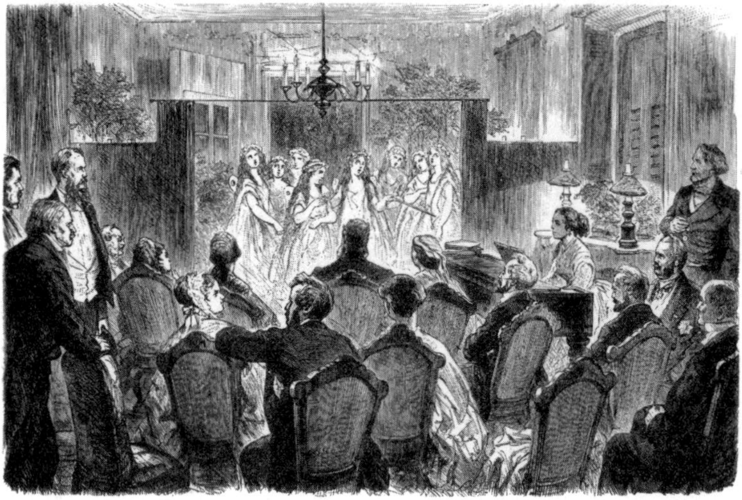

Abb. 29: »Fürsten und Feen im Salon Turgenjew«. Holzschnitt von Ludwig Pietsch.

Den Darstellern und dem Publikum bereitet die Arbeit bei den Proben herrliches Vergnügen. Die Kinder der Familie und die Schülerinnen geben ihr Bestes, sogar Turgenjew übernimmt Rollen, nicht jedoch als Sänger, sondern nur als Darsteller. Wenn er nicht spielt, ist er in der Garderobe beim An- und Umkleiden behilflich oder für die Technik verantwortlich. Die Komponistin übernimmt die Regie, begleitet am Klavier und singt auch selbst die eine oder andere Partie. Und nach der erfolgreichen Aufführung begibt sich das gesamte Opernensemble bester Laune in Kostümen auf den Weg durch den Garten in die Villa Viardot, wo Musiker und Publikum gemeinsam tafeln.

»Eine französische Operette, von einem Russen gedichtet, von einer Spanierin mit aller Innigkeit des ›deutschesten‹ Gemüths in Musik gesetzt, von französischen, spanischen, italienischen, belgischen, deutschen Künstlerinnen und Dilettanti auf dem deutschen Grunde eines russischen Besitzers vor einem aus *allen* Nationen gemischten und doch überwiegend deutschen Auditorium aufgeführt, ein solcher ›concours international‹ im reinen Kultus der Kunst und Schönheit, zur Verwirklichung des Begriffs einer idealen, echt menschlichen, befreiten Gesellschaft, ist er außerhalb dieses Tals noch einmal zu finden?«, schwärmt Ludwig Pietsch.

Im Frühjahr 1868 kommt die dritte Inszenierung auf die Bühne, *L'Ogre – Der Menschenfresser*, deren Erfolg den der vorherigen gar noch übertrifft. »Der Dichter Turgénjeff hatte zugleich die Darstellung der Titelrolle … übernommen«, heißt es in einer ausführlichen Rezension im *Badeblatt* vom 27. Mai 1868. »Da aber die Natur ihn offenbar nicht zum Sänger bestimmte, so hatte er seine Partie wohlweislich so eingerichtet, daß er nicht zu singen, sondern nur zu sprechen und zu spielen brauchte, was er mit vielem Geschick durchführte. Da ferner kein Theaterstück ohne ersten Liebhaber existieren kann, ein solcher aber weder in Tenor, noch Bariton, noch Baß zur Disposition war, so hatte die Componistin, Madame Viardot, dieses Rolle (›Prinz Saphir‹) selbst übernommen und spielte und sang sie so, daß vermuthlich kein Tenorist oder Baritonist sie je übertroffen haben würde, weßhalb auch keiner vermißt wurde.«

Der ungeheure Erfolg der Privataufführungen hat zur Folge, dass das Publikum immer zahlreicher und offizieller wird. Im Oktober 1868 findet eine Aufführung der neuesten Operette der Viardot in Anwesenheit des preußischen Königspaars, das von Kronprinz und Kronprinzessin begleitet wird, und des Großherzogs von Baden statt. Der Aufführungssaal in Turgenjews Villa, der nur dreißig Besuchern Platz bietet, erweist sich bald als zu klein, und deshalb wird neben der Ton- und Kunsthalle ein kleines Theatergebäude mit Bühne, kleinem Orchestergraben und einem Saal für das Publikum errichtet, in dem die Operetten ab dem Sommer 1869 gezeigt werden.

Die Komponistin schreibt die Operetten nach den Erfordernissen der Darstellerinnen ständig um und erweitert sie, und so gibt es

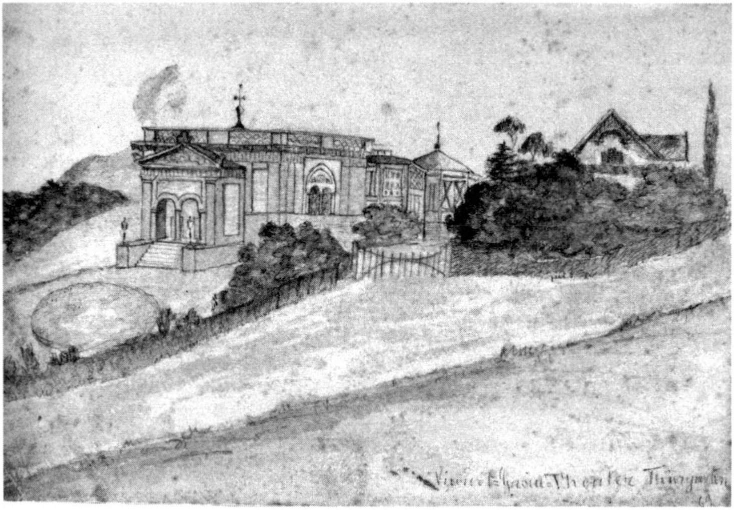

Abb. 30: Theater im Park der Villa Viardot in Baden-Baden. Zeichnung von Ludwig Pietsch, 1870.

kaum je eine endgültige Fassung, sondern sie behalten bis zuletzt den Charakter des Improvisatorischen. Dies ist wohl der Grund, weshalb außer *Le Dernier Soucier* keine der Operetten Pauline Viardot-Garcías vollständig erhalten ist.

»Ich habe nie zuvor Musik gehört, die poetischer ist als jene, die Mme Viardot für diese Operette geschrieben hat«, berichtet Turgenjew seinem Freund Wassili Botkin über den Erfolg der Aufführung von *Der letzte Zauberer*. »Alle, die sie gesehen haben (darunter hervorragende Musiker wie Clara Schumann, Rubinstein, Levi, der Direktor des Karlsruher Orchesters), raten die Instrumentierung der Partitur an und es gibt keinen Grund, warum *Der letzte Zauberer* nicht auf einer richtigen Bühne zur Aufführung kommen sollte.«

Auch dem alten Freund Franz Liszt gefällt die Musik Paulines. Er regt die Umarbeitung der Operette *Der letzte Zauberer* zur großen

Oper an. Das Werk wird in der Instrumentierung seines Nachfolgers als Hofkapellmeister in Weimar, Eduard Lassen, und in der Übersetzung von Richard Pohl am 8. April 1869 am Großherzoglichen Hoftheater Weimar uraufgeführt, weitere Vorstellungen finden in Karlsruhe und am Stadttheater Baden-Baden statt. Pauline Viardot ist damit die erste Komponistin, deren Werk auf einer deutschen Bühne öffentlich aufgeführt wird.

Die »Meisterin« wird von ihren Schülerinnen geliebt und verehrt. Zu ihrem 48. Geburtstag am 18. Juli 1869 machen sie ihr ein ganz besonderes Geschenk. Gemeinsam mit Johannes Brahms pauken sie vier Chöre ein, die sie ihr am Morgen als Ständchen darbringen. »Da Madame Viardot gewöhnlich sehr früh aufstand … war unser Geburtstagsprogramm folgendes«, berichtet ihre Schülerin Marianne Brandt: »Um sechs Uhr früh unsere beim Gärtner vorher bestellten Bouquets abholen, in corpore zur Villa Viardot heraufziehen, um 7 Uhr da die Chöre absingen, dann alle zusammen auf der Molkekur, einem nahen Kaffeehause, frühstücken.

Alle waren pünktlich zur Stelle … und von Brahms feurig dirigiert, sangen wir unter der Meisterin Fenster unsere Chöre in die frische Morgenluft hinaus. Aber o weh! Nichts rührte sich in der Villa. Die Jalousien blieben geschlossen. Weder Schumann noch Brahms hatten es vermocht, das schlafende Dornröschen zu wecken. … Brahms blieb standhaft und wir sangen von neuem die ersten zwei Chöre. Nun endlich wurde im Erdgeschoss ein Fenster geöffnet. … Schnell schwang sich von der Veranda aus der damals noch schlanke Brahms auf das Fenster, sprang von da in den Salon und sperrte uns von innen die Türe auf. Wir traten ein, legten schweigend unsere Bouquets auf den Tisch und wollten uns, Dieben gleich, davon schleichen. Da teilte sich eine Portière und herein schwebt im weißen Morgengewande Madame Viardot. Uns alle umarmend dankt sie für die schöne Überraschung.«

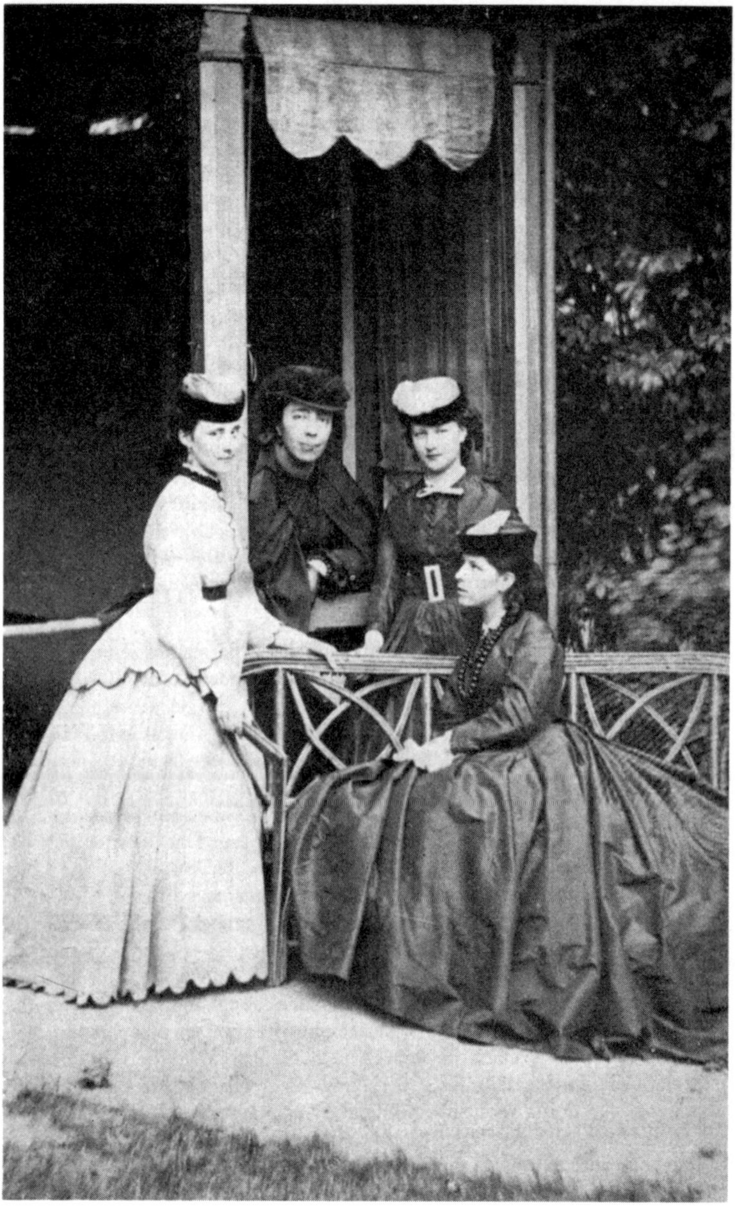

Abb. 31: Marianne, Pauline, Claudie Viardot und Viardots Schülerin Jeanne Pomey (sitzend).

8. »Hier nun ist wirklich mein Zuhause«

Russischer Botschafter in Paris

»Bald war der glänzende Badeort ganz verödet. Madame Viardot, sich selbst zum Aufbruch vorbereitend, hatte ihre Kinder nach Wildbad geschickt; Herr Viardot schloß sich voll Groll in sein Zimmer ein und sprach mit niemandem – es war, als ob ein Wirbelwind alles auseinandergejagt hätte.«

Nur ein Jahr nach dem von Johannes Brahms feurig dirigierten Geburtstagsständchen für Pauline ist mit der Kriegserklärung Frankreichs an Preußen am 19. Juli 1870 die Idylle in Baden-Baden zu Ende. Die Franzosen, die den größten Teil der Gäste in der Kurstadt ausmachten, sind plötzlich Feinde.

Der Krieg währt jedoch nicht lange. Mit der katastrophalen Niederlage bei Sedan am 2. September 1870 ist die Entscheidung zugunsten Preußens gefallen. Nach der Gefangennahme Napoleons III. wird am 4. September 1870 in Frankreich die Monarchie gestürzt und durch eine republikanische Regierung der nationalen Verteidigung ersetzt. Diese kann jedoch die Niederlage Frankreichs nicht verhindern. Am 27. Oktober 1870 ergibt sich die französische Rheinarmee in Metz, Paris kapituliert am 28. Januar 1871, noch am selben Tag wird ein Waffenstillstand unterzeichnet. Mit dem Frieden von Frankfurt vom 10. Mai 1871 ist der Krieg beendet. Wenig später wird auch die Herrschaft der Pariser Kommune beendet, die zweiundsiebzig Tage währte. Vom 21. bis zum 28. Mai wüten in der »semaine sanglante« – Blutwoche – die Kämpfe der Kommunarden gegen die Regierungstruppen. Zurück bleiben ein Meer von

Blut, Erinnerungen an Massenexekutionen und brandschwarze Ruinen. Für den Russen Turgenjew ist der Krieg »ein Krieg der Zivilisation gegen die Barbaren. Der Bonapartismus wird eine Lektion erhalten.« Es sei »wahrhaft ein Glück, Zeuge zu sein, wie dieser bedauernswerte Lump mit seiner gesamten Clique in die Kloake gestürzt ist«. Die Ereignisse in Paris erschüttern ihn zutiefst.

Obgleich die Viardots als Gegner Napoleons III. propreußisch eingestellt sind, fassen sie recht rasch den Entschluss, Baden-Baden zu verlassen. Die patriotischen Begeisterungstaumel der Deutschen befremden sie. Im Oktober schifft sich Pauline Viardot-García mit den Töchtern von Ostende aus nach London ein, Louis Viardot und Turgenjew folgen drei Wochen später, der Sohn Paul bleibt zunächst bei einer der »pas trop belles sœurs« zurück.

Die Lage der Viardots in London ist schwierig. Durch den Krieg ist ein Teil des Vermögens verloren und sie leben, gemessen am Niveau, das sie gewöhnt sind, in dürftigen Verhältnissen. »Einen recht traurigen Eindruck macht mir hier Mme. Viardot«, berichtet Clara Schumann am 5. Februar 1871 Johannes Brahms aus London, »die ich neulich in einem höchst ungemütlichen, schmutzigen Lodging fand und die mir erzählte von furchtbaren Schülern, die sie hier hat. Wie unwürdig einer solchen Künstlerin, und wie traurig, daß sie dazu gezwungen ist! ... Ich glaube nicht, daß sie wieder nach Baden geht. Mir scheint, sie und Turgenjew, der auch hier ist, verkaufen ihre Häuser. Ich habe neulich, als ich bei ihr war, immer mit meinen Tränen gekämpft, sie dauerte mich zu schrecklich.«

Gleichwohl ist der Lebensstandard immer noch einigermaßen auskömmlich, die Musikerin kann einen Koch, eine Gouvernante und zwei Hausmädchen anstellen. Man zehrt vom mobilen und immobilen Vermögen. Turgenjew verkauft eines seiner Güter, um die Freunde zu unterstützen, und vermittelt den Verkauf eines der Rembrandt-Gemälde aus der Sammlung Louis Viardots an die Großfürstin Jelena Pawlowna.

Unterstützt durch ihren Bruder Manuel García, der seit 1848 an der Royal Academy in London eine Professur für Gesang innehat, etabliert sich Pauline auch in London als Gesangspädagogin. Hier kann sie jedoch ihre Schülerinnen nicht auswählen, denn sie ist auf die Honorare für die Stunden angewiesen. Sie nimmt auch ihre Gesangstätigkeit wieder auf, allerdings mit mäßigem Erfolg.

Doch obgleich auch ihre Gesundheit angegriffen ist, lässt Pauline Viardot sich nicht entmutigen. Sie veranstaltet wieder Salons, verhandelt mit Nikolaj Rubinstein über eine mit 5000 Rubeln pro Wintersemester sehr gut dotierte Gesangsprofessur am neugegründeten Moskauer Konservatorium und mit Joseph Joachim über den Aufbau einer Gesangsabteilung an der 1869 neugegründeten Berliner Musikhochschule; beides jedoch verläuft im Sande.

Am 28. 4. 1871 meldet *Le Temps* »das Ableben von Mme Pauline Viardot, geborene García, Schwester der Malibran und Schöpferin der Fidès in Meyerbeers *Le Prophète*«. Die Sängerin amüsiert sich über die Kondolenzschreiben, die sie erreichen, nachdem die Falschmeldung von der internationalen Presse nachgedruckt worden ist. Verärgert ist die »Tragédienne lyrique«, die kurz vor ihrem fünfzigsten Geburtstag steht, allerdings darüber, dass ihr Alter mit dreiundfünfzig angegeben wird.

Die politische Situation in Frankreich nach dem Französisch-Preußischen Krieg und der Niederschlagung der Kommune beruhigt sich schnell. Im Herbst 1871 kehren die Viardots nach Paris in ihr Haus in der Rue de Douai zurück. Die Übersiedlung erfolgt nach und nach, das Haus muss erst wieder wohnfertig gemacht, die Hausstände in Baden müssen aufgelöst werden. Die wichtigsten und liebsten Gegenstände, so Paulines Orgel und die verbliebenen Werke aus der Gemäldesammlung von Louis, werden nach Paris überführt.

Der Freund Iwan Turgenjew bezieht die Wohnung im oberen Geschoss. »Zu meinen tiefen und unveränderlichen Gefühlen zu

Ihnen ist nun noch hinzugekommen, dass es mir unmöglich ist, ohne Sie zu sein«, hatte er Pauline im Dezember 1870 geschrieben. »Ihre Abwesenheit fügt mir körperlichen Schmerz zu, es ist, als hätte ich keine Luft zum Atmen, eine verborgene und dumpfe Sehnsucht, von der ich mich nicht befreien und die nichts zerstreuen kann.«

Trotz aller Alltagssorgen und einer schmerzhaften Gichterkrankung, die ihn für drei Wochen ans Bett fesselt, schreibt der Schriftsteller in den Jahren 1870 und 71 ein neues Werk, *Frühlingsfluten*, das im Januar 1872 im *Westnic Jewropy* erscheint. Die Figurenkonstellation in dieser letzten großen Erzählung über die Liebe gleicht derjenigen in *Rauch*: ein schwacher Mann zwischen zwei Frauen. Und wie in den Erzählungen *Faust* und *Der Briefwechsel* ist das Thema die zerstörerische Kraft des Eros, der den Mann zum willenlosen Sklaven macht.

Frühlingsfluten handelt vom jungen russischen Gutsbesitzer Sanin, der auf der Reise von Italien nach Russland in Frankfurt Station macht und dort in einer italienischen Konditorei die Tochter der Besitzerin kennenlernt und sich in sie verliebt. Er duelliert sich für sie, nachdem ein deutscher Offizier sie beleidigt hat, und Gemma wird seine Verlobte. Um sie heiraten zu können, muss er sein Gut in Russland verkaufen. Durch Zufall begegnet er einem Schulfreund. Weil dessen wohlhabende Gattin über alle pekuniären Angelegenheiten entscheidet, fahren sie zu ihr nach Wiesbaden. Sie bittet Sanin, zwei Tage in ihrer Gesellschaft zu verbringen, während derer sie über den Kauf entscheiden will. Sie will den frisch verliebten Verlobten verführen – sie wettet sogar mit ihrem Mann auf den Erfolg.

Sanin begibt sich mit der dämonisch-verführerischen Frau auf einen Ausritt in die Berge. Wegen eines heraufziehenden Gewitters müssen sie in einer Hütte Schutz suchen, wo der naive Sanin den Verführungskünsten der Femme fatale erliegt. Ohne Gemma wiedergesehen zu haben, begleitet er, der erotischen Anziehungskraft dieser Frau verfallen, die Gattin seines Freundes nach Paris, wo er als einer ihrer zahlreichen Geliebten alle Qualen der Eifersucht durchlebt, bis die Verführerin ihn »wie ein abgetragenes Kleidungsstück fallenlässt«. Gebrochen kehrt er nach Russland zurück, und Jahre später begibt er sich auf die Suche nach Gemma, die er in Amerika als füllige Ehefrau mit ihrer Familie findet. Er verkauft seine Güter und will sich in Amerika niederlassen.

Das Publikum ist von Turgenjews neuem Werk begeistert. Die Januar-Nummer des *Westnik Jewropy* muss nachgedruckt werden. Auch seine Schriftstellerkollegen sind bezaubert. Flaubert schreibt Turgenjew am 21. Juli 1873: »Ich möchte Ihnen sagen, dass ich die *Frühlingsfluten* gelesen habe. … Ich wurde von ihnen aufgewühlt, zu Tränen gerührt. … Ach, das ist ein wirklicher Liebesroman, wenn es überhaupt einen solchen gibt.« Die Kritik hingegen ist ungnädig. In Deutschland sieht man eine abschätzige Darstellung der Deutschen, in Russland bemängelt die konservative Kritik, die Russen seien negativ gezeichnet, während die liberale Kritik tadelt, Turgenjew vernachlässige die zeitgenössischen Bezüge.

Von den Räumlichkeiten in der unteren Etage des Hauses an der Rue de Douai, die die Familie Viardot bewohnt, führt eine mit Schnitzereien verzierte Holztreppe zu Turgenjews vier Zimmern. In seinem Kabinett mit grüner Stofftapete stehen ein Schreibtisch mit der bronzenen Bären-Figur, die ihm einst »die einzige Frau, die er liebte und auf ewig lieben wird«, geschenkt hat, und ein Diwan, in den Regalen zahlreiche russische, französische, englische und deutsche Bücher; an der Wand hängen ein Basrelief aus Marmor, das jene Frau im Profil zeigt, und ein Abguss ihrer Hand mit den langen Fingern.

Seit einiger Zeit hat Turgenjew eine neue Leidenschaft entwickelt – die des Sammelns. Seine Wohnung füllt sich allmählich mit ausgewählten Werken der alten holländischen und zeitgenössischen französischen Malerei, darunter herausragende Landschaftsgemälde von Théodore Rousseau und Camille Corot. Um Paulines Gesang besser hören zu können, lässt er für eine stattliche Summe einen Hörkanal zwischen dem Musiksalon und seinem Kabinett einbauen, den er sein »Telefon« und den Pauline »Turgenjews Ohr« nennt.

Das Haus in der Rue Douai wird bald zum Anziehungspunkt der in Paris lebenden Russen. Sie sehen in Turgenjew den »Botschafter der russischen Intelligenzija«. Zu jeder erdenklichen Tageszeit erscheinen, bisweilen ohne Vorankündigung, Bekannte und Unbekannte, Schriftsteller, Künstler, politische Emigranten. Gewissenhaft liest der Schriftsteller zahllose Manuskripte, auch von nicht eben mit Talent gesegneten Autoren, hilft bei der Suche nach Arbeit, bringt Kranke im Hospital unter, borgt Geld in der Gewissheit, es nie zurückzubekommen. Herrschte nicht die strenge Disziplin der Hausherrin, so käme der Schriftsteller wohl kaum mehr zur Arbeit, heißt es.

Für die jungen russischen Studenten, Emigranten und alle anderen in Paris Gestrandeten, für die die Lektüre von russischen Zeitschriften und Literatur aus und über Russland unabdingbar ist, stiftet Turgenjew die erste russische Bibliothek in Paris, die mit den Jahren eine der umfangreichsten russischen Bibliotheken in Westeuropa wird. Die Idee für diese 1875 zunächst als Lesesaal eröffnete Bibliothek geht zurück auf den Revolutionär German Lopatin. Turgenjew spendet Bücher und Geld und kommt immer wieder für die Miete der Räumlichkeiten auf.

Turgenjew verkehrt mit der Elite der französischen Literatur. Mit Gustave Flaubert, Alphonse Daudet, Edmond de Goncourt und Émile Zola verbindet ihn bald Freundschaft. Sie treffen sich regelmäßig an den Sonntagen bei Flaubert. »Turgenjew ist ein sanfter Riese«, hält Edmond de Goncourt im berühmten literarischen Tagebuch fest, »ein liebenswürdiger Barbar, mit grauer Mähne, die in die Augen fällt, die Stirn von einer tiefen Falte durchzogen, die einer Ackerfurche gleicht, und vom ersten Augenblick an bezaubert er mit seinen kindlichen Reden und verführt mit einer Mischung aus Naivität und Scharfsinn, mit ebenjener Strahlkraft der Slawen, wie die Russen sagen, die bei ihm unwiderstehlich ist durch die Urkraft seines brillanten Verstandes und die Weitläufigkeit kosmopolitischer Bildung.«

Neben den Zusammenkünften bei Flaubert frönen die fünf Gourmets ab 1874 regelmäßig bei den sogenannten »Diners de Cinq« in erlesenen Pariser Restaurants den leiblichen Freuden. Ein jeder von ihnen hat seine eigenen Leibspeisen: Flaubert genießt den »Canard rouennais«, Ente aus Rouen, die aufgrund der Schlachtmethode durch Ersticken, bei der das Blut im Körper verbleibt, als besonders zart gilt; Zola bevorzugt Seeigel und Austern, auf einer Platte dargereicht; Turgenjew präferiert Kaldaunensuppe, junges Birkhuhn und Kaviar. »Was kann wundervoller sein als ein Mahl mit Freunden«, schreibt Alphonse Daudet, »bei dem die gemeinsam Tafelnden, die Ellenbogen auf das weiße Tischtuch gestützt, zwanglos und lebhaft miteinander plaudern. Wir nahmen um sieben unsere Plätze am Tisch ein und um zwei Uhr nachts war unser Gelage immer noch nicht beendet. Flaubert und Zola hatten ihre Röcke abgelegt und aßen, Turgenjew streckte sich auf dem Diwan aus und wir sprachen über Literatur. Jedes Mal gab es ein neu erschienenes Buch von einem von uns zu besprechen. Wir sprachen frei von der Leber weg, ohne einander zu schmeicheln, ohne falschen Überschwang.«

Nicht selten kommt die Rede auch auf die Liebe. Wenn seine französischen Freunde, entspannt vom Wein, dem sie ausgiebig zugesprochen haben, offenherzig über pikante Details zu berichten beginnen, reagiert Turgenjew mit einem »versteinerten Erstaunen des Barbaren« und wird deshalb im Kreis der fünf für rückständig gehalten. Edmond de Goncourt notiert, Turgenjew habe in einem solchen Gespräch angemerkt, die Liebe wecke »im Menschen Gefühle, die mit anderen Gefühlen nicht zu vergleichen sind und die deshalb den, der wirklich verliebt ist, dazu bringen, sich selbst ganz zu vergessen. … Und das Tragische ist, dass es weder Flaubert, ungeachtet seiner prächtigen Beschreibungen ebendieses Gefühls, noch Zola oder mir selbst beschieden gewesen ist, tatsächlich das Gefühl tiefer Liebe zu empfinden, und deshalb sind wir nicht in der Lage gewesen, die Liebe anschaulich zu beschreiben. Dies habe nur er, Turgenjew, selbst vermocht.«

Salon in der Rue de Douai

Schon bald nach der Rückkehr nach Paris nimmt Pauline Viardot-García ihre »jeudis« wieder auf. Bei einem der ersten jeweils an Donnerstagen veranstalteten Hauskonzerte in ihrem Salon ist ihre Ninoune zugegen, die alte Freundin George Sand, die einige Tage später in *Le Temps* darüber berichtet: »Während der letzten Tage war ich in Paris, in dem fast leeren Salon einer großen, großen Künstlerin. Als ich sie hörte, habe ich alles vergessen, den finsteren Eindruck des besiegten Frankreich, seine dezimierte Bevölkerung, seine entwürdigte Hauptstadt. Vor der Sonne Glucks und Pauline Viardots hat sich der schlimme Traum verflüchtigt.«

Mit der Zeit wird Pauline Viardots Salon Ort eines nicht enden wollenden Stroms von Besuchern und Gästen, ein Ort der Begegnung und Vernetzung, in dem sich Freundschaften entwickeln und junge Talente gefördert werden.

»Die Empfänge in der Rue de Douai waren einfach«, berichtet Paul Viardot in seinen Erinnerungen, »Tee und Brioches ersetzten die modischen luxuriösen Buffets, kalte Platten und Champagner serviert von extra angeheuerten Bediensteten, die man in jeder Pariser Soirée antraf; aber in der Rue de Douai hörte man schöne und gute Musik, und kein Gothaischer Almanach hätte die illustren Namen aufzählen können, die aufgrund ihres Talents und nicht aufgrund ihrer Geburt berühmten Persönlichkeiten, die die Hörerschaft dieser Donnerstagsempfänge bildeten. … Solche Soiréen habe ich in dieser Form sonst nirgends wieder erlebt.«

An den Konzerten in ihrem Salon nehmen auch die Viardot-Kinder teil. Die musikalisch begabten Töchter treten mit Duetten auf, der Sohn Paul spielt Geige. Gewöhnlich endet der Abend mit einem Gesangsauftritt der Hausherrin, der von den Komponisten Camille Saint-Saëns oder Gabriel Fauré am Klavier oder an der Orgel begleitet wird. Manchem indes wird das musikalische Programm zu viel. So berichtet Henry James, der Turgenjew als »Dichter für Dichter« verehrte, im April 1876 seinem Vater, er habe »drei Stunden lang (von 11 bis 2) in einem erstickend schwülen Raum gestanden und einem nicht enden wollenden Gegeige zugehört«.

Seit Oktober 1871 lehrt Pauline Viardot-García am Pariser Konservatorium Gesang, gibt diese Lehrtätigkeit jedoch 1875 wieder auf. Das Unterrichten an einer Institution mit starren Regeln widerstrebt ihrem unabhängigen Wesen. Doch sie fördert junge Künstler, auf die sie in ihrem Salon aufmerksam wird, durch ihre Verbindungen, so den jungen Jules Massenet, der zwar 1863 mit dem Prix de Rome ausgezeichnet worden war und bereits einige Werke vorzuweisen hat, jedoch noch nicht die ihm gebührende Anerkennung findet. Seine komische Oper *Don César de Bazan* ist beim Pariser Publikum durchgefallen. Bei einem Besuch bei Pauline spielt er Ausschnitte aus seinem geistlichen Oratorium *Marie-Magdeleine*, dessen Hauptpartie für einen Mezzosopran geschrieben ist. Die Sängerin ist begeistert von dem Werk und setzt sich für den jungen Kollegen ein. Im April 1873 schließlich wird das Oratorium im Pariser Théâtre de l'Odéon mit Pauline Viardot-García in der Titelrolle der Maria Magdalena uraufgeführt und bringt dem Kompo-

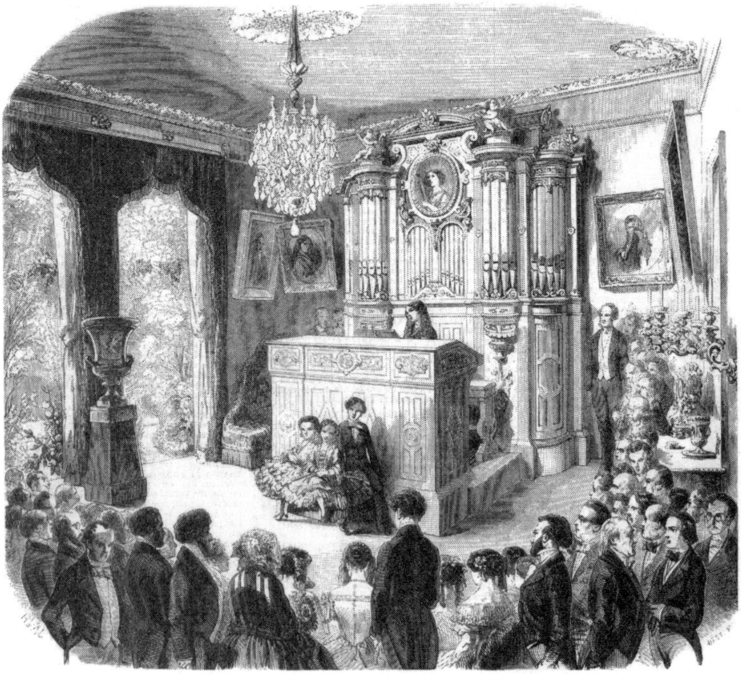

Abb. 32: Pauline Viardot-García an der Orgel in ihrem Salon in der Rue de Douai.

nisten den ersten großen Erfolg sowie die Anerkennung von Kollegen wie Charles Gounod, George Bizet und Pjotr Tschaikowski.

Auserwählten Besuchern der Musikerin wird die Ehre zuteil, das allerheiligste in ihrem Besitz befindliche Stück gezeigt zu bekommen – das Autograph von Mozarts *Don Giovanni*. Louis Viardot hatte das Manuskript 1855 für 5000 Francs erworben, eine Summe, die Institutionen in der Heimat des Komponisten oder im Ausland für das lange zum Verkauf stehende Autograph nicht zu bezahlen bereit gewesen waren. Die Künstlerin bewahrt das Manuskript in einer eigens dafür gefertigten Schatulle aus Thujaholz mit Kupferbeschlägen auf und inszeniert die Präsentation des Schatzes wie einen religiösen Akt. »Dies ist ein heiliger Augenblick für uns«, sagt sie den Schülerinnen, die einer Entnahme aus dem Schrein beizuwohnen die Ehre haben. »Hier ist das Original von Mozarts *Don Juan*! Ihr dürft es küssen, aber nicht mit den Fingern anrühren.«

Der Anblick des »musikalischen Heiligtums« versetzt Musiker in Verzückung. »Es war mir, als drückte ich Mozarts Hand und unterhielte mich mit ihm«, berichtet Pjotr Tschaikowski seiner Mäzenin Nadeschda von Meck, nachdem ihm die Ehre zuteilgeworden war, zwei Stunden lang in der Originalpartitur zu blättern. Dem Kollegen und Freund Julius Rietz gewährt die Sängerin bei der Vorbereitung der ersten Mozart-Gesamtausgabe Einsicht in das Manuskript, er dankt ihr mit einer Widmung beim Erscheinen: »Gewidmet der um die Kunst verdienten Besitzerin des Autographs, Frau Pauline Viardot-Garcia.« 1892 übergibt Pauline Viardot-García die Handschrift in einer feierlichen Zeremonie dem Pariser Konservatorium als Schenkung, heute ist sie einer der größten Schätze der Musikabteilung der Bibliothèque nationale de France.

Der Salon der Musikerin ist nicht nur Treffpunkt der Elite der französischen Musik und Kunst, sondern wird auch von zahlreichen russischen Besuchern frequentiert. Im Februar 1875 gibt Pauline Viardot zur Unterstützung von Turgenjews Projekt der russischen Bibliothek in Paris ein Konzert mit rein russischem Programm, das Turgenjew zu Tränen rührt.

Während es an den Donnerstagen eher konventionell zugeht, trifft man sich sonntags zum zwanglosen Zusammensein en famille. »Diese Franzosen sind verrückt!!«, berichtet der Maler Ilja Repin, der während der drei Jahre, die er zwischen 1873 und 1876 in Paris lebt, regelmäßiger Gast im Hause Viardot-Turgenjew ist. »Sie amüsieren sich auf kindische, ja geradezu törichte Art und Weise. Alles nur Mögliche hat man ausprobiert, mit Gesang und Musik wurde begonnen, dann Improvisationen von kleinen Stücken (bei denen sich Turgenjew ausgezeichnet hat – wie viel Jugend und Feuer er noch hat!!!), Pfänderspiele und zum Schluss Tanz.«

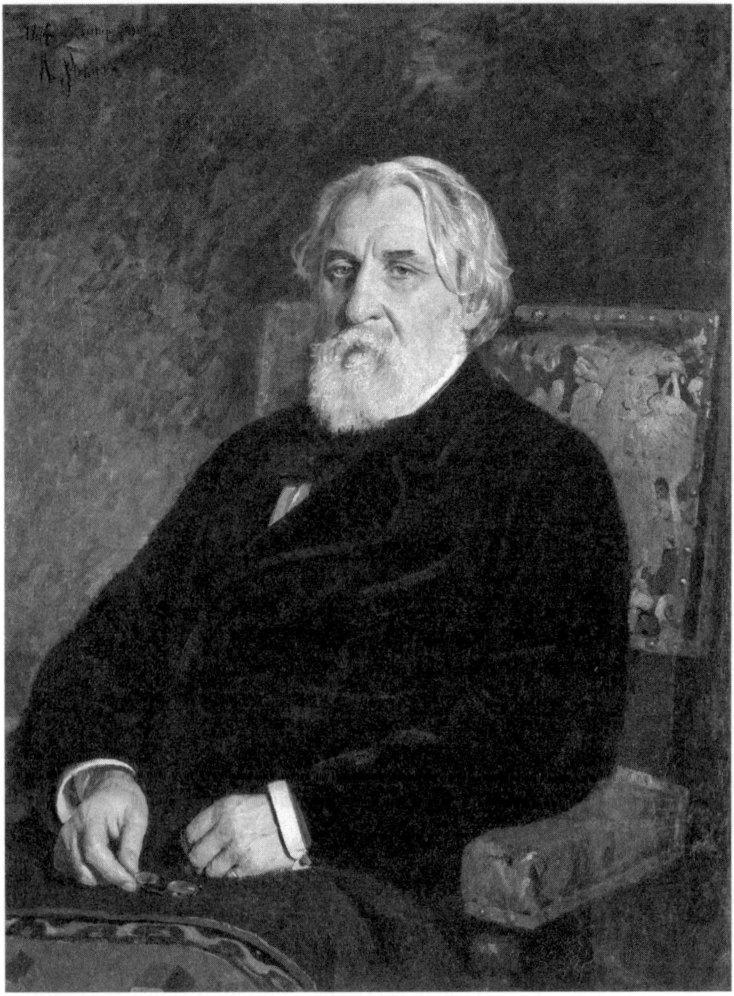

Abb. 33: Iwan Turgenjew. Porträt von Ilja Repin, 1874.

Ilja Repin betrachtet nicht nur den Zeitvertreib Turgenjews und der Seinen mit leichtem Befremden, sondern bemerkt auch dessen fast vollständige Abhängigkeit von den Ansichten der Sängerin. Im Auftrag des Mäzens Pawel Tretjakow soll er für dessen Gemäldegalerie in Moskau den Schriftsteller porträtieren. Die erste Sitzung verläuft zur beiderseitigen Zufriedenheit, Turgenjew gratuliert dem Maler zum gelungenen Entwurf. Am nächsten Tag aber erhält Repin vom Schriftsteller eine längere Mitteilung, in der dieser ausführt, die Sängerin sei unzufrieden mit der Studie für das Porträt, ihr gefalle Turgenjews Gesichtsausdruck nicht und nach Meinung Mme Viardots solle der Maler eine andere Seitenansicht wählen, die sie als vorteilhafter empfinde. »Das Herz Iwan Sergejewitschs war ganz erfüllt von dieser bezaubernden Spanierin«, erinnert sich Ilja Repin. Bei einer der Sitzungen für das Porträt sucht Mme Viardot die beiden in der Wohnung des Schriftstellers auf. »Als es an der Tür klingelte, erkannte ich Iwan Sergejewitsch nicht mehr wieder, er war ganz erfüllt von rosafarbener Ekstase. Wieder ganz jung. Er rannte zur Tür, begrüßte sie und war überaus bemüht, wohin Mme Viardot zu platzieren sei. Sie ist tatsächlich eine ganz bezaubernde Frau, mit ihr zu plaudern ist interessant und amüsant.«

Noch in Baden-Baden hatte Turgenjew im Juli 1870 notiert, ihm sei der Gedanke an einen neuen Roman gekommen. 1872 skizziert er die wichtigsten Figuren, erst 1876 aber schreibt er sein neues Werk, den letzten seiner sechs Romane. Innerhalb von nur drei Monaten ist die Arbeit daran abgeschlossen.

Von den Entwicklungen in Russland nach Aufhebung der Leibeigenschaft im Jahr 1861 enttäuscht und inspiriert durch die Kontakte zu den politischen Emigranten, entwickelt Turgenjew Interesse für die in Russland entstehende sozialrevolutionäre Bewegung der Volkstümler, der »Narodniki«. Zahlreiche junge Männer und

Frauen der russischen Intelligenzija, oft adliger Herkunft, gingen zwischen 1868 und 1874 »ins Volk«, sie lebten unter der einfachen Bevölkerung und verbreiteten revolutionäre Ideen.

1872 suchte der aus der Verbannung im Ural geflohene Pjotr Lawrow Turgenjew in Paris auf. Lawrow wird in der Emigration zu einem der führenden Theoretiker der Bewegung der Narodniki. Im Gegensatz zu Turgenjews einstigem Studienkollegen Michail Bakunin, der die russische Jugend dazu aufruft, bei der einfachen Bevölkerung für die Erhebung gegen den Zarismus zu agitieren, ist Lawrow überzeugt, dass die soziale Revolution nur durch einen langwierigen Prozess der Volksbildung erreicht werden könne.

Turgenjew unterstützt die Bildungs- und Aufklärungsarbeit der Narodniki auch finanziell, gleichwohl steht er ihrer Ideologie skeptisch gegenüber. »Iwan Sergejewitsch sprach über die Lage in Russland«, berichtet Pjotr Lawrow in seinen Erinnerungen, »darüber, dass es keinerlei Hoffnung auf die Regierung mehr gebe, über die wachsende Reaktion, die Kraftlosigkeit und Feigheit seiner liberalen Freunde. … Er hielt es jedoch für unmöglich, dass es uns gelingen könnte, Nähe zum Volk herzustellen und dort sozialistische Ideen zu verbreiten. Aber alle seine Äußerungen waren von Abneigung gegen die Unterdrückung durch die Regierung und von Sympathie für einen jeglichen Versuch, diese zu bekämpfen, geprägt.«

Der Roman *Neuland* ist Turgenjews Versuch einer Auseinandersetzung mit den Zielen der sozialrevolutionären Utopie der Narodniki. Sein Held Neshdanow, Student an der Petersburger historisch-philologischen Fakultät, ist ein »Romantiker des Realismus«. Der uneheliche Sohn eines Adligen und einer hübschen Gouvernante gehört einer Gruppe von Verschwörern an. Als er den Sommer als Privatlehrer auf einem Landgut verbringt, lernt er die überzeugte Nihilistin Marianna kennen. Gemeinsam begeben sie sich ins Dorf, um für einen Aufstand gegen die herrschende Macht zu agitieren, und ziehen in die Wohnung ihres Bekannten Solomin, des leitenden Technikers und Verwalters einer Fabrik, der ihre politischen Überzeugungen teilt, jedoch im Gegensatz zu ihnen der Ansicht ist, dass die russischen Bauern nur durch geduldige Aufklärungsarbeit für neue politische Ideen gewonnen werden können.

Neshdanov scheitert. Verzweifelt über seine eigene Unfähigkeit und in der Überzeugung, er sei der Liebe Mariannas nicht wert, erschießt er sich. Marianna heiratet Solomin. Dieser gründet eine Fabrik auf Genossenschaftsbasis.

Auch Turgenjews neuer Roman, der 1877 in der Januar- und Februar-Ausgabe des *Westnik Jewropy* erscheint, wird von der Kritik abgelehnt. Die Konservativen empfinden die Darstellung des zaristischen Beamtenapparats als despektierlich, fortschrittlich gesinnte Kritiker meinen, dass die revolutionäre Jugend eine jämmerliche Figur macht. »Ich träume nicht von Lorbeerkränzen«, schreibt Turgenjew noch vor dem Erscheinen des Romans, »sondern allein davon, dass ich mit meiner Visage nicht allzu heftig in den Dreck fallen werde.«

Bougival

Da Courtavenel als Landsitz für die Sommer nicht mehr zur Verfügung steht, erwerben die Viardots zusammen mit Turgenjew 1875 das Landhaus Les Frênes, »Die Eschen«, in Bougival. »Die Viardots und ich haben hier eine wundervolle Villa gekauft«, berichtet Turgenjew im Juni 1875, »die in einer dreiviertel Stunde von Paris aus zu erreichen ist.« Bougival ist ein bezaubernder kleiner Ort am Ufer der Seine, in dem die Hauptstädter Erholung suchen. Bereits 1874 haben die Viardots hier gemeinsam mit Turgenjew den Sommer verbracht, und als die Villa Les Frênes zum Verkauf steht, überlegen sie nicht lange und legen ihr Geld zusammen, um den stattlichen Preis von 180 000 Francs für den im Jahr 1800 erbauten neuen Sommersitz bezahlen zu können. Das Haus ist idyllisch auf einem kleinen Hügel gelegen und von einem Park mit zahlreichen alten Eschen und Trauerweiden, Bächen und Teichen umgeben. Wie schon in Baden-Baden, wenngleich etwas bescheidener, lässt Turgenjew sich gleich daneben ein Sommerhaus im Schweizer Stil bauen, das im Frühjahr 1876 fertiggestellt ist. Aus dem Eckfenster seines großen Arbeitszimmers im ersten Stock, dessen Möbel mit dunkelrotem Saffianleder bespannt sind, eröffnet sich ein herrlicher Blick über die Landschaft bis zur Seine.

Die Sommer in Bougival sind geruhsam. Gegen drei Uhr versammelt man sich im Salon, ein jeder geht seiner Beschäftigung nach, manchmal liest eine der Töchter aus einem Roman vor. Man ergeht sich im Park, die Jungen spielen Krocket, die Alten sitzen auf der Bank und schauen zu. Turgenjew ist bald sechzig Jahre alt und kränkelt viel. Er leidet an der Gicht, stützt sich bei den Spaziergängen auf einen Stock und fürchtet sich vor dem Tod. »Wer den Tod fürchtet, hebe die Hand«, fordert Turgenjew nach der Versöhnung mit Tolstoj im Sommer 1878 bei einem Besuch in Jasnaja Poljana die dort zusammengekommenen Gäste auf. Außer ihm selbst und Lew Tolstoj zeigt niemand der dreißig Anwesenden auf.

In Turgenjews Arbeitszimmer hat die künstlerisch begabte Claudie, »Didie«, ihre Staffelei aufgebaut und malt, während Turgenjew schreibt. Sie hat wunderschöne blaue Augen und ist sehr hübsch; der Schriftsteller liebt sie über alles. In seinen Briefen an sie schreibt er wie einst an ihre Mutter Pauline besonders zärtliche Sätze auf Deutsch. »Wenn ich Dich am Morgen sehe, so hinterlassen Deine Augen einen Strahl, der den ganzen Tag andauert. Also bring mir schnell mein Licht, auf Dienstag, mein liebes Licht.« Die innigen Briefe enden stets mit »Dein treuer alter Turgenjew« und manche lassen vermuten, Turgenjew habe mehr als nur väterliche Gefühle für Didie empfunden.

Im Jahr zuvor hat Claudie geheiratet. »Der Glückliche liebt sie schon seit Jahren – und endlich liebt sie ihn«, teilt die Mutter ihrer Freundin Clara Schumann mit. »Er ist ein junger Mann, 28 Jahre, groß, mit einem schönen Gesicht, sehr gebildet, ernst, liebenswürdig und gut wie ein Engel. Er hat eine sehr gute Stellung, ist allgemein sehr beliebt. Du kannst Dir denken, daß ich jetzt unterbeschäftigt bin! Wenn ich noch Zeit zum Atmen habe, wundert es mich! Es ist bestimmt nur aus alter Gewohnheit!«

Turgenjew beauftragt seinen Freund Maslow, seine Eisenbahnaktien, die bei ihm liegen, »zu versilbern«, denn »ich muss wegen der Hochzeit meines Lieblings Didie große Ausgaben machen.« »Der künftige Mann von Didie heißt Georges Chamerot«, schreibt er Ludwig Pietsch, »eine prachtvolle, junge, edle, tüchtige Natur – sonst hätte ich nie mein Jawort dazu gegeben – er ist Besitzer einer der ersten hiesigen Druckereien – Vater und Mutter treffliche Leute.« Die Geburt der ersten Tochter Jeanne im Dezember 1875 kostet die junge Mutter fast das Leben.

Im Juni 1876 stirbt George Sand. »Welch großes Herz sie hatte«, schreibt Turgenjew aus Russland seinem Freund Gustave Flaubert. »Kleinlichkeit, Kleinbürgerlichkeit und Falsch waren ihr absolut fremd. Was war sie für ein mutiger Mensch und was für eine gute Frau!« Beim Begräbnis in Nohant steht Pauline neben dem weinenden Flaubert. Mit einem Kranz aus gelben Blumen nimmt »Consuelo« von der »amie maternelle« Abschied.

Kaum ein Jahr später gibt es anscheinend wieder Anlass zur Freude. Im April 1877 soll die Hochzeit der Viardot-Tochter Marianne stattfinden. »Marianne ist die glückliche Braut eines guten, talentvollen, geistvollen jungen Menschen«, berichtet Pauline Viardot ihrem liebsten Clärchen, »der die Ehre gehabt hat, Dir vorgestellt zu werden, Alphonse Duvernoy. Seine Kantate *La tempête* hat den 10 000 Francs Preis gewonnen. … Marianne ist überglücklich. Du wirst gewiß meine Freude theilen.«

Die Hochzeit findet aber erst einmal nicht statt. Im Juli berichtet die Mutter Clara Schumann: »Marianne ist Braut seit vier Tagen, ihr Bräutigam, Gabriel Fauré, ist ein junger Musiker von großem Talent als Componist. Sie werden dicht neben uns wohnen und im Sommer zu uns kommen, so wie Claudie und Georges es tun.« Die Verlobung mit dem jungen Komponisten wird allerdings auch wieder gelöst. 1881 kommt Marianne schließlich doch unter die Haube und heiratet den zunächst verschmähten Alphonse Duvernoy.

»Unglücklicherweise treffen die Gerüchte über die gute Wrewskaja zu«, schreibt Iwan Turgenjew aus Paris am 23. Februar 1878 an Pawel Annenkow. »Sie hat nun jenen Märtyrerkranz errungen, nach dem ihre Seele strebte, die nach Opfern dürstete.«

Die Baronesse Julia Wrewskaja war 1873 beim Kuren in Bad Karlsbad in Turgenjews Leben getreten. Sie ist eine der herausragenden Damen der höchsten Gesellschaft Sankt Petersburgs, gilt als besonders klug und belesen, zu ihren Freunden zählen Schriftsteller, Dichter und Maler. »Die anderen Damen beneideten sie, die Männer liefen ihr hinterher …«, heißt es in Turgenjews Prosagedicht *Erinnerung an Julia Wrewskaja.* »Zwei, drei davon liebten sie heimlich und tief. Das Leben hat ihr zugelacht, aber es gibt ein Lachen, das schlimmer ist als Tränen.«

Julia Wrewskaja ist dreiundzwanzig Jahre jünger als Turgenjew. Sie ist die Tochter eines hoch dekorierten Generalmajors und hat ihre Erziehung an jenen Einrichtungen erhalten, in denen die höheren Töchter der russischen Gesellschaft zu vorbildlichen Ehefrauen und Müttern erzogen wurden, dazu, in Fremdsprachen zu parlieren und die Kunst der Konversation zu beherrschen.

In jungen Jahren entspricht dies wohl Julias Vorstellungen von der Rolle der Frau. Doch schon bald legt sie Unabhängigkeit von der gesellschaftlichen Meinung an den Tag. Im Alter von siebzehn

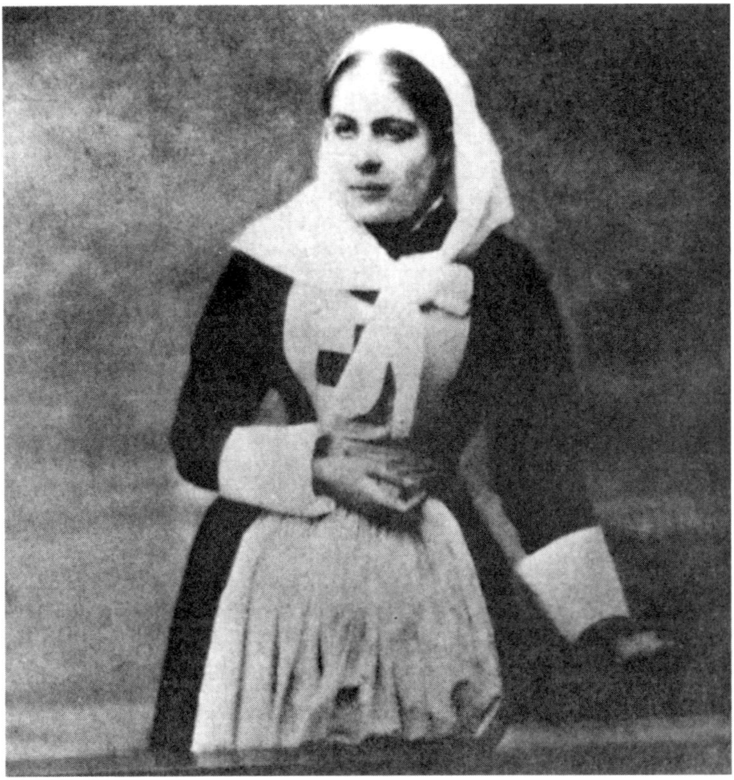

Abb. 34: »Russische Rose, die in bulgarischen Landen umkam.« Julia Wrewskaja.

Jahren heiratet sie den vierundvierzigjährigen General Baron Ippolit Alexandrowitsch Wrewski, »einen der gebildetsten und klügsten Männer seiner Zeit«, und stört sich nicht an der Tatsache, dass er bereits drei unehelich geborene Kinder aus seiner Verbindung mit einer Tscherkessin hat. Ein Jahr nach der Heirat ist die junge Baronin Witwe.

Nach dem Tod ihres Mannes zieht Julia Wrewskaja mit Mutter und Schwester nach Sankt Petersburg und wird Hoffräulein Maria Alexandrownas, der Gattin von Zar Alexander II. Sie reist im Gefolge der Zarin um die halbe Welt, doch sie will mehr, als die Pflichten bei Hofe zu erfüllen und zu reisen.

Als Turgenjew im Sommer 1874 in Spasskoje krank darniederliegt, wirft Julia Wrewskaja alle Bedenken der Etikette über Bord, fährt zu ihm und bleibt fünf Tage, um ihn zu pflegen. »Ich fühle, dass mein Leben um ein Wesen reicher geworden ist«, schreibt Turgenjew ihr am Tag ihrer Abreise, »das ich aufrichtig liebgewonnen habe, dessen Freundschaft mir auf immer teuer sein wird, über dessen Schicksal ich stets Bescheid wissen möchte.«

Der Schriftsteller und das Hoffräulein beginnen, einander Briefe zu schreiben, und bald schon scheint Turgenjew, dass, wären sie einander »als junge, unbedarfte, aber vor allem als freie Menschen« begegnet … – aber er schreibt nicht zu Ende, sondern fordert Julia Wrewskaja auf: »Beenden Sie den Satz selbst.« Im Sommer 1875 sehen sie sich in Karlsbad wieder.

»Seit jenem Tag, an dem ich Sie zum ersten Mal sah, liebe ich Sie auf freundschaftliche Weise«, gesteht er ihr, »und habe zugleich unablässig den Wunsch verspürt, dass Sie mein seien. Dieser war jedoch nicht derart stark (ich war ja auch kein Jüngling mehr), dass ich um Ihre Hand angehalten hätte – auch andere Gründe spielten eine Rolle. Und zugleich wusste ich sehr genau, dass Sie niemals Ihr Einverständnis geben würden zu dem, was die Franzosen ›une passade‹ nennen – das ist die Erklärung für mein Verhalten.«

Im April 1876 erhebt sich ein bulgarischer Volksaufstand gegen die Unterdrückung durch die Türken. Die Antwort ist ein blutiges Massaker. Als das Russische Kaiserreich dem Osmanischen Reich daraufhin am 12. April 1877 den Krieg erklärt, ziehen tausende freiwillige Ärzte und Intellektuelle an die Front. Julia Wrewskaja verkauft ihr Landgut und stiftet das Geld für eine Sanitätseinheit von Freiwilligen, in die sie selbst, wie Jelena Stachowa aus Turgenjews Roman *Am Vorabend*, als freiwillige Krankenschwester eintritt. »Ich begleite Sie auf Ihrer schweren Reise mit aufrichtigster Anteilnahme«, schreibt Turgenjew ihr. »Und ich wünsche von ganzem Herzen, dass Ihr Heldenmut Ihnen nicht zu viel zumutet und Ihre Gesundheit nicht leiden muss.«

Kurz vor der Abreise Wrewskajas begegnen sie einander im Mai 1877 ein letztes Mal in der Nähe von Sankt Petersburg. Am 5. Februar 1878 stirbt Julia Wrewskaja in dem bulgarischen Städtchen Bjala an Fleckfieber.

Im Sommer 1877 liegt Nikolaj Nekrassow in Petersburg im Sterben. Er will nicht von dieser Welt gehen, ohne den einstigen Freund und Weggefährten Iwan Turgenjew noch einmal gesehen zu haben. »Wir hatten einst eine kurze, innige Freundschaft, doch dann kam jener Tag, an dem wir Feinde wurden«, erinnert sich Turgenjew in einem Prosagedicht an das letzte Zusammentreffen mit Nekrassow. »Der Tod hat uns wieder zusammengeführt.«

Im Sommer 1879 wird Turgenjew für seine literarischen Verdienste die Ehrendoktorwürde der Universität Oxford verliehen. »Wir waren insgesamt neun neue Doktoren in roten Umhängen und mit viereckigen Hüten«, berichtet er Pawel Annenkow von der Zeremonie der Verleihung. »Ach wie schlecht steht der Doktorhut mir zum großrussischen Gesichte!«, befindet er.

Auch in Frankreich wird der Schriftsteller für seine Verdienste ausgezeichnet. »Mit dieser Auszeichnung ist wohl das Anrecht verbunden, eine violette Schärpe zu tragen«, schreibt Turgenjew. »Violett und nicht rot. Ich werde sie an den roten Doktorumhang aus Oxford heften. Diese beiden Farben passen hervorragend zusammen.«

Nach all den Jahren der Angriffe von Seiten der Kritik findet Turgenjew Ende der 1870er Jahre endlich auch in Russland die ihm gebührende Anerkennung. Als der Schriftsteller anlässlich des Todes seines Bruders 1879 nach Moskau kommt, wird diese Reise, wenngleich aus traurigem Anlass, zu einem Triumph. Zu einem Diner, das der Herausgeber der *Krititscheskoje Obosrenie* zu seinen

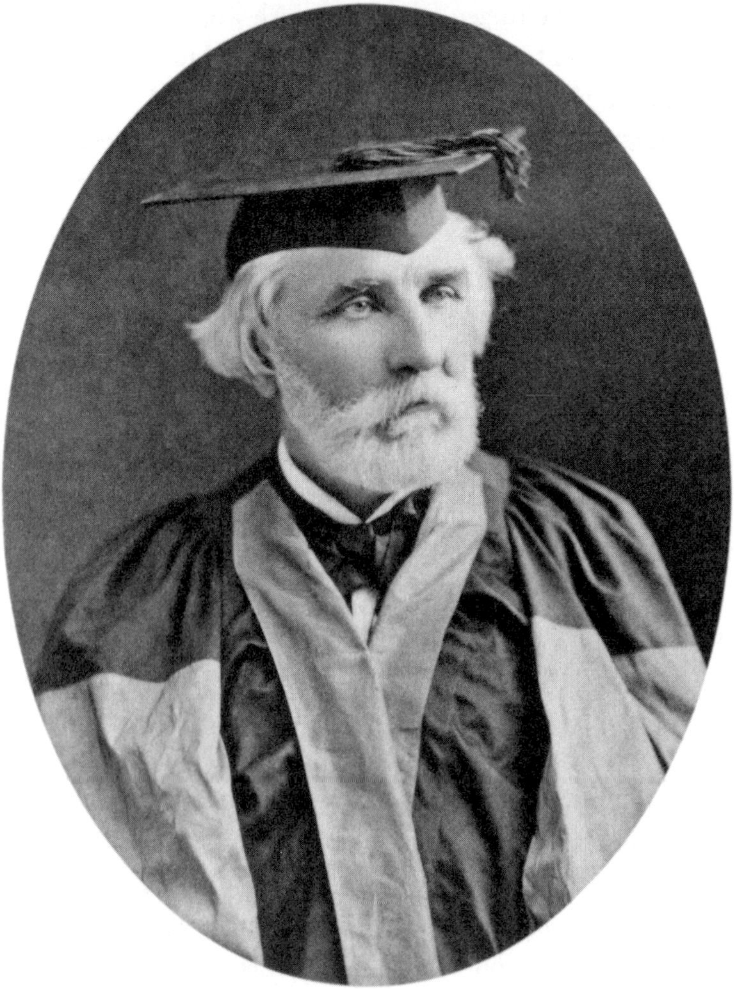

Abb. 35: Turgenjew mit Doktorhut anlässlich der Verleihung der Ehrendoktorwürde durch die Universität Oxford, 1879.

Ehren veranstaltet, versammeln sich zwanzig junge Professoren der Moskauer Universität. Den ersten Toast spricht der Gastgeber Maxim Kowalewski und begrüßt Turgenjew als »liebevollen und nachsichtigen Mentor der Jugend«. Noch bevor Kowalewski zu Ende gesprochen hat, bricht Turgenjew in Tränen aus. Und als der Schriftsteller einige Tage später auf einer Versammlung der *Gesellschaft der Freunde der russischen Literatur* erscheint, wird er mit langanhaltendem Applaus begrüßt. »Dass die junge Generation zu mir zurückgekehrt ist, hat mich sehr gefreut, aber auch ordentlich erschüttert«, gesteht der Geehrte.

Auch in der Hauptstadt Sankt Petersburg steht Turgenjew im Mittelpunkt der Aufmerksamkeit. Der Schriftsteller habe mit seinen Werken die »Väter« mit den »Söhnen« versöhnt und die Generationen im Kampf für die Freiheit vereint, heißt es. Und auch die jungen russischen Damen danken Turgenjew: »Sie als Schöpfer von Lisa, Assja, Natalja, Jelena und Marianna haben besser als alle anderen Schriftsteller die russischen Frauen verstanden«, schreiben ihm die Hörerinnen der Höheren Frauenkurse in einer Grußadresse, »Sie waren ihnen gegenüber unvoreingenommen, haben ihre Fehler nicht verborgen und zugleich der ganzen Welt davon erzählt, wie viel Gutes in ihnen steckt.«

Die Aufmerksamkeit, die dem Schriftsteller zuteilwird, missfällt den Mächtigen. Nach dem Besuch eines Flügeladjutanten des Zaren packt Turgenjew eilig seine Sachen und reist ab. »Auf die Frage: ›Wann, Iwan Sergejewitsch, gedenken Sie, wieder ins Ausland zu reisen?‹, kann es keine andere Antwort geben als: ›Heute oder morgen‹, und danach zu packen und sich schleunigst auf die Reise zu begeben.«

Das letzte Liebesfieber. Maria Sawina

»Ich kann nichts mehr schreiben«, klagt Iwan Turgenjew 1880. »Früher wurde ich jedes Mal, wenn ich etwas zu schreiben erdacht hatte, von einem Liebesfieber geschüttelt. Nun ist es damit vorbei. Ich bin alt und kann nicht mehr lieben, noch kann ich schreiben.«

Immer noch empfindet der Schriftsteller tiefe Zuneigung zu Pauline Viardot, doch es fehlt ihm das Gefühl des Verliebtseins. »Ich sitze an meinem Schreibtisch«, schreibt er Jakow Polonski, »unten singt meine arme Bekannte irgendetwas mit vollkommen zerrütteter Stimme. Und mir ist die Seele dunkler als eine dunkle Nacht. Habe kein Recht und keine Lust mehr auf das Leben. Es ist nichts mehr zu tun, nichts mehr zu erwarten, nichts mehr zu wünschen übrig.«

Doch noch einmal wird Turgenjew, »vom Liebesfieber geschüttelt«, noch einmal entflammt »das lang verglühte, im Alltagstrott verblasste Feuer«. Im Januar 1879 wendet sich die junge Schauspielerin Maria Sawina mit der Bitte an Turgenjew, sein 1850 erschienenes Stück *Ein Monat auf dem Lande*, das lange nicht mehr auf russischen Bühnen gezeigt worden war, am Petersburger Alexandrinski-Theater aufführen zu dürfen. Turgenjew gibt seine Erlaubnis und gestattet der Schauspielerin, Änderungen und Kürzungen jeglicher Art vorzunehmen, da er von seiner Komödie nicht mehr besonders angetan ist. Als ihm zu Ohren kommt, welch großen Erfolg die Aufführung hat, dankt er Sawina per Telegramm: »Tausend Dank für Ihr rührendes Interesse, gratuliere zum Erfolg, der möglich wurde durch Ihr Talent.«

Maria Sawina entstammt einer Schauspielerfamilie. Mit sieben Jahren steht sie zum ersten Mal auf der Bühne, mit fünfzehn verdient sie ihren Lebensunterhalt als Schauspielerin in der Provinz. Ein Jahr später wird sie die Ehefrau von Nikolaj Slawitsch, dessen

Künstlernamen Sawin sie annimmt. Er ist ein mittelmäßiger Mime, der aufgrund seines guten Aussehens auf die Rollen des Liebhabers und Verführers abonniert ist und diese auch im Leben spielt. Als sie zwanzig ist, Sawina gehört mittlerweile einer erfolgreichen Theatertruppe an, trennt sie sich von ihrem Ehemann und macht sich auf, die Bühnen der Hauptstadt zu erobern. Sie bekommt ein Engagement am renommierten Alexandrinski-Theater, wird rasch dessen führende Aktrice und Liebling von Kritik und Publikum.

Nach dem Erfolg mit Turgenjews Stück wird sie dem Schriftsteller vorgestellt, als dieser in Petersburg weilt. Turgenjew ist von der jungen Frau mit dem lebhaften Gesicht und den dunklen, großen Augen vom ersten Augenblick an hingerissen. Als der Schriftsteller die nächste Vorstellung seines Stücks besucht, bleibt er nicht lange unerkannt. Das Publikum feiert den Autor frenetisch. »Welch großes Talent Sie haben!«, lobt der Autor seinerseits die Schauspielerin.

Einige Tage später lesen Turgenjew und Sawina gemeinsam auf der Bühne eine Szene aus Turgenjews Stück *Die Provinzlerin.* Der Schriftsteller nuschelt den Text in seinen Bart, aber der Erfolg ist umwerfend. Nach der gemeinsamen Lesung schenkt Turgenjew der jungen Frau zur Erinnerung eine Fotografie von sich mit einer Widmung. Als er nach Paris zurückgekehrt ist, schreiben sie einander regelmäßig. Er küsse ihr die Hand »mit zärtlichen, zur Hälfte väterlichen, zur Hälfte ... anderen Gefühlen«, schreibt er ihr im Oktober 1879.

Im Februar 1880 reist Turgenjew wieder nach Russland, um anlässlich der Feierlichkeiten der Einweihung des Puschkin-Denkmals in Moskau eine Rede zu halten. Er fährt aber nicht nur »Puschkins wegen«, sondern auch »Sawinas wegen«. Zu ihrem Geburtstag am 30. März schenkt er ihr ein goldenes Armband mit den eingravierten Worten: »Für M. G. Sawina von I. S. Turgenjew«. »Mir ist klar geworden, dass ich Sie aufrichtig liebgewonnen habe«, schreibt er

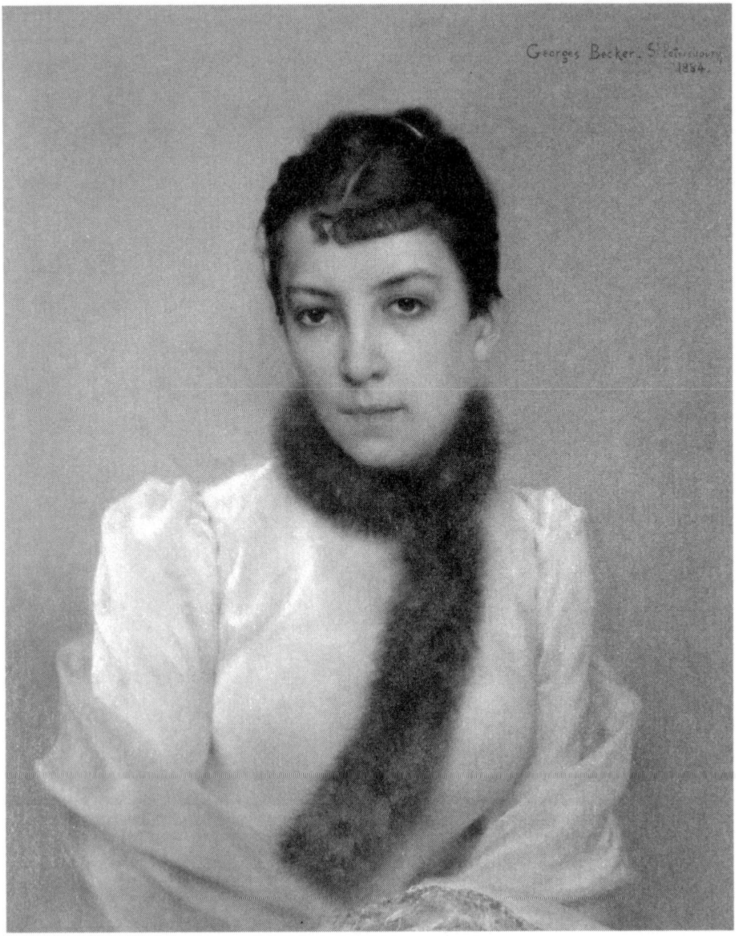

Abb. 36: Die Schauspielerin Maria Sawina. Porträt von Georges Becker, 1884.

ihr aus Moskau, »dass Sie in meinem Leben zu etwas geworden sind, von dem ich mich nie mehr trennen werde.«

Turgenjews Einladung nach Spasskoje kann die Schauspielerin nicht annehmen, da sie eine Verpflichtung zu einem Gastspiel in Odessa angenommen hat. Die Fahrt dorthin führt sie über Mzensk und Orjol. Am 28. Mai fährt Turgenjew aus Spasskoje nach Mzensk, wo der Zug, in dem die Sawina reist, einen kurzen Aufenthalt hat. Der Schriftsteller klettert in den Wagoon und wird von der lächelnden Schauspielerin empfangen. In Orjol müssen sie voneinander Abschied nehmen. »Ich hatte plötzlich den vollkommen verzweifelten Gedanken, Sie zu ergreifen und mit mir zu nehmen«, schreibt er ihr danach. »Aber die Vernunft hat, bedauerlicherweise, gesiegt. Der Pfiff ertönte und ›Ciao!‹, wie die Italiener sagen. Aber stellen Sie sich einmal vor, was die Zeitungen geschrieben hätten!! Ich sehe die Berichte geradezu vor mir: ›Skandal auf dem Bahnhof von Orjol. Gestern ereignete sich ein ungewöhnlicher Vorfall: Der Schriftsteller T. (noch dazu ein alter Mann!), der die bekannte Schauspielerin S. ein Stück auf ihrer Reise zu einem hervorragenden Engagement nach Odessa begleitet hatte, zog trotz der verzweifelten Gegenwehr von Fr. S. diese im Moment der Abfahrt des Zuges plötzlich durch das Fenster aus dem Zug heraus usw. usf. Und tatsächlich hat nur eine Haaresbreite dazu gefehlt. Wie praktisch bei allem im Leben.«

»Meine Lippen flüstern: Welch eine Nacht hätten wir miteinander verbracht …«, schreibt er ihr zwei Tage später. »Und dann? Das weiß nur Gott! … Jene Stunde, die ich im Abteil bei Ihnen war, in der ich mich fast wie ein zwanzigjähriger Jüngling fühlte, war ein letztes Flackern der Kerze. … Und nun, da ich mir bewusst bin, dass es niemals dazu kommen wird, bin ich weder unglücklich noch fühle ich besondere Trauer, sondern empfinde es als zutiefst schade, dass dieser wundervolle Augenblick verloren ist auf immer. Ich hoffe, dass wir einander weiterhin über uns auf dem Laufenden halten, aber jene Tür, die einen Spalt breit geöffnet war, jene Tür, hinter der etwas Geheimnisvoll-Wunderbares sich zu verbergen schien, ist auf immer zugefallen.« Und im Postskriptum fügt der Schriftsteller hinzu: »Bitte geraten Sie nicht in Verlegenheit. Briefe dieser Art werden Sie zukünftig nicht mehr erhalten.« Zur gleichen Zeit, als Turgenjew ihr diese verzweifelten Zeilen schreibt, trifft Sawina sich in Odessa mit einem Offizier der berittenen Leibgarde, der ihr beharrlich den Hof macht.

Am 6. Juni findet in Moskau die Einweihung des Puschkin-Denkmals statt. Hier kommt es, ein Jahrzehnt nach ihrem unversöhnlichen Auseinandergehen in Baden-Baden, zur öffentlich zelebrierten Versöhnung Turgenjews mit Fjodor Dostojewski. Gleichwohl bleiben die Gegensätze der beiden Schriftsteller unüberbrückbar. In seiner Rede anlässlich der Feierlichkeiten zieht Turgenjew in Zweifel, ob Puschkin wie Shakespeare und Goethe ein Nationaldichter von Weltrang sei. Dostojewski hingegen feiert in seiner Rede Puschkin als »nationales Genie«. Russland, das Puschkin in seiner Dichtung so wundervoll besungen habe, stehe in der Verantwortung, die geistige Führung des moralischen Fortschritts zu übernehmen. Das Publikum ist von Dostojewskis Worten begeistert. »Diese sehr gescheite, glänzende und listig-kunstreiche Rede gründet bei all ihrer Leidenschaftlichkeit auf Verlogenheit«, schreibt Turgenjew befremdet, »einer Verlogenheit, die aber der russischen Selbstliebe überaus angenehm ist. Was soll dieser Allmensch, dem das Publikum so frenetisch Beifall klatschte? ... Wieder der gleiche Hochmut unter der Maske der Bescheidenheit.«

Im August erhält Turgenjew in Paris Besuch von Maria Sawina. Sie wird von ebenjenem Offizier, der ihr den Hof gemacht hatte, begleitet, und stellt ihn, Fürst Nikita Wsewoloshski, als ihren Bräutigam vor. Turgenjew ist nicht erfreut. Sie seien »einander begegnet und auseinandergegangen wie höfliche Unbekannte«, schreibt er ihr.

Im Juli 1881 folgt Sawina schließlich Turgenjews Einladung nach Spasskoje. Sie bleibt vier Tage. Zur gleichen Zeit ist der Dichter Jakow Polonski mit seiner Frau bei Turgenjew zu Gast. Am 17. Juli feiern die beiden ihren Hochzeitstag. Turgenjew lässt zum Essen Champagner servieren und ist bester Stimmung. Nach dem Essen kommen alle in Turgenjews Kabinett zusammen, wo der Schriftsteller den Gästen seine soeben beendete Erzählung *Das Lied der triumphierenden Liebe* vorliest.

Die Handlung spielt im Ferrara des 16. Jahrhunderts. Zwei Freunde, der Musiker Mutius und der Maler Fabio, beide aus alteingesessenen, angesehenen Familien, werben um die Gunst der schönen Valeria. Valeria gibt keinem der beiden den Vorzug, sie musiziert mit Mutius, mit Fabio aber fühlt sie sich unbefangener. Auf den Rat der Mutter hin wählt sie Fabio als Ehemann. Mutius begibt sich daraufhin auf eine Reise in ferne Lande, wo er in der Kunst der Magie und Zauberei unterwiesen wird. Nach fünf Jahren kehrt er in Begleitung eines stummen Malaien zurück und wird vom glücklichen, aber immer noch kinderlosen Paar mit offenen Armen aufgenommen. Er wohnt in einem Pavillon im Park ihrer Villa.

Der vom Reisenden ausgeschenkte exotische Wein, seine seltsamen Abenteuer und die von ihm hinreißend auf seiner indischen Geige gespielte glutvolle Melodie des Liedes der triumphierenden Liebe bleiben nicht ohne Wirkung auf Valeria: In der Nacht darauf träumt sie von Liebkosungen Mutius' und beginnt zu schlafwandeln. Als ihr Gatte es bemerkt, folgt er ihr und sieht, wie sie im Garten zum ebenfalls somnambulisierenden Mutius geht. Wutentbrannt sticht Fabio den Freund nieder. Mutius wird von dem stummen Malaien mit Hilfe der Magie wiederbelebt und die beiden verlassen die Villa.

Fabio und Valeria finden ihr Glück wieder. Doch eines Tages spielt Valeria an der Orgel unwillentlich das Lied der triumphierenden Liebe, mit dem Mutius sie zuvor verzaubert hatte. Zugleich spürt sie »zum ersten Mal in ihrer Ehe das Regen eines neuen, werdenden Lebens in sich«.

Das Lied der triumphierenden Liebe ist das Lied der Liebe Turgenjews zu Pauline Viardot. Die Anspielungen auf die Musikerin sind offensichtlich. Maria Sawina vermag es, zwischen den Zeilen zu lesen, und versteht den verborgenen Sinn der Erzählung. Sie fühlte sich geschmeichelt von der Aufmerksamkeit, die der bekannte Schriftsteller ihr entgegenbringt, vielleicht war auch sie ein wenig in ihn verliebt. Aber nun begreift sie, dass er für immer der anderen Frau gehören wird. Und obgleich Turgenjew sie zum Bleiben drängt, reist sie am Tag nach der Lesung in Turgenjews Kabinett ab. Kurze Zeit später erhält der Schriftsteller die Nachricht von ihrer Verlobung mit Nikita Wsewoloshski. Die letzte Begegnung Turgenjews mit Maria Sawina findet im Frühling 1882 in Paris statt.

Sawina wird die »Königin des russischen Theaters«. Aber auch ihre zweite Ehe ist unglücklich. Ihr Gatte ist ein Spieler; um seine Schulden zu bezahlen, muss sie ihren Schmuck versetzen. 1891 erfolgt die offizielle Auflösung der Ehe.

Die Erinnerung an Iwan Turgenjew erhält sie aufrecht. Vor dem Porträt des Schriftstellers in der Ausstellung, die anlässlich seines 25. Todestags 1909 in Sankt Petersburg gezeigt wird, wird jeden Tag ein Bouquet prachtvoller Rosen abgelegt. »Diese Rosen wurden täglich von Maria Gawrilowna Sawina gebracht.«

9. Zwei Abschiede

Vor seiner Abreise zurück nach Frankreich im August 1881 besucht Turgenjew die Familie Tolstoj in Jasnaja Poljana, wo der Geburtstag der Gattin des Schriftstellers gefeiert wird. Auf Vorschlag Turgenjews soll jeder von der glücklichsten Minute seines Lebens berichten. Als die Reihe an ihm ist, beginnt Turgenjew: »Es versteht sich, dass die glücklichste Minute des Lebens mit der Liebe zu einer Frau verbunden ist. Wenn man mit seinem Blick den ihren, den der Frau, die man liebt, trifft und begreift, dass auch sie einen liebt. Dies ist mir ein Mal im Leben geschehen, vielleicht auch zwei Mal.« Danach führt Turgenjew auf Bitten der jungen Leute vor, wie man früher in Paris Cancan getanzt hat. Er legt seinen Gehrock ab, steckt die Daumen in die Ärmellöcher der Weste, geht in die Knie und wirft die Beine nach vorn. Dass er dabei aus dem Gleichgewicht gerät und fällt, erhöht die Heiterkeit, auch seine eigene.

Im Herbst reist der Schriftsteller nach England, um an der Jagd in Cambridgeshire teilzunehmen. Bei einem Bankett, das zu seinen Ehren in London veranstaltet wird, trifft er die Elite der angelsächsischen Literatur.

Das Jahr 1882 bringt viel Leid. Turgenjews Tochter Paulinette trennt sich verzweifelt von ihrem Mann, der die gesamte Habe durchgebracht hat, trinkt und sie in Anfällen von Wut und Verzweiflung mit dem Revolver bedroht. »Nimm Deine beiden Kinder und komm mit ihnen zu uns«, schreibt ihr der Vater. »Ich suche eine Wohnung für Dich und wir werden sogleich Schritte zur offiziellen Trennung und zur Gütertrennung einleiten.«

Im März erleidet der fast zweiundachtzigjährige Louis Viardot einen Schlaganfall. »Wie glücklich wäre ich«, schreibt Pauline an Clara Schumann, »wenn nicht mein lieber und leider sehr alter Mann im Bett läge! Wir haben geglaubt, daß er verloren war! Aber seine Lebenskraft ist so groß, daß er das Schlimmste überstanden hat.«

Auch Paulines Lebensfreund Turgenjew erkrankt. »Ich leide an einer seltsamen, dummen, ungefährlichen aber fast unheilbaren Krankheit«, schreibt er am 23. April 1882 an Pawel Annenkow. »Sie besteht darin, dass man, solange man liegt, ohne sich zu bewegen, gesund zu sein scheint, wenn man aber aufsteht und ein paar Schritte tut (davon, die Treppe hinunter zu gehen, kann keine Rede sein), hat man unerträgliche Schmerzen, zuerst in der linken Schulter, dann im gesamten Brustkorb, und schließlich bekommt man keine Luft mehr. Nun sind es schon 14 Tage, dass ich in meinem Zimmer eingeschlossen bin.«

Der behandelnde Arzt, kein geringerer als der berühmte Spezialist für Gelenkrheumatismus und weltweit erster Inhaber eines Lehrstuhls für Erkrankungen des Nervensystems, Jean-Martin Charcot, diagnostiziert Angina pectoris. Über das Ausmaß der »seltsamen, dummen, ungefährlichen aber fast unheilbaren Krankheit«, die tatsächlich beginnender Rückenmarkskrebs ist, sind sich weder Arzt noch Patient im Klaren.

Die russischen Freunde sind beunruhigt aufgrund von Gerüchten, Turgenjew sei einsam und sich selbst überlassen, leide unter dem ständigen »Krach« des Gesangsunterrichts in der Wohnung unter ihm und an der Gleichgültigkeit, mit der die Damen des Hauses Viardot ihm gegenüberstehen.

»Mitleid muss man mir allein deshalb entgegenbringen, weil ich krank bin, und dies, so sieht es wohl aus, unheilbar«, schreibt Turgenjew im Mai 1882 an Jakow Polonski, dessen Frau angeboten hatte, die Krankenpflege zu übernehmen. »Was alles andere betrifft, fühle ich mich so wohl wie ein Fisch im Wasser.« »Ich brauche keine Hilfe in der Krankenpflege, die Damen des Hauses, die die Pflichten der Krankenschwestern aufopferungsvoll übernommen haben, empfänden dies als Einmischung und Beleidigung und würden es nicht zulassen.«

»Die Nachricht von Ihrer Erkrankung hat mich sehr bekümmert«, schreibt Lew Tolstoj, »umso mehr, als ich nun weiß, dass es sich um eine ernste Sache handelt. Ich habe begriffen, wie traurig es mich machte, wenn Sie vor mir stürben.«

Am 25. Mai wird Turgenjew »wie eine Reisetruhe« nach Bougival gebracht. »Als Mensch bin ich ausgelöscht, obgleich ich noch lange werde knarren können«, schreibt er im Juni. Er hat keine Hoffnung mehr, noch einmal nach Spasskoje zurückzukehren, und bittet das Ehepaar Polonski, dort nach dem Rechten zu sehen. »Wenn Sie dort sind, grüßen Sie mir das Haus und den Garten und meine junge Eiche, grüßen Sie mir die Heimat, die ich wohl niemals wiedersehen werde.« Die Polonskis senden ihm in einem Brief Blätter und Blumen aus Spasskoje . Seine einstigen leibeigenen Bauern wünschen ihm baldige Genesung.

In Bougival kann Turgenjew mit Hilfe eines Apparats, der an der Schulter befestigt wird, ein paar Schritte gehen. »Jede Schildkröte überholt mich!« Um die Schmerzen zu lindern, legt man heiße Tücher auf, zur Nacht spritzt man Morphium.

Im August geht es dem Schriftsteller etwas besser und er schreibt wieder an seinen Prosagedichten, denen er den Titel *Senilia* gibt. Er schreibt sie für sich, nicht zur Veröffentlichung, und liest selten einmal einige wenige den Freunden vor.

Als er sie Michail Stasjulewitsch zeigt, der ihn in Bougival besucht, ist dieser begeistert und will sie in seiner Zeitschrift *Westnik Jewropy* veröffentlichen. Turgenjew willigt ein, dass die Gedichte nach seinem Tod publiziert werden. »Aber nein, Iwan Sergejewitsch, wenn die Leser erst nach Ihrem Tod diesen Schatz kennenlernen dürfen, so müsste man ja Ihren Tod wünschen!« Der Schriftsteller gestattet daraufhin die Veröffentlichung zu Lebzeiten, und der Zyklus von einundfünfzig von Turgenjew ausgewählten Prosagedichten erscheint im Dezember 1882. 1930 erscheint die zweite Serie des insgesamt dreiundachtzig Texte umfassenden, von Turgenjew kunstvoll komponierten Zyklus. Die Gedichte seien einzeln zu lesen, damit die dort formulierten Gedanken in die Seele fallen können, heißt es im Vorwort. Die Impressionen, Erinnerungen und Meditationen sind von Melancholie und Pessimismus, von Sentimentalität und Mitmenschlichkeit geprägt. Eines der zentralen Themen der *Senilia* ist die Liebe. »Allein sie, allein die Liebe hält und bewegt das Leben«, ist Turgenjew überzeugt. »Die Liebe ist stärker als der Tod« wird das Leitbild seiner letzten Meistererzählung *Nach dem Tode (Klara Militsch)*, die er im August und September 1882 schreibt.

Der fünfundzwanzigjährige Jakow Aratow, ein Einsiedler von schwächlicher Gesundheit, lebt mit seiner Tante in Moskau, wo er sich Privatstudien und der Fotografie widmet. Einmal gibt Jakow dem Drängen seines einzigen Freundes nach und begleitet diesen zu einem literarisch-musikalischen Abend, bei dem die junge Sängerin Klara Militsch singt; sie trägt Tatjanas Liebesbrief aus *Eugen Onegin* vor und hält dabei unentwegt ihren Blick auf Jakow gerichtet. Kurz darauf bittet Klara ihn um ein Treffen auf den Twerskoj-Boulevard. Die Begegnung ist ein einziges Missverständnis. »›O Gott, wie ist das dumm!‹ rief sie mit hartem Lachen aus. ›Wie ist unser Treffen dumm! Wie bin ich dumm und Sie auch! Pfui!‹ Sie machte eine verächtliche Handbewegung, als wolle sie Aratow aus dem Weg schieben, ging an ihm vorbei, eilte über den Boulevard und war verschwunden.«

Einige Monate später liest Jakow in den *Moskowskije Wedomosti*, dass Klara sich aus verschmähter Liebe auf der Bühne vergiftet habe. Er fährt in ihre Heimatstadt Kasan, wo Klaras Schwester ihm ein Bild von Klara und ihr Tagebuch gibt. Im Tagebuch findet er Hinweise darauf, dass Klara in ihn verliebt gewesen ist, und verliebt sich nun seinerseits in sie. Von nun an ist er in der Gewalt der Toten. Die Seele Klara Militschs besucht ihn in seinem Zimmer und er stirbt glücklich mit den Worten: »Warum weinst du, Tante? Weil ich sterben muss? Ja, weißt du denn nicht, dass die Liebe stärker ist als der Tod?«

Dieser Erzählung liegt eine wahre Begebenheit zugrunde. Eine Schülerin Nikolaj Rubinsteins, die Sängerin Jewlalija Kadmina, machte ihrem Leben auf einer Bühne in Charkow ein Ende, indem sie Gift nahm. Turgenjew kannte sie und den jungen Zoologen, der sich in die Tote verliebte und dessen Liebe zur Psychose wurde.

Auch in dieser letzten Erzählung Turgenjews klingt seine Liebe zu Pauline Viardot an. Aratow ist fünfundzwanzig Jahre alt – ebenso alt wie Turgenjew, als er im Herbst 1843 in Sankt Petersburg zum ersten Mal Pauline Viardot auf der Bühne sah, und die Figur der Klara Militsch erinnert in vielem an die Sängerin. Ihr Äußeres mit dunklem Teint und dunklen Haaren gemahnt an eine Zigeunerin, ihre Stimmlage ist ein Kontra-Alt. Aratow fühlt sich von ihr zugleich hingezogen und abgestoßen. »Sie ist keine Schönheit, aber welch Ausdruck ist in ihrem Gesicht! Und sie hat, das heißt, sie hatte zweifellos Talent.«

Im November 1882 kehrt Turgenjew wieder nach Paris zurück. Dort ist Pauline mit der Pflege des nach mehreren Schlaganfällen fast gänzlich gelähmten Ehemanns beschäftigt. Sie zieht ihn an und aus und platziert ihn am Fenster, wo sie ihm aus Zeitungen vorliest. Lässt sein Zustand es zu, kann sie Gesangsstunden geben.

Im Dezember geht es Turgenjew schlechter und im Januar 1883 entfernt der Arzt Paul Segon ein großes Neurom aus dem Unterbauch, das »wie eine faulige Pflaume« dort wuchert. Dazu wird ein sechzehn Zentimeter langer Schnitt gemacht. Die Operation erfolgt ohne Betäubung durch Chloroform in der Rue de Douai im Beisein der Familienmitglieder. Der Schriftsteller begibt sich geistig in andere Welten, um den Schmerz zu ertragen. Nach dem chirurgischen Eingriff geht es ihm nicht besser. Seine Schmerzen sind trotz Morphium kaum erträglich. Er bittet Pauline, ihn aus dem Fenster zu werfen. »Aber Sie sind zu groß und zu schwer, mein lieber Turgenjew«, antwortet sie. »Und außerdem täten Sie sich weh.« Pauline Viardot lässt keine Besucher mehr zu ihm vor.

Mitte April 1883 wird Turgenjew wieder nach Bougival gebracht. Als man ihn aus seiner Wohnung die Treppe herunterträgt, erwartet ihn, in seinem Stuhl sitzend, Louis Viardot. Sie blicken einander an und flüstern gleichzeitig: »Adieu«. Sie wissen, dass es kein Wiedersehen geben wird, weder in dieser noch in jener Welt, an die sie beide nicht glauben.

Am 5. Mai 1883 stirbt Louis Viardot. »Seine letzten Augenblicke waren die eines Weisen«, schreibt die Witwe am 21. Mai 1883 an ihren Schwager Léon. »Er spürte den Tod kommen und hat ihn sozusagen mit einem Lächeln auf den Lippen empfangen, umgeben von denen, die er liebte. Er verlosch ohne Leiden, geliebt von den Seinen, respektiert von allen.«

In seinem Testament dankt Louis Viardot seiner Frau liebevoll: »Es ist mir unmöglich, meiner tiefsten Zuneigung und tiefsten Dankbarkeit Ausdruck zu verleihen für die fünfunddreißig Jahre voller Friede und Glück, die ich meiner geliebten Frau verdanke. … Ich muss meine Kinder, nicht einmal meinen Sohn Paul, nicht daran erinnern, dass sie ihr gegenüber den Respekt und die Zärtlichkeit bewahren, die ich ihr stets entgegengebracht habe und die sie so sehr verdient.«

Nach dem Begräbnis ihres Mannes auf dem Friedhof von Montmartre fährt Pauline Viardot nach Bougival, um bei Iwan Turgenjew zu sein, der dort gepflegt wird von Mlle. Arnholt, der einstigen Gouvernante von Claudie und Marianne. Zeitweise geht ihr dabei Tata Herzen, die Tochter von Alexander Herzen, zur Hand.

»Wie gern wäre ich bei meinem alten Freund!«, schreit Turgenjew in Augenblicken der Verzweiflung. Sein Zustand ist hoffnungslos. »Seien Sie ein guter Freund und geben Sie mir einen Revolver«, bittet er Guy de Maupassant, als dieser ihn besucht. Die Morphium-

Dosis muss erhöht werden. Turgenjew beginnt zeitweise zu halluzinieren, ist überzeugt, Pauline trachte ihm nach dem Leben.

Zwei Wochen vor seinem Tod bittet er sie, etwas aufzuschreiben. Er diktiert ihr in den drei Sprachen, die sie beide sprechen – Französisch, Deutsch, Italienisch –, seine letzte Erzählung. Ihren Vorschlag, er könne ihr auch auf Russisch diktieren, lehnt er ab mit der Begründung, dann sei er zu sehr mit dem literarischen Ausfeilen des Textes beschäftigt. Nach einigen Sitzungen liest Pauline ihm ihre zusammengefasste Redaktion der Erzählung vor. Nach Turgenjews Tod heißt es, diese letzte Erzählung mit dem Titel *Une fin* sei eine Fälschung Paulines. Erst nach langwierigen Auseinandersetzungen wird die Erzählung im Januar 1886 in Russland veröffentlicht.

Als Turgenjews Ende absehbar ist, versammeln sich Pauline, Claudie, Marianne, deren Ehemänner und Paul am Sterbebett des Schriftstellers, der schon im Koma liegt. Als er noch einmal kurz erwacht, nimmt er flüsternd Abschied. »Sie ist die Königin der Königinnen«, haucht er, als er Pauline erkennt, »wie viel Gutes hat sie getan!« Um zwei Uhr am Mittag des 3. September ist der Kranke von seinem Leiden erlöst. Telegramme werden verschickt, Pauline und Claudie zeichnen den Schriftsteller auf dem Totenbett, ein Fotograf wird gerufen und eine Totenmaske wird abgenommen, ebenso wie ein Abguss der Hände des Schriftstellers.

»Zwei Tage vor seinem Sterben verlor er das Bewusstsein völlig – er hat dann nicht mehr viel gelitten«, schreibt Pauline Viardot an Ludwig Pietsch. »Das Leben erlosch langsam, nach zweimaligem Aufschluchzen – wir waren alle bei ihm. … Er ist wieder so schön geworden in der majestätischen Ruhe des Todes. Am ersten Tag hatte der Krampf der Schmerzen ein Runzeln der Augenbrauen in seinem Gesicht zurückgelassen, das im Verein mit der Unbeweglichkeit der Züge ihm ein strenges, starres Aussehen gab. Am zweiten Tag hatte er sein sanftes, gütiges Aussehen wiedergewonnen – für

Momente hätte man glauben können, er werde lächeln … Oh, mein Gott!«

In der russisch-orthodoxen Kirche in der rue Daru wird die Totenmesse gehalten, zu der sich ein »Miniaturrussland« zusammenfindet. Wenige Tage vor seinem Tod hatte Turgenjew verfügt, ihn in Petersburg auf dem Wolkowo-Friedhof neben seinem Freund Wissarion Belinski, dem er einst seinen Roman *Väter und Söhne* gewidmet hatte, zu begraben. Da die Sängerin nicht in der Lage sei, die Überführung nach Russland zu begleiten, wie die russische Presse berichtet, überantwortet sie dies ihren Töchtern Claudie und Marianne.

In Russland wird der Tod Iwan Turgenjews zum Ereignis nationaler Bedeutung. Eine Proklamation nennt den Schriftsteller einen »Freund der revolutionären Jugend«.

Tausende nehmen am Trauerzug teil, tragen Plakate und Transparente. »Ein solches Begräbnis gab es in Russland nie zuvor und wird es wohl kaum je noch einmal geben. Auffallend war die Abwesenheit der gesamten offiziellen Welt – keine Uniform, kein Minister oder sonstige hochgestellte Persönlichkeit war zu sehen. Die staatliche Administration war ganz offensichtlich aufgeschreckt. Neben den Polizeikräften waren fünfhundert Kosaken auf dem Friedhof postiert, in den Eingängen der Häuser auf dem Weg des Trauerzugs standen Militärs in Marschkleidung. Ob der arme Turgenjew, dieser friedliebende Mensch, sich hätte träumen lassen, dass er nach seinem Tode noch derart furchterregend sein würde?«

»Es ist zu viel, zu viel des Schmerzes auf einmal für ein einziges Herz!«, schreibt Pauline am 8. September an Ludwig Pietsch. »Und ich verstehe nicht, warum das meine noch nicht zersprungen ist!«

Zur Trauer der Sängerin kommen Gerüchte und Unterstellungen in der russischen Presse über ihre Rolle in Turgenjews Leben. »Welches Recht haben die sogenannten Freunde Turgenjews, uns schändlicher Verbindungen zu beschuldigen?«, empört sie sich. »Alle

Menschen und all ihre Handlungen sind, solange sie nicht jemand anderem Schaden zufügen, von Natur aus frei, und unser beider Gefühle und Handlungen überschritten die Grundlage der von uns anerkannten Gesetze nicht, und trotzdem blieben sie der breiten Masse, vielen Menschen, die sich selbst für klug und ehrbar halten, unbegreiflich.

Mehr als vierzig Jahre lang habe ich mit dem Mann meines Herzens gelebt und damit mir selbst, aber niemandem sonst ein Leid zugefügt. Wir haben einander viel zu gut verstanden, als dass es uns Sorge bereitet hätte, was andere über uns reden, denn unsere Verbindung wurde von all jenen, die uns kannten und schätzten, für rechtmäßig erachtet. Wenn der Name Turgenjew den Russen etwas wert ist, so kann ich voller Stolz sagen, dass es seine Person keineswegs entehrt, wenn der Name Viardot mit dem seinen zusammen genannt wird.«

Nach der Eröffnung der beiden Testamente Turgenjews – im ersten hatte er Pauline Viardot sein gesamtes Vermögen, im zweiten die Eigentumsrechte an seinen Werken vermacht – kommt es zu einer gerichtlichen Auseinandersetzung mit Gaston Bruère, dem immer noch rechtmäßigen Ehemann von Turgenjews Tochter Paulinette, der den letzten Willen seines Schwiegervaters anficht. Nach zwei Jahren entscheidet das Gericht zu Gunsten der »Witwe Viardot«.

Pauline Viardot übergibt die in ihrem Besitz befindlichen Korrespondenz von Turgenjew dem »besten Freund und urteilssichersten Kritiker« Pawel Annenkow zur Sichtung und Ordnung. Sie vertraut ihm, der ihr nie wohlgesinnt war. Ihre eigenen Briefe an den Schriftsteller nimmt sie zuvor an sich. Annenkow beendet die Durchsicht 1886 und übergibt das Konvolut wieder der Musikerin. Pauline Viardot habe diese Papiere verbrennen wollen, da sie keinen Platz für sie gehabt hätte, behauptet Annenkow in einem Brief. Sie bietet die Korrespondenz aber der Kaiserlichen öffentlichen Bibliothek in

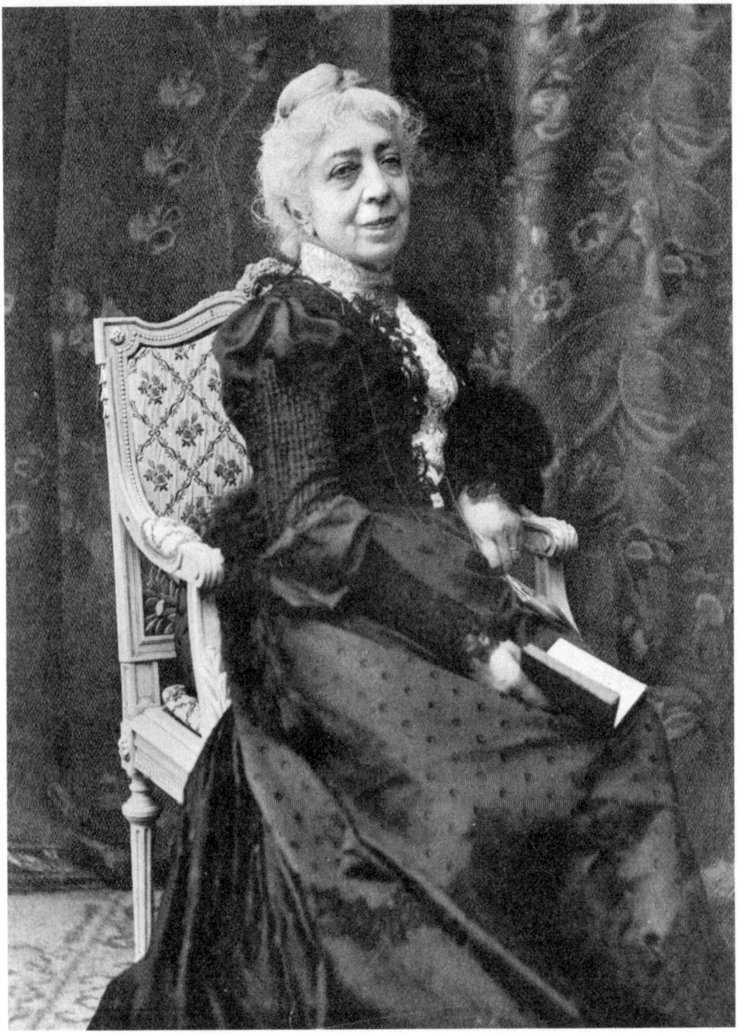

Abb. 37: Pauline Viardot-García.

Sankt Petersburg zum Kauf an. Die »Herren Beamten« haben jedoch kein Interesse. Heute befindet sich Turgenjews Korrespondenz in der Bibliothèque nationale de France in Paris.

1884 zieht Pauline Viardot aus dem Haus in der Rue de Douai an das linke Seineufer am Boulevard Saint Germain. Dort lebt sie mit ihrer Hausdame Mlle. Arnholt. Als diese stirbt, nimmt eine ältere Schülerin deren Platz ein. Die Villa in Les Frênes wird verkauft, ebenso wie die Orgel aus dem Salon der Sängerin.

Im Salon ihres neuen Heims steht der Flügel ihrer früh verstorbenen Schwester María Malibran, die Wände sind geschmückt mit Bildern und Porträts ihrer Freunde. Einen Ehrenplatz zwischen den Fenstern des runden Raums nimmt ein Porträt Iwan Turgenjews ein. Ihre Briefe schreibt sie bis an ihr Lebensende auf schwarz gerändertem Papier.

Pauline Viardots Jugend war voller stürmischer Erfolge, ihr Alter ist geruhsam. 1901 wird sie für ihre Verdienste als Musikerin mit dem Orden der Légion d'honneur ausgezeichnet. Sie gibt weiterhin Gesangsstunden, hat Schülerinnen aus den verschiedensten Ländern und komponiert. Gelegentlich veranstaltet sie Hauskonzerte. 1885 findet in ihrem Salon die Erstaufführung des *Karneval der Tiere* von Camille Saint-Saëns statt. Bisweilen führt sie auch ihre eigenen Werke auf, in den Operetten singen ihre Schülerinnen und sie selbst. Einer Aufführung von *Le dernier soucier* im April 1889 wohnt Pjotr Tschaikowski bei, der 1886 die Bekanntschaft der Musikerin gemacht hatte. »Sie ist eine wundervolle und überaus interessante Frau, ich bin vollständig verzaubert von ihr«, schreibt der Komponist. »Ungeachtet ihrer siebzig Jahre hält sie sich wie eine Vierzigjährige, ist rege und heiter, freundlich und verbindlich und vermochte es, alles bei unserer Begegnung so einzurichten, dass ich mich von der ersten Minute bei ihr gleich wie zu Hause fühlte.«

Über die letzten Jahre Pauline Viardots ist wenig bekannt. »Es war ein wundervoller Lebensabend eines wundervollen Lebens«, schreibt eine ihrer Schülerinnen, die Sängerin Lidie Torrigi-Heiroth. An den Samstagen versammelt sich die Familie zum Essen bei ihr. 1892 schreibt sie ihrer »lieben, lieben Clara«, »... ist es nicht schrecklich, daß die zwei ältesten Freundinnen dieses Jahrhunderts so selten voneinander hören? ... Was soll ich dir von meinen Kindern erzählen? Laß sehen. Louise zuerst: sie ist in London seit 10 Monaten. ... Sie componiert sehr viel und ihre songs fangen an, gesungen zu werden – sie hat einen Verleger – das ist schon was. Sie hat eine Classe von lyrischer Deklamation bei der Royal Academy, glaube ich. Ihre Gesundheit hat sich sehr verbessert. Kurzum, Louise ist im Ganzen sehr zufrieden in London. Claudie: Diese ist immer reizend in jeder Hinsicht. Ihr Mann Georges ist das liebste Wesen, das man denken kann. Claudie beschäftigt sich mit Pastellmalerei. Sie hat mehrere Porträts in zwei Ausstellungen und sie will sich gänzlich dem widmen. – Meine Enkelinnen, ihre Töchter, sind sehr hübsch und gut. Jeanne wird bald 18, Maria 12 Jahre alt werden. Beide spielen Clavier, nett, ohne große Anlagen. Der Junge, Raymond, ist ein merkwürdiges Kind, besonnen, klug und dabei lebhaft. Es ist die schönste Familie, die man denken kann. Marianne: auch eine hübsche Frau, gescheut und amüsant. ... Ihre Stimme ist reizend und sie singt, wie man jetzt nicht mehr singt, d.h. perfect. Ihre kleine Susanne ist ein schönes, jetzt bald neunjähriges Mädchen, begabt, gescheut und lebhaft wie ein Mäuschen.

Meine beiden Schwiegersöhne sind ›des amours‹, und wir lieben uns grenzenlos, ja ganz gewiß. Pauline: die ist immer rüstig und fast immer munter, hier und da ›au, au!‹ die Knieen, aber das ist alles – sie gibt immer Stunden, drei oder vier täglich, nicht mehr – sie hat sehr viel componiert – eine Pantomime mit unter, die mehrmals aufgeführt worden ist (mit Marianne und Claudie als Hauptmimen, grandissima succes) – im nächsten Winter soll sie in Brüssel gegeben werden.«

Von Paul, dem Sohn, kein Wort. Er reist als Violinist und Dirigent um die halbe Welt, komponiert. Aber er distanziert sich am stärksten von allen Viardot-Kindern von der Familie. In seinen Memoiren beklagt er, man habe ihn immer nur als Sohn Pauline Viardots angesprochen.

Auch Louise trägt schwer am Erbe der Familie. Als Sängerin, Gesangslehrerin und Komponistin geht sie den gleichen Weg wie die Mutter, aber auch sie kann ihr ganzes Leben lang nicht aus deren Schatten heraustreten. Ihre Karriere als Sängerin muss sie nach einer schweren Erkrankung aufgeben, nach einem Eisenbahnunglück kann sie auch nicht mehr als Pianistin auftreten. Dass sie das »falsche« Geschlecht habe, sieht sie als Ursache dafür, dass ihre Kompositionen nicht die gebührende Anerkennung finden. »Was für einen Missgriff hat der liebe Gott getan, als er aus Louise eine Frau machte!«, soll Camille Saint-Saëns gesagt haben.

Louises Verhältnis zur Mutter bleibt belastet. Die Verbindung zu Iwan Turgenjew sieht die Tochter auch nach dessen Tod kritisch. In einem »offenen Brief«, der im Februar 1907 in der *Frankfurter Zeitung* veröffentlicht wird, klagt sie über die angebliche »taktlose Aufdringlichkeit« des Schriftstellers und behauptet, dieser habe auf Kosten der Viardots gelebt. Es ist nicht bekannt, ob die älteste Tochter ihrer Mutter die beiden Ausgaben der *Frankfurter Zeitung*, in der ihr offener Brief veröffentlicht wurde, zukommen ließ oder ob es den beiden anderen Töchtern gelungen ist, die unschönen Nachreden vor der 86-jährigen Mutter zu verbergen.

Nach und nach gehen Freunde und Nahestehende. Clara Schumann stirbt im Mai 1896. 1906 stirbt Paulines Bruder Manuel García in London. Im Jahr zuvor war der hoch respektierte Gesangspädagoge und Erfinder des Laryngoskops anlässlich seines 100. Geburtstags von König Edward VII. im Buckingham Palace empfangen, mit dem Kommandeurskreuz seines Hausordens ausgezeichnet und mit einem Bankett von der Londoner Royal Academy geehrt worden. 1907 stirbt der Schwiegersohn Alphonse Duvernoy.

Das Gehör und die Sehkraft Pauline Viardots lassen nach. Sie hat grauen Star. »Diese fürchterlichen Brillen«, weigert sie sich kokett, eine Sehhilfe zu benutzen, »diese Kuhaugen, die man da bekommt!« Auf die Frage, ob sie genügend auf ihre Gesundheit achte, antwortet sie: »Oh, es stehen viele Mittelchen auf meinem Nachttisch.« Doch bis zuletzt unterrichtet sie und gibt Konzerte.

»Ich habe noch zwei Tage zu leben«, sagt sie eines Tages unvermittelt. »Von diesem Moment an sprach sie nicht mehr; aber man sah deutlich, dass sie mit imaginären Personen plauderte, weil sie lächelte und Zeichen mit dem Kopf machte, die sie mit Handbewegungen begleitete. Ohne Zweifel kamen ihr Szenen aus der Vergangenheit in den Sinn und sie träumte von ihren alten Erfolgen, denn das einzige Wort, das ihr entfuhr, war ›Norma‹, deutlich und laut ausgesprochen. Am zweiten Tag nickte sie in ihrem Sessel ein, und um 3 Uhr nachmittags schlief sie und wachte nicht mehr auf, mit rosafarbenen Wangen und einem glücklichen Lächeln auf den Lippen. So wurde eine schöne Existenz der Arbeit, des Erfolgs und des Glücks mit einem sehr sanften Tod gekrönt.«

Pauline Viardot ist fast neunundachtzig Jahre alt, als sie am 18. Mai 1910 stirbt. Der Sarg mit ihrem Leichnam wird im Salon aufgebahrt, damit die ihr Nahestehenden Abschied nehmen können. Am 20. Mai findet in der Kirche Sainte Clothilde der Trauergottesdienst statt. Gesungen wird ein Stück aus dem Requiem von Gabriel Fauré, der einst fast ihr Schwiegersohn geworden wäre. Pauline wird auf dem Friedhof von Montmartre neben ihrem Mann beigesetzt. Camille Saint-Saëns und Jules Massenet halten Trauerreden.

In der französischen Öffentlichkeit wird der Tod der Musikerin kaum zur Kenntnis genommen. Die *Illustration* bringt eine kurze, mit zwei Porträts bebilderte Notiz, in *Le Temps* erscheint ein kurzer Nachruf. Die Reaktion in Russland, dem Land, dem sie durch Iwan Turgenjew so tief verbunden war, ist zwiespältig. Manche der veröffentlichten Nekrologe bekunden offene Feindseligkeit. Doch die *Russkaja musikalnaja gaseta* schreibt: »In der Musikgeschichte wird die Aureole, die den Namen Pauline Viardot-Garcías umgibt, ihren Glanz nicht verlieren, und der russischen Gesellschaft wird sie stets als die den großen Schriftsteller Iwan Turgenjew liebende Frau im Gedächtnis bleiben, die ihm verbunden und treu war, ihn inspirierte und vor der Einsamkeit bewahrte.«

Anmerkungen

Seite:

13 *Wie sehr verlange ich nach der Liebe!* – Iwan Turgenjew an Timofej Granowski, 4./16. Dezember 1839.

Ihnen auf meinem Weg zu begegnen – Iwan Turgenjew an Pauline Viardot-García, 26. Oktober/7. November 1850.

14 *Mein Gott, ich möchte mein ganzes Leben* – Iwan Turgenjew an Pauline Viardot-García, 31. Oktober/12. November 1850.

Für mich vergeht kein Tag, ohne dass mir Ihr teures Bild – Iwan Turgenjew an Pauline Viardot-García, 26. Oktober/7. November 1850.

15 *Er sieht sehr kalt aus, ist es aber nicht* – Pauline Viardot-García an Julius Rietz, 21. Dezember 1858.

16 *Wenn ich in Paris lebe, dann nicht um Paris willen* – Berg, N.V.: Vospominanija ob I. S. Turgeneve. *Istoričeskij vestnik* 1883/11, S. 366-377.

17 *Ich kann Ihnen … versichern, dass mich nur eine einzige Sache und nichts anderes interessiert* – Iwan Turgenjew an Michail Awdejew, 25. Januar 1870.

20 *Sie war von nicht eben hohem Wuchse* – Jachontow, A. N.: Peterburgskaja ital'janskaja opera v 1840-ch godach. In: *Russkaja starina* 1886, 52/12, S. 735-748.

22 *Mein Vater war ein Bild von einem Mann* – Ostrovskaja, Natalja Aleksandrovna: Iz vospominanij o Turgeneve. In: *I. S. Turgenev v vospominanijach sovremennikov*. 2 Bde. Moskau 1983, Bd. 2, S. 57-95.

24 *60 Werst* – Russ.: »verstá«, altes russisches Längenmaß, 1 Werst entspricht 1,067 km.

100 000 Dessjatinen Land – Russ.: »desjatína«, altes russisches Feldmaß. 1 Dessjatine entspricht 1,093 Hektar.

60 Pud – Alte russische Gewichtseinheit. 1 Pud entspricht 16,36 Kilogramm.

26 *einige durchaus »männliche Verhaltensweisen und Allüren«* – Kolonta-

eva, V.: Vospominanija o sele Spaskom. In: *Istoričeskij vestnik* 1885, Bd. XXII, S. 41-46.

mit einer Größe von 12 Werschok – Altes russ. Längenmaß. 1 Werschok entspricht 44,45 Millimeter.

28 *Schon früh habe ich durch die Beobachtung der Grausamkeiten* – Iwan Turgenjew an Julius Pietsch, 1./13. April 1875.

Ich wurde für jegliche Nichtigkeit geschlagen – Polonskij, Ja. P.: I. S. Turgenev u sebja v ego poslednyj priezd na rodinu. In: *Niva* 1884/ 1-8.

29 *Ihr schreibt mir immer französisch oder deutsch* – Sergej Nikolajewitsch an seine Söhne, 25. August 1830.

30 *Ich setzte mich auf einen Stuhl* – Iwan Turgenjew: *Erste Liebe*, Kap. VII.

geborene Kokette, aber eine hinreißende Kokette. – Ostrovskaja, Natalja Aleksandrovna: Iz vospominanij o Turgeneve. In: *I. S. Turgenev v vospominanijach sovremennikov.* 2 Bde. Moskau 1983, Bd. 2, S. 57-95.

31 *»In meiner Erzählung«, so Turgenjew* – Ostrovskaja, Natalja Aleksandrovna: Iz vospominanij o Turgeneve. In: *I. S. Turgenev v vospominanijach sovremennikov.* 2 Bde. Moskau 1983, Bd. 2, S. 57-95.

Mein Vater hatte einen eigentümlichen Einfluss auf mich« – Iwan Turgenjew: *Erste Liebe*, Kap. VIII.

Später, als Erwachsener, begreift er – *Erste Liebe*, Kap. VIII.

32 *»Vous devez vous separer de cette ... «* – Frz.: »Sie müssen sich von dieser ... trennen«.

»Das ist Liebe«, dachte Wolodja, »das ist Leidenschaft! – Iwan Turgenjew: *Erste Liebe*, Kap. XXI.

Meine Mamá war ständig erregt, eifersüchtig, zornig – Iwan Turgenjew: *Erste Liebe*, Kap. I.

34 *Die Fürstin Sch ... – ihr Andenken soll verflucht sein!* – Warwara Turgenjewa an Iwan Turgenjew, 26. März 1839.

Jenes Leben, jenes Milieu und vor allem, wenn man es so sagen kann, jene Umgebung – Iwan Turgenjew: Literatur und Lebenserinnerungen, S. 9.

Die Universität und die Wissenschaft verliehen dieser Stadt – Ivan Turgenev: Pis'ma iz Berlina. *Sovremennik* 1847/3, S. 46-49.

36 *sogleich ist ihr schwarzer Hut in der Menge nicht mehr zu sehen* – Iwan Turgenjew an Nikolaj Stankewitsch, 26. April/8. Mai 1840.

37 *Mein gesamtes Leben ist vom weiblichen Element durchdrungen* – Edmond de Goncourt: *Tagebuch*, 2. März 1872.

Ich war blutjung und unschuldig – Edmond de Goncourt: *Tagebuch*, 27. Januar 1878.

38 *Sie war überaus hübsch, blond, mit strahlenden Augen* – Edmond de Goncourt: *Tagebuch*, 2. März 1872.

Auf dem Titelblatt meiner ›Enzyklopädie‹ – Iwan Turgenjew an Michail Bakunin, 10. September 1840.

42 *Voller Zuneigung erfreut man sich am Anblick dieser jungen Damen* – Nikolaj Stankewitsch an Januarij Newerow, 9. März 1835.

Was ist Tatjana doch für ein wundervolles, zauberhaftes Wesen – Wissarion Belinski an Michail Bakunin, 20./21. Juni 1838.

»Du weißt es wohl«, teilt sie ihre Zweifel mit dem Bruder – zit. n.: Zajcev, B. K.: *Žizn' Turgeneva. Sobranie sočinenij v 5 tt.*, Moskau 1999.

44 *wie können Sie wissen, ob Ihr Leben keine hohe und heilige Bedeutung* – Iwan Turgenjew an Tatjana Bakunina, 17. Oktober 1841.

Gestern konnte ich keine Worte finden, absolut keine, Turgenjew – Tatjana Bakunina an Iwan Turgenjew, Anfang März 1842.

45 *Ich schwöre bei Gott, dass ich die Wahrheit sage* – Iwan Turgenjew an Tatjana Bakunina, 20. März 1842.

46 *»Ich habe begriffen«, schreibt Tatjana nach dem Bruch mit Turgenjew* – zit. n.: Bogoslovskij, N.V.: *Turgenev*. Moskau 1961.

Der Autor der Parascha offenbart ungewöhnliches dichterisches Talent – *Otečestvennye zapiski* 1843/ 5, S. 1-11.

47 *Es ist wundervoll – und das meine ich ganz ernst* – Malyševa, I. M.: Mat' I. S. Turgeneva i ego tvorčestvo. *Russkaja mysl'* 1915/XII, otd. XVIII, S. 113.

48 *Sie erinnerte sich nicht, die Musik erlernt zu haben* – Saint-Saëns, Charles-Camille: »Pauline Viardot«. In: *L'Echo de Paris*, 5. Februar 1911.

49 *Das »grand secret« der Familie* – Pauline Viardot-García an Julius Rietz, 21./22. Januar 1859.

ganz Sevilla sonntags im Dom. – Pauline Viardot-García an Julius Rietz, 21. Januar 1859.

54 *Wenn eine dramatische Darstellerin* – Merlin, María de las Mercedes de Santa Cruz y Montalvo: *Memoirs and letters of Madame Malibran. With notice of the progress of musical drama in England.* 2 Bde. 1840, Bd. 2, S. 119.

57 *Ich erinnere mich immer noch an unsere Rückreise* – Pauline Viardot-García an Julius Rietz, 21./22. Januar 1859.

58 *Ab wann, weiß ich nicht mehr* – Pauline Viardot-García an Julius Rietz, 12. Juni 1859.

ihren leichten Anschlag und die vollkommene Anrundung ihrer Passagen – Liszt, Franz: Pauline Viardot-García. In: *Zeitschrift für Musik*, 28. Januar 1859, 50/5, S. 49-54.

59 *Schließe dein Klavier, von nun an wirst du singen!* – Séché, Léon: *Alfred de Musset.* Bd. 2: Les Femmes. Paris 1907, S. 148.

an den Geschmack bittersüßer Orangen – Saint-Saëns, Charles-Camille: Pauline Viardot. *L'Echo de Paris*, 5. Februar 1911.

Eine Mischung aus Sopran und Tenor – Revue Gazette Musicale, 23. Mai 1838.

zwei wertvolle »Boules italiennes um Haar zu stecken« – Pauline García an Clara Wieck, 22. August 1838.

60 *Ich fand in ihr … ein liebenswürdiges, anspruchsloses Mädchen* – Clara Wieck, Tagebuch, August 1838.

Abends Concert von Bériot und Pauline Garcia – Robert Schumann, Tagebuch, 25. Juni 1838.

61 *Sie singt, wie sie atmet! – Revue de Deux Mondes*, 1. Januar 1839.

63 *Sie besitzt eines der zauberhaftesten Instrumente* – zit. nach Borchard, Beatrix: *Pauline Viardot-Garcia. Fülle des Lebens.* (Europäische Komponistinnen, Hrsg.: Kreutzinger-Herr, Annette und Unseld, Melanie, Bd. 9) Köln, Weimar, Wien 2016, S. 29.

aber von einer Häßlichkeit – Heine, Heinrich: Pauline Viardot. *Beilage zur Augsburger Zeitung*, 17. Mai 1844.

64 *Ich liebte meine Schwester sehr* – Pauline Viardot-García an Julius Rietz, 18.-23. Juli 1859.

sobald sie zu singen beginnt, ist von ihrem Makel keine Rede mehr – A. P. Bogoljubov: Zapiski morjaka-chudožnika. *Volga*, 1996/2-3.

65 *»Ach, liebster Freund«, klagt Pauline später in einem Brief* – Pauline Viardot-García an Julius Rietz, 30. Dezember 1858.

66 *die ihn als »bescheidenen Wissenschaftler …« achtet* – zit. nach Marix-Spire, Thérèse: *George Sand et la musique*. Paris 1955, S. 23.

67 *sie habe die Liebe von Louis nie erwidern können, »beim besten Willen nicht* – Pauline Viardot-García an Julius Rietz, 26./27. März 1859.

69 *Die furchtbaren Leiden der Liebe tödten* – Pauline Viardot-García an Julius Rietz, 22. Dezember 1858.

Wie Sie mir versprochen haben – Pauline Viardot-García an George Sand, 12. Juni 1840.

70 *Die Grisi sang wundervoll, Tamburini auch* – zit. n.: Kendall-Davies, Barbara: *Life and work of Pauline Viardot Garcia*. Bd. 1, S. 118.

71 *Oh! Meine liebe Ninounne, wie liebenswürdig Sie sind* – Pauline Viardot-García an George Sand, 29. Juli 1842.

73 *Mein Erfolg hier wächst mit jedem Tag* – Pauline Viardot-García an George Sand, 18./30. November 1843.

74 *beim »shake-hands à l'anglaise* – Pauline Viardot-García an George Sand, 18./30. November 1843.

Dieses Jahr ist für mich ein ›klimakterisches‹ – Iwan Turgenjew an Pawel Annenkow, 7./19. Januar 1868.

75 *Als er den Raum betrat, schien er mir wie ein Riese* – Iwan Turgenjew an Pauline Viardot-García, 26. Oktober/7. November 1850.

Ich habe auf der Welt nichts Schöneres als Sie gesehen – Iwan Turgenjew an Pauline Viardot-García, 26. Oktober/7. November 1850.

76 *gekleidet in einen weißen Spitzen-Peignoir* – Berg, N. V.: Vospominanija ob I. S. Turgeneve. *Istoričeskij vestnik* 1883/11, Bd. XIV, S. 366-377.

77 *Sie saß die ganze Zeit finster da* – Žitova, V. N.: Vospminanija o sem'e I. S. Turgeneva. *Vestnik Evropy* 1884/11, 72-124, 1884/12, S. 569-631.

79 *»Es waren schwere Zeiten damals«, erinnert sich Turgenjew* – Iwan Turgenjew: *Literatur- und Lebenserinnerungen*.

80 *Aufgrund seiner Jugend und inneren Unruhe* – A. Ja. Panaeva: *Vospominanija*. Leningrad. 1927, S. 109.

Nochmals einen solch lauthals Verliebten zu finden wie Turgenjew – A. Ja. Panaeva: *Vospominanija*. Leningrad. 1927, S. 88.

81 *die bereits ausreichend mit weichen Sitzmöbeln und Etagèren versorgt sind* – zit. nach Rozanov, A.: *Polina Viardo-Garsia*, Leningrad 1973, S. 58.

82 *Es gibt in diesem Jahr eine Gruppe von einigen Personen* – Michail Wielhorski, 12. Januar 1845.

83 *Zu Beginn war Mme Viardot nicht ganz bei Stimme* – Maria Grigor'evna Kartaševskaja an Vera Sergeevna Aksakaova, 5. Februar 1846.

84 *Die Russen lieben die Jagd seit jeher* – Ivan Turgenev: Zapsiki ružejnogo ochotnika Orenburgskoj gubernii. 1853.

85 *Jedes Mal, wenn ich mich in die Kutsche setze* – Pauline Viardot-García an Matwej Wielhorski, 23. November 1846.

86 *Es war mir unerlässlich, mich von meinem Feind zu entfernen* – Iwan Turgenjew: *Literatur- und Lebenserinnerungen*, 1868.

Aller Wahrscheinlichkeit nach werde ich das Glück haben – Iwan Turgenjew an Pauline Viardot-García, 28. November/10. Dezember 1846.

87 *Ich habe es mit einem sehr komischen Publikum zu tun* – Pauline Viardot-García an George Sand, 22. Januar 1847.

88 *Man stellte mich auf einen Tisch* – Héritte-Viardot, Louise: *Memories and Adventures*. London 1913, S. 24.

Sie hat eine für ihr Alter wundersame Intelligenz – Pauline Viardot-García an George Sand, 12. Februar 1848.

89 *Liebe Pauline, Dein Brief betrübte mich* – Clara Schumann an Pauline Viardot-García, 9. Januar 1848.

90 *Gestern zum erstennmal etwas v. George Sand gelesen* – Robert Schumann: *Tagebücher*, Bd. 2: 1836-1854. Hrsg. v. Gerd Nauhaus. Leipzig, 1987, S. 54.

91 »Chor *verheisst, dass Sie ein ausgezeichneter Schriftsteller werden können!*« – Wissarion Belinski an Iwan Turgenjew, 19. Februar/3. März 1847.

Ich habe Ihre Erzählung gelesen – Nikolaj Nekrassow an Iwan Turgenjew, 15./27. Februar 1847.

Mit großem Vergnügen habe ich die Viardot – Iwan Turgenjew: Brief aus Berlin. *Sowremennik* 1847/3.

93 *Ich habe viel komponiert, ein wenig gezeichnet* – Pauline Viardot-García an Matwej Wielhorski, 16. September 1847.

95 *der Husten hatte aufgehört* – Iwan Turgenjew: *Erinnerungen an Belinski.*

102 *Das Haus ist nicht groß, aber die Aufteilung der Zimmer ist praktisch und elegant* – Pauline Viardot-García an Matwej Wielhorski, Dezember 1848.

Ich habe mir eines der Zimmer im neu gebauten 2. Stock zum Geschenk gemacht – Pauline Viardot-García an Julius Rietz, 7. Juni 1859.

105 *Mme. Viardot ist nicht nur eine augezeichnete Fides* – Moscheles, Charlotte (Hrsg.): *Aus Moscheles' Leben. Nach Briefen und Tagebüchern herausgegeben von seiner Frau.* Bd. 2 Leipzig 1873, S. 206.

Wenn man bedenkt, wie viele schlechte Dinge es auf der Welt gibt – Iwan Turgenjew an Pauline Viardot-García, Juni 1849.

107 *Wie oft ich den ganzen Tag an Sie gedacht habe, kann ich Ihnen nicht sagen* – Iwan Turgenjew an Pauline Viardot-García, 23. Juli 1849.

109 *Leben Sie wohl, leben Sie wohl* – Iwan Turgenjew an Pauline Viardot-García, 25. Juni 1850.

110 *Courtavenel ist, um es in blumenreichen Worten zu sagen* – Fet, A. A. *Moi vospominanija.* Moskau 1890, Bd. 1.

eine Literatur, die »das Volk und seine Nöte – Saltykov-Ščedrin, M. E.: I. S. Turgenev. *Otečestvennye zapiski* 1883/10.

113 Žitova, V. N.: Vospominanija o sem'e I. S. Turgeneva. *Vestnik Evropy* 1884/11, S. 72-124, 12, S. 569-631.

114 *Soll ich Ihnen erzählen, wen ich hier getroffen habe?* – Iwan Turgenjew an Pauline Viardot-García, 9./21. Juli 1850.

Ich war jung – Iwan Turgenjew an Pauline Viardot-García, 18./30. September 1850.

115 *Was für eine Frau, meine Liebe, was für eine Frau* – Iwan Turgenjew an Pauline Viardot-García, 8. Dezember 1850.

Als sich der Vorhang hob, sprach ich sehr leise Ihren Namen – Iwan Turgenjew an Pauline Viardot-García, 17./29. Januar 1851.

116 *»Sie haben Talent«, lobt ihn dieser* – Smirnova-Rosset, A. O.: *Avtobiografija*. Moskau 1931, S. 308.

117 *Ich bin froh, dass das Buch erschienen ist* – Iwan Turgenjew an Pawel Annenkow, 14./26. September 1852.

Ich habe im Verlauf dieses Jahres insgesamt 304 Stück Wild erlegt – Iwan Turgenjew an Sergej Aksakow, 17./29. Oktober 1852.

Er besuchte seine Cousine bald regelmäßig – Berg, N.V.: Vospominanija ob I. S. Turgeneve. *Istoričeskij vestnik* 1883/11, Bd. XIV, S. 366-377.

118 *Als Leibeigene hatte sie zu tun, was ihr neuer Herr befiehlt* – Berg, N.V.: Vospominanija ob I. S. Turgeneve. *Istoričeskij vestnik* 1883/11, Bd. XIV, S. 366-377.

Liebe, gute Freundin, ich bitte Sie – Iwan Turgenjew an Pauline Viardot-García, 13./25. Oktober 1852.

119 *Ihre Briefe sind außerordentlich lakonisch* – Iwan Turgenjew an Pauline Viardot-García, 7./19. April 1853.

Geben Sie Ihren Plan, im nächsten Jahr zu Konzerten nach Russland zu kommen, nicht auf! – Iwan Turgenjew an Pauline Viardot-García, 12./24. Mai 1853.

120 *Ich war später behilflich* – Iwan Turgenjew an Iwan Iljitsch Maslow, 18./30. Juni 1865.

Behaglich im Sessel zurückgelehnt – Annenkov, P.V.: Molodost' I. S. Turgeneva. 1840-1856. *Vestnik Evropy*, 1884/2, S. 449-473.

121 *Papa hatte auch Iwan Sergejewitsch davon in Kenntnis gesetzt* – zit. n.: Nazarova, L. N.: Turgenev i O. A. Turgeneva. *Turgenevskij sbornik I: Materialy k polnomu sobraniju sočinenij i pisem I. S. Turgeneva*, Moskau-Leningrad 1964, S. 293-299.

122 *Zu jener Zeit »schenkte er keiner der Damen Beachtung* – Annenkov, P.V.: Molodost' I. S. Turgeneva. 1840-1856. *Vestnik Evropy*, 1884/2, S. 449-473.

Wenn man der Muse dient, wie man im Altertum sagte, dann soll man ihr allein dienen – Leont'ev, K.: Turgenev v Moskve. 1851-1861 gg. (iz moich vozpominanij). *Russkij vestnik* 1888/2-3.

123 *Olga Alexandrowna, gestatten Sie mir Ihnen zuallererst dafür zu dan-*

ken – Iwan Turgenjew an Olga Alexandrowna Turgenjewa, 6./18. Januar 1856.

124 *Sag ihm, falls es ihn interessiert* – Iwan Turgenjew an Nikolaj Nekrassow, 28. Oktober/9. November 1852.

Gnädiger Herr! Ich sende Ihnen die Ausgabe des Sowremennik – Iwan Turgenjew an Walerian Tolstoj, 17. Oktober 1854.

Sehen Sie, Maria Nikolajewna – Tolstaja, M. N. Vospominanija o I. S. Turgeneve (V pereskaze M. A. Stachoviča). In: *I. S. Turgenev v vospominanijach sovremennikov*. Moskau 1983, Bd. 1, S. 220-224.

Auf meine alten Tage (am vierten bin ich 36 geworden) – Iwan Turgenjew an Pawel Annenkow, 1./13. November 1854.

125 *Wir, die wir Familie hatten, haben ihn seltener besucht als er uns* – Tolstaja, M. N. Vospominanija o I. S. Turgeneve (V pereskaze M. A. Stachoviča). In: *I. S. Turgenev v vospominanijach sovremennikov*. Moskau 1983, Bd. 1, S. 220-224.

126 *hat Iwan Sergejewitsch mir immer wieder den Finger in die Schulter gedrückt* – Chir'jakov, A.: Marija Nikolaevna Tolstaja. *Reč'*, 8. April 1912.

Ich denke sehr oft an Sie alle und an die Tage – Iwan Turgenjew an Maria und Walerian Tolstoj, 4. Dezember 1854.

127 *die vor nicht allzu langer Zeit* – Nekrasov, N. A.: Zametki o žurnalach za fevral' 1856 goda. *Sovremennik* 1856/3, S. 78-95.

Rudin beherrschte die wohl größte Kunst – Iwan Turgenjew: *Rudin*, Kap. III.

128 *»Hätten Sie mir gesagt«, erklärt sie ihm* – Iwan Turgenjew: *Rudin*, Kap. IX.

Beim ersten Hindernis gehe ich gleich in die Knie – Iwan Turgenjew: *Rudin*, Kap. XI.

129 *Ich bin Ihnen sehr dankbar für alles* – Iwan Turgenjew an Maria Tolstaja, Juli/August 1855.

131 *Ihre Schwester hat Ihnen sicher von meiner hohen Meinung* – Iwan Turgenjew an Lew Tolstoj, 3./15. Oktober 1855.

Er ist aus Sewastopol zurückgekehrt – Fet, A. A., *Vospominanija*. Moskau 1983, S. 289.

132 *Ich werde hier kaum in Gesellschaft sein* – Iwan Turgenjew an Jelisaweta Lambert, 9./21. Mai 1856.

Einmal las er ihr aus Puschkins Eugen Onegin *vor* – zit. n.: Puzin, N. P.: I. S. Turgenev i Marija Tolstaja. *Turgenevskij sbornik,* Moskau-Leningrad 1966, Bd. 2, S. 248-258.

Ohne sich mir zuzuwenden, flüsterte sie – Iwan Turgenjew: *Faust,* Fünfter Brief.

133 *Wenn wir disputierten, so meist über die Poesie* – Tolstaja, M. N. Vospominanija o I. S. Turgeneve (V pereskaze M. A. Stachoviča). In: *I. S. Turgenev v vospominanijach sovremennikov.* Moskau 1983, Bd. 1, S. 220-224.

134 *Als Sie mich kannten, träumte ich noch vom Glück* – Iwan Turgenjew an Maria Tolstaja, 25. Dezember 1856/6. Januar 1857.

als habe sie all die Jahre im Schnee gelegen« – Iwan Turgenjew: *Faust,* Dritter Brief.

und da – bis heute weiß ich nicht, kann ich nicht begreifen, wie es zugegangen ist – Iwan Turgenjew: *Faust,* Neunter Brief.

135 *Das Leben ist kein Scherz und keine Spielerei* – Iwan Turgenjew: *Faust,* Neunter Brief.

Heute, Katja, fiel mein Taschentuch herunter – Vospominanija E. I. Sytinoj (Čichačevoj). *Literaturnoe nasledstvo* Bd. 37-38, Moskau 1939, S. 406.

Ich bleibe Ihr Freund, solange ich lebe – Iwan Turgenjew an Maria Tolstaja, August 1857.

136 *Wenn er nicht ein Mensch gewesen wäre* – zit. n.: Lebedev, Ju. V.: *Turgenev.* Moskau 1990, Kap. XVI.

137 *Ich bin hier auf dem Lande und genieße das* far niente – Iwan Turgenjew an Alexander Herzen, 22. September/4. Oktober 1856.

138 *Jeder Tag erschien wie ein Geschenk* – Iwan Turgenjew an Wassili Botkin, 25. Oktober/6. November 1856.

139 *Die Liebe ist nicht einmal ein Gefühl, sie ist eine Krankheit* – Iwan Turgenjew: *Ein Briefwechsel.* Brief XV.

Die Erlaubnis zur Reise ins Ausland freut mich – Iwan Turgenjew an Jelisaweta Lambert, 10./22. Juni 1856.

141 *Noch nie haben wir Madame Viardot* – zit. n.: Steen, Michael: *Enchantress of nations: Pauline Viardot: soprano, muse and lover*. Thriplow 2007, S. 195.

Fr. Viardot war nicht bei Stimme – Matwej Ju. Wielhorski: *Journal en forme de lettres*. IRLI f. 50, ed. chr. 90. Zit. n.: Rozanov, A. S.: *Polina Viardo-Garsia*. 1973, S. 82.

unseren zukünftigen Mozart« – Pauline Viardot-García an Matwej Wielhorski, März 1850.

144 *Ihre Stimme hat in den Jahren, die sie nicht in Russland war* – zit. n. Rozanov, A. S.: *Polina Viardo-Garsia*. 1973, S. 87.

»In Paris zu sein«, klagt sie ihrer »Ninounne« – Pauline Viardot-García an George Sand, 24. Juni 1858.

145 *der auf dem Rücken liegt und sich den Wanst krault* – Iwan Turgenjew an Pawel Annenkow, 4./16. März 1857.

Ich bin dem Willen dieser Frau ausgeliefert – Fet, A. A.: *Vospominanija*. Moskau 1890, Bd. 1, S. 159.

Seiner unglücklichen Verbindung zu Madame Viardot und seiner Tochter wegen – Lew Tolstoj an Tatjana Jergolskaja, 30. März/11. April 1857.

147 *»Leben Sie wohl«, schreibt Asja dem Freund* – Iwan Turgenjew: *Asja*, Kap. XXI.

Ich lernte danach noch andere Frauen kennen – Iwan Turgenjew: *Asja*, Kap. XXII.

Ich umarme Dich für dieses Werk! – Nikolaj Nekrassow an Iwan Turgenjew, 25. Dezember 1857.

Deine Erzählung ist ganz wundervoll – Iwan Panajew an Iwan Turgenjew, 10./22. Januar 1858.

Hurra! Hurra! Lebe hoch! Vivat! Evviva! – Iwan Turgenjew an Pauline Viardot-García, 12./24. Juli 1857.

148 *Ein dunkler Vorhang ist auf mich gefallen* – Iwan Turgenjew an Pawel Annenkow, 31. Oktober/12. November 1857.

dass »allein die Arbeit zu retten vermag.« – Iwan Turgenjew an Pawel Annenkow, 31. Oktober/12. November 1857.

149 *Sie liebte alle, aber niemanden im Besonderen* – Iwan Turgenjew: *Ein Adelsnest*, Kap. XXXV.

ein reines, leuchtendes Wesen, welches in einem Glauben erzogen wurde – Dobroljubov›, N. A.: »Kogda že pridet nastojaščij den'?«. *Russkij vestnik* 1860/1-2.

Es war mir kein Glück beschieden – Iwan Turgenjew: *Ein Adelsnest*, Kap. XLV.

150 *mit dem gleichmütigen, eilend-demütigen Gang einer Nonne* – Iwan Turgenjew: *Ein Adelsnest*, Epilog.

Ich empfinde es als sehr schade – Iwan Turgenjew an Jeliswaeta Lambert, 9./21. Mai 1856.

151 *Gern möchte ich hoffen, dass wir uns* – Iwan Turgenjew an Jelisaweta Lambert, 10./22. Juni 1856.

Nehmen Sie sich Puschkin für diesen Sommer vor – Iwan Turgenjew an Jelisaweta Lambert, 9./21. Mai 1856.

etwas anderes als den Akathistos zu lesen – Ein Akathistos ist ein Hymnus der Ostkirche, der der Dreieinigkeit, einem Heiligen oder einem Festgeheimnis des Kirchenjahres gewidmet ist und aus einer Abfolge von Strophen gesungen wird, die wiederum in sogenannte Kondakion und Ikos unterteilt sind.

Ihren Rat, mich mit Puschkin zu befassen – Jelisaweta Lambert an Iwan Turgenjew, 24. Mai/5. Juni 1856.

Sie werden sehen, wie gut wir uns betragen werden – Iwan Turgenjew an Jelisaweta Lambert, Mitte Juli 1860.

153 *»Mir scheint«, antwortet sie,* – Jelisaweta Lambert an Iwan Turgenjew, 10./22. Oktober 1859.

Ihrer Ansicht nach habe ich zwei große Sünden auf mich geladen – Iwan Turgenjew an Jelisaweta Lambert, 22. August/3. September 1864.

Ich bin einfach nur ein alter Mann – Iwan Turgenjew an Jelisaweta Lambert, Mitte Juli 1859.

155 Ein Adelsnest *war der größte Erfolg, den ich jemals hatte* – Turgenev, I. S.: Predislovie k romanam. *Sočinenija*, Moskau 1880, Bd. 3, V-VI.

156 *Den Winter des Jahres [18]58 verbrachte ich wieder auf dem Land* – Turgenev, I. S.: Predislovie k romanam. *Sočinenija*, Moskau 1880, Bd. 3, V-VI.

Meine Gesundheit ist gut, aber meine Seele trägt Trauer – Iwan Turgenjew an Jelisaweta Lambert, Mitte Juli 1859.

158 *Turgenjew hat Großes getan, indem er außergewöhnliche Frauen beschrieben hat* – *M. Gorkij i A. Čechov. Perepiska. Stat'i. Vyskazyvanija*. Moskau 1951, 161.

159 *Ihr Wille ist mir Befehl* – Iwan Turgenjew an Pawel Annenkow, 26. Juni/8. Juli 1860.

Diese Gespräche blieben nicht ohne Nutzen – Annenkov, P.V.: *Literaturnye vospominanija*. Moskau, 1960.

160 *Mit all meinen Gedanken bin ich in Russland* – Iwan Turgenjew an Alexander Herzen, 25. Februar/9. März 1861.

161 *Ich habe Sie beleidigt* – Iwan Turgenejew an Lew Tolstoj, 27. Mai 1867.

Ich erwarte große Schelte – Iwan Turgenjew an Jakow Polonski, 24. Januar/5. Februar 1862.

162 *»Nihilist«, murmelt der Vater* – Iwan Turgenjew: *Väter und Söhne*, Kap. 5.

163 *Ich habe von einer düsteren Figur geträumt* – Iwan Turgenjew an Konstantin Slutschewski, 14./26. April 1862.

164 *In meinem Zimmer ist es frisch und ruhig* – Iwan Turgenjew an Pawel Annenkow, 1./13. August 1859.

Heutzutage ist nur mit Protektion etwas zu erreichen – *Musical Quaterly* 1915/1. 30. Dezember 1858, S. 370.

165 *aber ich hoffe, dass dieses Fieber meines armen Freundes B.* – zit. n. Steen, Michael: *Enchantress of nations: Pauline Viardot: soprano, muse and lover*. Thriplow 2007, S. 303.

167 *Vor einigen Tagen ist mein Herz gestorben* – Iwan Turgenjew an Jelisaweta Lambert, 28. November/10. Dezember 1860.

»le plus triste des hommes« – Iwan Turgenjew an Jelisaweta Lambert, 2./14. Mai 1861.

168 *»eine Affäre auf dem Papier«* – Borchard, Beatrix: *Pauline Viardot-Garcia. Fülle des Lebens*. Köln, Weimar, Wien 2016, S. 307.

169 *»Liebe Mama«, schreibt ihr die fast elfjährige* – Claudie Viardot an Pauline Viardot-García, 24. April 1863.

Machen Sie es nicht wie ich – Saint-Saëns, Charles-Camille: Pauline Viardot. *L'Echo de Paris*, Februar 1811.

170 *das vornehmste und frequenteste Luxusbad Deutschlands* – *Badeblatt*, 1. Mai 1866.

Dort findet man laute Gesellschaft ebenso wie grenzenlose Einsamkeit – Louis Viardot: Souvernirs de chasse. *Illustration*, 21. Oktober 1865.

Ich habe dort sehr schöne Tage verlebt – Iwan Turgenjew an Jelisaweta Lambert, 7./19. Oktober 1862.

175 *Am Kamin, in schweren Sesseln, saßen Viardot und Turgenjew* – Rubinštejn, V. A.: *Turgenev i Viardo v Baden-Badene*. Unveröffentlichtes Manuskript, IRLI, F. 294, Op. 8, Nr. 257. zit. n.: Žekulin, N. G.: Turgenev v krugu sem'i Viardo. In: *I. S. Turgenev. Novye issledovanija i materialy*. Moskau – SPb. 2012, 5-54, 21.

176 *In der Beziehung zwischen dem vollkommen grauhaarigen Viardot* – Fet, A. A.: *Moi vospominanija*, Bd. 1. Moskau 1890.

meine Ruhe und Behaglichkeit wiederherzustellen – Louis Viardot an Pauline Viardot-García, 26. November 1865.

177 *In Petersburg herrscht gefährlicher und sinnloser Staatsterror* – Gercen, A. I.: Molodaja i staraja Rossija. *Kolokol*, 15. Juli 1862.

178 *»Einige haben ihn sehr beeindruckt«, berichtet Turgenjew* – Iwan Turgenjew an Pauline Viardot-García, 5./17. Januar 1864.

179 *Ich habe mich so an das ruhige, liebreizende Leben gewöhnt* – Iwan Turgenjew an Pauline Viardot-García, 5./17. Januar 1864.

Man führte mich mit gewisser Feierlichkeit in einen großen Raum – Iwan Turgenjew an Pauline Viardot-García, 7./19. Januar 1864.

spottet er giftig über eine »weißhaarige Magdalena (männlichen Geschlechts) – Gercen, A. I., *Kolokol*, 15. Januar 1864.

180 *Ich konnte nicht ahnen, dass Du einen Kübel Dreck über einem Menschen ausschütten würdest* – Iwan Turgenjew an Alexander Herzen, 21. März/2. April 1864.

182 *Ein zierlicher, mit feinem Kunstgeschmacke eingerichteter Saal* – Pietsch, Ludwig: Die Villa Viardot. *Der Bazar*. 8. Dezember 1865, 401.

183 *Frau Viardot macht seit einiger Zeit jeden Sonntag von 3 bis 5 Uhr Musik* – Anna von Hessen an Clara Schumann, 21. März 1865.

184 *Es ist mir ganz und gar unerträglich, ja nicht zum Aushalten* – Iwan Turgenjew: *Rauch*, Kap. XIII.
Ich selbst habe gehofft, dass ich vermag, all dies auszulöschen – Iwan Turgenjew: *Rauch*, Kap. XXV.
185 *›Alles ist Rauch und Dampf‹, dachte er* – Iwan Turgenjew: *Rauch*, Kap. XXVI.
Als sie seiner ansichtig wurde, reichte Tatjana ihm die Hand – Iwan Turgenjew: *Rauch*, Kap. XXVIII.
In meinem ganzen Leben habe ich kein so sympathisches Geschöpf getroffen wie Ihre Braut – Iwan Turgenjew: *Rauch*, Kap. XIX.
186 *Ich weiß, dass mich alle schelten* – Iwan Turgenjew an Alexander Herzen, 23. Mai/4. Juni 1867.
188 *»Ich riet ihm«, schreibt Dostojewski in einem ausführlichen Brief* – Fjodor Dostojewski an Apollon Majkow, 16. August 1867.
189 *Ich sehe mich gezwungen meinerseits zu erklären* – Iwan Turgenjew an Pjotr Bartenjew, 22. Dezember/3. Januar 1868.
So bin ich endlich in diesem Schloss – Iwan Turgenjew an Pierre-Jules Hetzel, 13./25. April 1868.
190 *Ich hörte ihn in seinen Zimmern stöhnen und ächzen* – Pietsch, Ludwig: *Wie ich Schriftsteller geworden bin. Der wunderliche Roman meines Lebens.* Hrsg. v. Peter Goldammer. Berlin, 2000, S. 497.
191 *Nie vergesse ich jenen Augustnachmittag* – Pietsch, Ludwig: Erinnerungen an Iwan Turgenjew, III. *Vossische Zeitung.* 12. September 1883.
195 *Eine französische Operette, von einem Russen gedichtet* – Pietsch, Ludwig: Heimfahrt auf Umwegen. Sonntagsbeilagen zur Vossischen Zeitung Nr. 40-46, 6. Oktober-17. November 1867.
196 *Ich habe nie zuvor Musik gehört, die poetischer ist als die* – Iwan Turgenjew an Wassili Botkin, 24. September/6. Oktober 1867.
197 *Da Madame Viardot gewöhnlich sehr früh aufstand* – Brandt, Marianne: Erinnerungen an Pauline Viardot. *Freie Morgenpresse. Morgenblatt*, 21. Mai 1910.
199 *Bald war der glänzende Badeort ganz verödet* – Brandt, Marianne: Erinnerungen an Pauline Viardot. *Freie Morgenpresse. Morgenblatt*, 21. Mai 1910.

200 *ein Krieg der Zivilisation gegen die Barbaren* – Iwan Turgenjew an Ludwig Friedländer, 17./29. August 1871.

Es sei »wahrhaft ein Glück, Zeuge dessen zu sein – Iwan Turgenjew an Ludwig Pietsch, 28. August/9. September 1870.

202 *Zu meinen tiefen und unveränderlichen Gefühlen zu Ihnen* – Iwan Turgenjew an Pauline Viardot-Garcia, 23. November/5. Dezember 1870.

203 *Ich möchte Ihnen sagen, dass ich die* Frühlingsfluten *gelesen habe* – Gustave Flaubert an Iwan Turgenjew, 21. Juli 1873.

205 *Turgenjew ist ein sanfter Riese* – *Tagebuch der Brüder de Goncourt*, 2. März 1872.

Was kann wundervoller sein als ein Mahl mit Freunden – Daudet, Alphonse: *Trente ans de Paris.* Paris 1899.

206 *die Liebe wecke »im Menschen Gefühle, die mit anderen Gefühlen nicht zu vergleichen sind* – Tagebuch der Brüder de Goncourt, 5. Mai 1877.

207 *Die Empfänge in der Rue de Douai waren einfach* – Viardot, Paul: *Souvenirs d'un artiste.* Paris 1910, S. 47f.

209 *Dies ist ein heiliger Augenblick für uns* – Gallison, Marie: *Aus meinem Leben in zwei Welten. Erinnerungen aus bewegter Zeit in Deutschland und Amerika.* Kaiserwerth 1929, S. 136.

Es war mir, als drückte ich Mozarts Hand – Pjotr Tschaikowski an Nadeschda von Meck, 28. Juni/10. Juli 1886.

Diese Franzosen sind verrückt!! – Ilja Repin an Wladimir Stasow, 16./28. Dezember 1874.

211 *Als es an der Tür klingelte, erkannte ich Iwan Sergejewitsch nicht mehr wieder* – Repin, I. Je.: Vospominanija o I. S. Turgeneve. (Pis'mo k iskusstvovedu) Vladimiru Feofilofiču Zeeleru (ot iulija–avgusta 1928). In: Nazarova, L. N.: Turgenev v pis'me I. Je. Repina k V. F. Zeeleru. *Turgenevskij sbornik* III, Moskau-Leningrad, 1967, S. 401-407.

212 *Iwan Sergejewitsch sprach über die Lage in Russland* – Lavrov, P. L.: I. S. Turgenev i razvitie russkogo obščestva. *Vestnik narodnoj voli* 1884/2.

213 *Ich träume nicht von Lorbeerkränzen* – Iwan Turgenjew an Michail Saltykov-Ščedrin, 17./29. September 1876.

Die Viardots und ich haben hier eine wundervolle Villa gekauft – Iwan Turgenjew an Jelisej Kolbasin, 15./28. Juli 1875.

214 *Wenn ich Dich am Morgen sehe* – Iwan Turgenjew an Claudie Chamerot (geb. Viardot), August 1869.

215 *Der Glückliche liebt sie schon seit Jahren* – Pauline Viardot-García an Clara Schumann, 13. Januar 1874.

ich muss wegen der Hochzeit meines Lieblings Didie – Iwan Turgenjew an Iwan Maslow, 30. Januar 1874.

Der künftige Mann von Didie heißt Georges Chamerot – Iwan Turgenjew an Ludwig Pietsch, 5. Januar 1874.

Welch großes Herz sie hatte – Iwan Turgenjew an Gustave Flaubert, 18. Juni 1876.

Marianne ist die glückliche Braut – Pauline Viardot-García an Clara Schumann, 27. Februar 1877.

216 *Marianne ist Braut seit vier Tagen* – Pauline Viardot-García an Clara Schumann, 26. Juli 1877.

218 *Ich fühle, dass mein Leben um ein Wesen reicher geworden ist* – Iwan Turgenjew an Julia Wrewskaja, 26. Juni 1874.

wären sie einander »als junge, unbedarfte … Menschen« begegnet – Iwan Turgenjew an Julia Wrewskaja, 9./21. September 1874.

Seit jenem Tag, an dem ich Sie zum ersten Mal sah – Iwan Turgenjew an Julia Wrewskaja, 26. Januar/7. Februar 1877.

219 *Ich begleite Sie auf Ihrer schweren Reise mit aufrichtigster Anteilnahme* – Iwan Turgenjew an Julia Wrewskaja, 12. Mai 1877.

Wir waren insgesamt neun neue Doktoren in roten Umhängen – Iwan Turgenjew an Pawel Annenkow, 12./24. Juni 1879.

Ach wie schlecht steht der Doktorhut mir – Iwan Turgenjew an Iwan Maslow, 5./17. Oktober 1879.

Mit dieser Auszeichnung ist wohl das Anrecht verbunden – Iwan Turgenjew an Caroline Comanville, 14./26. April 1879.

221 *Dass die junge Generation zu mir zurückgekehrt ist* – Iwan Turgenjew an Alexander Toporow, 20. Februar/4. März 1879.

Auf die Frage: ›Wann, Iwan Sergejewitsch – *I. S. Turgenev v vospominanijach sovremennikov*, Moskau 1969, Bd. I, S. 432.

222 *»Ich kann nichts mehr schreiben«, klagt Iwan Turgenjew 1880* – Tolstoj, S. L.: *Očerki bylogo.* Tula, 1968.
»Ich sitze an meinem Schreibtisch«, schreibt er Jakow Polonski – Iwan Turgenjew an Jakow Polonski, 7./19. April 1877.

225 *Mir ist klar geworden* – Iwan Turgenjew an Maria Sawina, 24. April/ 6. Mai 1880.
Ich hatte plötzlich den vollkommen verzweifelten Gedanken – Iwan Turgenjew an Maria Sawina, 17./29. Mai 1880.

226 *Welch eine Nacht hätten wir miteinander verbracht …* – Iwan Turgenjew an Maria Sawina, 19./31. Mai 1880.
Diese sehr gescheite, glänzende und listig-kunstreiche Rede – Iwan Turgenjew an Michail Stasulewitsch, 13./25. Juni 1880.
Sie seien »einander begegnet und auseinandergegangen – Iwan Turgenjew an Maria Sawina, 19./31. August 1880.

228 *Diese Rosen wurden täglich von Maria Gawrilowna Sawina gebracht.* – A. F. Koni (Hrsg.): *Turgenev i Savina.* Petrograd 1918.

229 *Es versteht sich, dass die glücklichste Minute des Lebens* – Tolstoj, S. L.: *Očerki bylogo.* Tula 1968.
Nimm Deine beiden Kinder und komm mit ihnen zu uns – Iwan Turgenjew an Paulinette Gaston, 14./26. Februar 1882.

230 *»Wie glücklich wäre ich«, schreibt Pauline an Clara Schumann* – Pauline Viardot-García an Clara Schumann, März 1882.
Mitleid muss man mir allein deshalb entgegenbringen – Iwan Turgenjew an Jakow Polonski, 30. Mai/11. Juni 1882.

231 *Ich brauche keine Hilfe in der Krankenpflege* – Iwan Turgenjew an Josephina Polonskaja, 18./30. Mai 1882.
Die Nachricht von Ihrer Erkrankung hat mich sehr bekümmert – Lew Tolstoj an Iwan Turgenjew, 1./13. Mai 1882.
Als Mensch bin ich ausgelöscht – Iwan Turgenjew an Josephina Polonskaja, 7./19. Juni 1882.
Wenn Sie dort sind, grüßen Sie mir das Haus und den Garten – Iwan Turgenjew an Jakow und Josephina Polonski, 30. Mai/11. Juni 1882.

232 *»›O Gott, wie ist das dumm!‹ rief sie mit hartem Lachen aus* – Iwan Turgenjew: *Nach dem Tode (Klara Militsch),* Kap. 7.

233 *Warum weinst du, Tante? Weil ich sterben muss?* – Iwan Turgenjew: *Nach dem Tode (Klara Militsch),* Kap. 18.

Sie ist keine Schönheit – Iwan Turgenjew: *Nach dem Tode (Klara Militsch),* Kap. 17.

234 *Es ist mir unmöglich, meiner geliebten Frau* – zit. nach Barbier, Patrick: *Pauline Viardot. Biographie.* Paris 2009, S. 312f.

235 *Sie ist die Königin der Königinnen* – Meščerskij, A. A.: Predsmertnye časy I. S. Turgeneva. *Novoe vremja,* 3./15. September 1883.

236 *Zwei Tage vor seinem Sterben verlor er das Bewusstsein völlig* – Pauline Viardot-García an Ludwig Pietsch, 6. September 1883.

Ein solches Begräbnis gab es in Russland nie zuvor – Iz dnevnika V. P. Gaevskogo. *Krasnyj archiv,* 1940/3, S. 233.

237 *Welches Recht haben die sogenannten Freunde Turgenjews* – Turgenev v poslendie gody žisni (Iz vospominanij i pisem A. P. Bogoljubova, 1873-1883). In: *I. S. Turgenev. Novye materialy i issledovanija.* Moskau 1967, S. 441-482.

239 *Sie ist eine wundervolle und überaus interessante Frau* – Pjotr Tschaikowski an Julia Schpaschinskaja, 13. Juni 1886.

241 *Was für einen Missgriff hat der liebe Gott getan* – Héritte-Viardot, Louise: *Mémoires de Louise Héritte-Viardot.* Paris 1922, VI.

242 *»Diese fürchterlichen Brillen«, weigert sie sich kokett* – Reynaldo Hahn: Visite à Mme Viardot. 1901. In: *Notes (Journal d'un Musicien),* Paris 1933, S. 3-9.

Von diesem Moment an sprach sie nicht mehr – Héritte-Viardot, Louise: *Mémoires de Louise Héritte-Viardot.* Paris 1922, S. 65f.

243 *In der Musikgeschichte wird die Aureole* – *Russkaja muzikal'naja gazeta,* 16. Mai 1910.

Bibliographie

Aleksandrova, Lilija Michajlovna: *Ėtjudi o »turgenevskich ženščinach«.* Orel 2003.

Batjuto, Anatolij Ivanovič: *Tvorčestvo I. S. Turgeneva i kritiko-ėstetičeskaja mysl' ego vremeni.* Leningrad 1990.

Bjalyj, Grigorij Abramovič: *Turgenev i russkij realizm.* M.-L. 1962.

Bjalyj, Grigorij Abramovič: *Russkij realizm. Ot Turgeneva k Čechovu.* Leningrad 1990.

Bloom, Harold (Hrsg.): *Ivan Turgenev.* Philadelphia 2003.

Bogoslovskij, Nikolaj Veniaminovič: Turgenev. Moskau [3]1964.

Borchard, Beatrix: Pauline Viardot-García (1821-1910). Die letzte Zauberin. In: Mayer, Clara, Sonntag, Brunhilde (Hrsg.): *Annäherung an 7 Komponistinnen. Mit Berichten, Interviews und Selbstdarstellungen.* Kassel 2000, 107-132.

Borchard, Beatrix: *Pauline Viardot-García. Fülle des Lebens. (Europäische Komponistinnen, Hrsg.:* Kreutzinger-Herr, Annette und Unseld, Melanie, Bd. 9) Köln, Weimar, Wien 2016.

Borkowsky, Ernst: *Turgenjew.* Berlin 1903.

Brang, Peter: *I. S. Turgenev. Sein Leben und sein Werk.* Wiesbaden 1977.

Bumiller, Lambert: »Bonjour, meine liebste, theuerste Freundin!« Pauline Viardot-García und Iwan Sergejewitsch Turgenjew im Spiegel ihrer Briefe. In: Lange-Brachmann, Ute, Draheim, Joachim (Hrsg.): *Pauline Viardot in Baden-Baden und Karlsruhe* (Baden-Badener Beiträge zur Musikgeschichte 4), Baden-Baden 1999, 123-156.

Čajkovskaja, Irina: *Tri ženščiny, tri sudby. Polina Viardo, Avdot'ja Panaeva, Lilja Brik.* Moskau 2014.

Charton, Anke: María Malibran. In: *Musikvermittlung und Genderforschung: Musikerinnen-Lexikon und multimediale Präsentationen.* Hrsg.

v. Beatrix Borchard und Nina Noeske, Hochschule für Musik und Theater Hamburg 2003ff. http://mugi.hfmt-hamburg.de/artikel/Maria_Malibran 2015.

Döhring-Smirnov, Johanna Renate: *Von Puschkin bis Sorokin. Zwanzig russische Autoren im Porträt.* Wien u. a. 2013.

Fischer, Klaus-Dieter/ Žekulin, Nicholas: *Die Beziehungen Pauline Viardots und Ivan S. Turgenevs zu Weimar – Pauline Viardots Orpheus-Interpretation in der Berlioz-Fassung von Glucks Orphée.* Hildesheim 2016.

Fischer-Dieskau, Dietrich: *Wenn Musik der Liebe Nahrung ist. Künstlerschicksale im 19. Jahrhundert.* Stuttgart 1990.

Fokin, Pavel A.: *Turgenev bez gljanca.* Sankt Petersburg 2009.

Friang, Michèle: *Pauline Viardot. Au miroir de sa correspondance.* Paris 2008.

Fridljand, Vera Grigor'evna, Generalova, Natal'ja Petrovna (Hrsg.): *I. S. Turgenev v vospominanijach sovremennikov. Perepiska I. S. Turgeneva s Polinoj Viardo i ee sem'ej.* Moskau 1988.

Gerigk, Horst-Jürgen: *Turgenjew. Eine Einführung für den Leser von heute* (*Beiträge zur neueren Literaturgeschichte*, Band 338). Heidelberg 2015.

Grevs, Ivan Michajlovič: *Istorija odnoj ljubvi: I. S. Turgenev i Polina Viardo.* Moskau 1928.

Grevs, Ivan Michajlovič: *Grafinja Elisaveta Egorovna Lambert (Čistaja družba).* In: Lukina, L. N.: *I. S. Turgenev. Novye issledovanija i materialy.* M./SPb. 2009, vyp. 1, 387-451.

Gut'jar, Nikolaj Michajlovič: *I. S. Turgenev i semejstvo Viardo-Garsia.* Vestnik Evropy 1908/8, 417-460.

Halpérine-Kaminsky, E.: *Lettres à Madame Viardot.* Paris 1907.

Héritte-Viardot, Louise: *Memories and Adventures.* London 1913.

Kendall-Davies, Barbara: *Life and work of Pauline Viardot Garcia*. Bd. 1: *The years of Fame. 1836-1863*. Amersham (Buckinghamshire) 2003. Bd. 2: *The years of Grace. 1863-1910*. Amersham (Buckinghamshire) 2012.

Kluge, Rolf-Dieter (unter Mitwirkung von Regine Nohejl): *Ivan S. Turgenev. Dichtung zwischen Hoffnung und Entsagung*. (*Quellen und Studien zur russischen Geistesgeschichte*, Bd. 1). München 1992.

Koni, Anatolij Fedorovič (Hrsg.): *Pis'ma I. S. Turgeneva k M. G. Savinoj. Vospominanija M. G. Savinoj ob I. S. Turgeneve*. Petrograd 1918.

Kurljandskaja, Galina Borisovna: *I. S. Turgenev i russkaja literatura*. Moskau 1980.

Lange-Brachmann, Ute, Draheim, Joachim (Hrsg.): *Pauline Viardot in Baden-Baden und Karlsruhe* (Baden-Badener Beiträge zur Musikgeschichte 4), Baden-Baden 1999, 123-156.

Lebedev, Jurij Vladimirovič: *Turgenev*. (*Žizn' zamečatel'nych ljudej*). Moskau 1990.

Merlin, María de las Mercedes de Santa Cruz y Montalvo: *Madame Malibran*. Brüssel 1838.

Merlin, María de las Mercedes de Santa Cruz y Montalvo: *Memoirs and letters of Madame Malibran. With notice of the progress of musical drama in England*. 2 Bde. Philadelphia 1840.

Nazarova, Ljudmila Nikolaevna: Turgenev i O. A. Turgeneva. *Turgenevskij sbornik I. Materialy k Polnomu sobraniju sočinenij i pisem I. S. Turgeneva*. Moskau/Leningrad 1964, 293-299.

Nazarova, Ljudmila Nikolaevna: *Turgenev i russkaja literatura konca XIX – načala XX veka*. Leningrad 1979.

Ostrovskij, Arsenij Georgievič: *Turgenev v zapisjach sovremennikov. Vospominanija. Pis'ma. Dnevniki*. Moskau 1999.

Petrov, Sergej Michajlovič, Fridljand, Vera Grigor'evna (Hrsg.): *I. S. Turgenev v vospominanijach sovremennikov*. 2 Bde. Moskau [2]1983.

Pietsch, Ludwig: *Wie ich Schriftsteller geworden bin. Der wunderliche Roman meines Lebens.* Hrsg. von Peter Goldammer, Berlin 2000 [zuerst 1893/94].

Pustovojt, Petr Grigor'evič: *I. S. Turgenev – chudožnik slova*. Moskau 1987.

Puzin, Nikolaj Pavlovič.: *I. S. Turgenev i M. N. Tolstaja. Turgenevskij sbornik*. Moskau/Leningrad 1966, Bd. 2, 248-258.

Reimann, Ute (Hrsg.): *Ivan Sergeevič Turgenev und seine Zeit*. Baden-Baden 1993.

Rozanov, Aleksandr S.: *Polina Viardo-Garsia.* Leningrad [2]1973.

Rozanov, Vasilij Vasil'evič: Viardo i Turgenev. In: Rozanov, Vasilij Vasil'evič: *Sobranie sočinenij*. Moskau 1995, Bd. 4, 437-443.

Rozanov, Vasilij Vasil'evič: Zagadočnaja ljubov' (Turgenev i Viardo). In: Rozanov, Vasilij Vasil'evič: *Sobranie sočinenij.* Moskau 1995, Bd. 4, 536-546.

Šatalov, Stanislav Evgen'evič: *Chudožestvennyj mir Turgeneva*. Moskau 1979.

Schapiro, Leonard: *Turgenev, his Life and Times.* Oxford, 1978.

Sergeev, V. A.: *I. S. Turgenev v dnevnikach sovremennikov. Turgenevskij sbornik*, vyp. 2. Moskau 2004, 5-51.

Steen, Michael: *Enchantress of nations: Pauline Viardot: soprano, muse and lover*. Thriplow 2007.

Stier, Melanie: *Pauline Viardot-Garcia in Großbritannien und Irland: Formen kulturellen Handelns.* Hildesheim 2012.

Thiergen, Peter (Hrsg.): *Ivan S. Turgenev. Leben, Werk und Wirkung. Beiträge der Internationalen Fachkonferenz aus Anlaß des 175. Geburtstages an der Otto-Friedrich-Universität Bamberg, 15.-18. September 1993.* (*Vorträge und Abhandlungen zur Slavistik*, Band 27). München 1995.

Tolstoj, Sergej L'vovič: *Očerki bylogo*. Tula [4]1975.

Troyat, Henri: *Tourgueniev*. Paris 1985. [engl. 1988].

Turgenev v poslednye gody žizni. (Iz vospominanij i pisem A. P. Bogoljubova, 1873-1883). In: Ogareva, N. (Hrsg.): *I. S. Turgenev. Novye materialy i issledovanija*. Moskau 1967, 441-482.

Turgenev, Ivan Sergeevič: *Polnoe sobranie sočinenij i pisem' v 30 tomach*. Moskau 1978-2003.

Turgenjew, Iwan: Literatur- und Lebenserinnerungen. In: ders.: *Literaturkritische und publizistische Schriften*. Aus dem Russischen von Wolfgang Schade (*Gesammelte Werke in Einzelbänden*, Bd. 9, hrsg. von Klaus Dornacher). Berlin u. a. 1994, 5-200.

Zajcev, Boris Konstantinovič: Žizn' Turgeneva (1932). In: *Sobranie sočinenij v 5 tomach*, Bd. 5. Moskau 1999.

Žekulin, Nikolaj Glebovič: O postanovke na scene operetty »Poslednyj koldun« (zametki redaktora). *Turgenevski ežegodnik 2004 goda*. Orel 2006, 34-44.

Žekulin, Nikolaj Glebovič: Duchovno-intellektual'nye vzaimootnošenija Turgeneva i Poliny Viardo. In: *I. S. Turgenev. Novye issledovanija i materialy*. Moskau/SPb. 2011, Vyp. 2, 160-187.

Žekulin, Nikolaj Glebovič: Turgenev v krugu sem'i Viardo. In: *I. S. Turgenev. Novye issledovanija i materialy*. Moskau/SPb. 2012, 5-54.

Zviguilsky, Alexandre: *Correspondance Ivan Tourgueniev – Louis Viardot: sous le sceau de la fraternité*. (Association des Amis d' Ivan Tourguéniev, Pauline Viardot et Maria Malibran). Paris 2010.

Zviguilsky, Alexandre, Granjard, Henri (Hrsg.): *Lettres inédites de Tourguenev à Pauline Viardot et à sa famille*. Lausanne 1972.

Zviguilsky, Alexandre (Hrsg.): *Tourguenev Ivan. Nouvelle correspondance inédite*. 2 Bde., Paris 1971 und 1972.

Personenregister

BILDNACHWEIS

akg-images, Berlin: Abb. 3, 10 (Erich Lessing), 23, 25 (Sputnik), 27 (Archive Photos), 29 (Fine Art Images/Heritage Images), 33 (Elizaveta Becker), 35 (Archive Photos), 36

bpk, Berlin: 16, 22 (adoc-photos)

Getty Images, München: 1 (Fine Art Images/Heritage Images), 4 (Christophel Fine Art/Universal Images Group), 11, 13, 32 (Fine Art Images/Heritage Images)

mauritius images, Mittenwald: 2 (Art Collection 2/Alamy), 6 (The History Collection/Alamy), 9 (WS Collection/Alamy), 15 (Active Museum/Alamy), 17 (Sputnik/Alamy), 21 (United Archives), 26 (The History Collection/Alamy)

Musée Européen Ivan Tourguéniev, Bougival: 31

Stadtarchiv Baden-Baden: 24, 28, 30

Süddeutsche Zeitung Photo, München: 12 (Rue des Archives/Tallandier)

ullstein bild, Berlin: 5, 14 (Sputnik), 37 (Roger-Viollet)

Weitere Nachweise über das Bildarchiv des Insel Verlages.